BATALHAS NA BÍBLIA
1400 A.C – 73 D.C.

Conflitos Militares e Religiosos
que Determinaram a
História da Humanidade

BATALHAS NA BÍBLIA
1400 A.C – 73 D.C.

Conflitos Militares e Religiosos que Determinaram a História da Humanidade

Martin J. Dougherty Michael E. Haskew
Phyllis G. Jestice Rob S. Rice

M.Books do Brasil Editora Ltda.

Rua Jorge Americano, 61 - Alto da Lapa
05083-130 - São Paulo - SP - Telefones: (11) 3645-0409/(11) 3645-0410
Fax: (11) 3832-0335 - e-mail: vendas@mbooks.com.br
www.mbooks.com.br

© 2008 Amber Books Ltd.
© 2010 M.Books do Brasil Editora Ltda. Todos os direitos reservados. Proibida a reprodução total ou parcial. Os infratores serão punidos na forma da lei.

Do original: Battles of the Bible 1400 BC ~ AD 73
ISBN original: 978-0-7607-9367-1
Projeto Editorial: Michael Spilling
Pesquisa de imagens: Kate Green
Design: Joe Conneally

Dados de Catalogação na Publicação

DOUGHERTY, Martin J.; HASKEW, Michael E.; JESTICE, Phyllis G.; RICE, Rob S.

Batalhas na Bíblia – Conflitos Militares e Religiosos que Determinaram a História da Humanidade

2010 – São Paulo – M.Books do Brasil Editora Ltda.

1. História Geral   2. História da Humanidade   3. História da Bíblia.

ISBN: 978-85-7680-096-5

Editor: Milton Mira de Assumpção Filho

Tradução: Paulo Sérgio Gomes
Produção Editorial: Beatriz Simões Araújo
Coordenação Gráfica: Silas Camargo
Editoração e Capa: Crontec

CONTEÚDO

Introdução	*Phyllis G. Jestice*	6
CONQUISTA DE AI, c.1400 a.C.	*Rob S. Rice*	18
ÁGUAS DE MEROM, c.1400 a.C.	*Martin J. Dougherty*	28
VITÓRIA SOBRE SÍSERA, 1240 a.C.	*Martin J. Dougherty*	38
CAMPANHA DA FONTE DE HARODE, 1194 a.C	*Martin J. Dougherty*	46
MICMÁS, 1040 a.C.	*Michael E. Haskew*	54
JERUSALÉM, 1000 a.C.	*Martin J. Dougherty*	64
CERCO DE SAMARIA, 890 a.C.	*Michael E. Haskew*	74
COLINAS DE GOLÃ, 874 a.C.	*Michael E. Haskew*	84
GUERRA CONTRA MESA, 850 a.C.	*Martin J. Dougherty*	94
EDOM, 785 a.C	*Phyllis G. Jestice*	104
PALESTINA E SÍRIA, 734-732 a.C.	*Phyllis G. Jestice*	112
LAQUIS, 701 a.C.	*Phyllis G. Jestice*	122
QUEDA DE JUDÁ, 588-586 a.C.	*Phyllis G. Jestice*	132
CERCO DE TIRO, 332 a.C.	*Phyllis G. Jestice*	142
EMAÚS, 165 a.C.	*Michael E. Haskew*	152
BETE-ZUR, 164 a.C.	*Rob S. Rice*	164
BETE-ZACARIAS, 162 a.C.	*Rob S. Rice*	174
JERUSALÉM, 63 a.C.	*Martin J. Dougherty*	184
JERUSALÉM, 70 d.C.	*Martin J. Dougherty*	194
MASSADA, 73-74 d.C.	*Martin J. Dougherty*	206
Bibliografia		216
Índice		217

INTRODUÇÃO

O MAIS ANTIGO RELATO REMANESCENTE QUE TEMOS DE UMA CAMPANHA MILITAR EM QUALQUER PARTE DO MUNDO FALA DE UMA INVASÃO EGÍPCIA DE CANAÃ NO SÉCULO XXIV a.C. ESSE TERRITÓRIO NA ORLA ORIENTAL DO MEDITERRÂNEO ESTAVA DESTINADO A UMA LONGA HISTÓRIA, GERALMENTE DISPUTADA DE FORMA IMPLACÁVEL, UMA SAGA DE VIOLÊNCIA QUE CONTINUA ATÉ OS DIAS ATUAIS. QUER DOMINADO POR CANANEUS, FILISTEUS, ISRAELITAS, ASSÍRIOS, BABILÔNIOS, GREGOS OU ROMANOS, O TERRITÓRIO QUE OS GEÓGRAFOS TENDEM A CHAMAR DE "PALESTINA", À IMITAÇÃO DOS ROMANOS, NÃO ERA EM SI PARTICULARMENTE RICO OU POPULOSO. TODAVIA, SUA LOCALIZAÇÃO GARANTIA QUE A PALESTINA SERIA UM PRÊMIO TENTADOR PARA UM GRANDE NÚMERO DE PRETENSOS CONQUISTADORES.

A Palestina forma a principal ponte de terra entre a Eurásia e a África, e também controla o acesso da Mesopotâmia ao Mediterrâneo. Ao mesmo tempo, a geografia impedia o povo da região de formar um Estado suficientemente forte para confrontar os impérios do mundo antigo, tornando a história da região uma repetitiva lista de conquista e resistência ao mando estrangeiro.

Quando a região da Palestina aparece pela primeira vez nos registros históricos, seus ocupantes eram um povo semítico, os cananeus (também conhecidos como fenícios), que formavam uma série de cidades-Estado independentes. A Palestina era bem-apropriada a tais formações políticas fragmentadas, graças à sua diversidade geográfica. A região possui uma grande variação na altitude, desde o Monte Hermom, que está a 2774m acima do nível do mar, até o mar Morto, que está a 389m abaixo do nível do Mediterrâneo. A terra está dividida em diferentes esferas climáticas, com uma planície costeira, um cinturão de região montanhosa, a profunda fenda do vale do Jordão (que vai de norte a sul, dividindo a Palestina em duas) e o planalto da Transjordânia. As antigas cidades cananitas, em sua maior parte, ocupavam a planície costeira.

Acima: O prototípico veículo armado de combate. Este carro de guerra egípcio para dois homens data do século XIII a.C. Os carros egípcios tendiam a ser mais leves, mais rápidos e menos estáveis que seus correspondentes hititas.

À esquerda: As guerras descritas na Bíblia quase sempre tinham um elemento ideológico, visto que os inimigos de Israel eram politeístas, como mostrado nesta pintura do século XII a.C. de Ramsés III adorando seus deuses.

A sul de Canaã estava o Egito, a leste, Mitani, e ao norte, os hititas. Todos esses três grandes Estados queriam controlar a faixa de terra da Palestina, como fizeram os hicsos, um povo semítico ainda mais misterioso que conquistou o norte do Egito no século XVIII a.C. As cidades-Estado canaanitas foram capazes de manter uma tênue independência apenas devido à sua habilidade em tirar vantagem das rivalidades que ajudaram a instigar entre os grandes impérios. No processo, eles adotaram novas tecnologias militares.

Por exemplo, os hicsos introduziram o carro de guerra na região no século XVIII a.C., junto com o arco composto e possivelmente também a "espada" em forma de foice. Essa espada era, de fato, mais parecida com um machado do que com uma espada, mas tratava-se de um grande aperfeiçoamento em cima dos machados de guerra tradicionais, visto que o cabo e a lâmina eram fundidos juntos como uma única peça e assim não se separavam durante a batalha. Para o próximo milênio, o carro de guerra forneceu a mais poderosa força de ataque dos exércitos na região, comumente empregado de forma tática como uma plataforma de combate da qual os arqueiros podiam atirar.

Depois de expulsarem os invasores hicsos de sua terra, os faraós egípcios do Novo Reino implementaram uma política ainda mais agressiva com relação à Palestina, pois decidiram controlar a região como uma zona para-choque para prevenir futuras invasões. Isto fez com que os Egípcios entrassem em conflito direto com os hititas, que se expandiam em direção ao sul nessa mesma ocasião. O primeiro relato de batalha com detalhes suficientes para a reconstrução da série de eventos dá conta da batalha de Cades, em 1274 a.C. na Palestina, entre os egípcios e os hititas.

A CHEGADA DOS HEBREUS

A história bíblica da Palestina começa no século XIII a.C., quando os hebreus – assim concordam os eruditos –, um povo nômade étnica e linguisticamente aparentado com os canaanitas, começaram a ocupar a região. O território no qual se introduziram estava em grande desordem nessa ocasião. Grande parte das cidades cananitas tinha sido devastada e destruída pelos "povos do mar", saqueadores vindos do mar que desorganizaram todo o mundo Mediterrâneo no século XIII a.C.

Os povos do mar também causaram a queda do poderoso Império Hitita da Anatólia e enfraqueceram duramente o Egito. Alguns dos povos do mar acabaram estabelecendo-se na costa sul da Palestina, onde ficaram conhecidos como filisteus. Entretanto, eles não penetraram terra adentro. Consequentemente, existia um vácuo de poder por ocasião da ocupação hebraica.

A fixação hebraica na Palestina, como narrada no livro bíblico de Josué, deixa muito a desejar como um relato de ação militar – o centro de interesse do autor não estava nas descrições militares detalhadas. Entretanto, juntando o relato bíblico e a arqueologia moderna, é possível reconstruir as linhas gerais do processo. É evidente que os hebreus não possuíam uma sofisticada força de combate. Os guerreiros não tinham forças de carros de guerra e parece que se armavam de fundas, antes que de arcos mais sofisticados para o combate à distância. Entretanto, eram habilidosos nas artimanhas de guerra, tirando vantagem da topografia para reduzir a vantagem de seus inimigos, mais numerosos e melhor organizados. Por exemplo, na batalha de Megido, os israelitas enfrentaram as forças cananitas de Sísera, as quais incluíam um grande esquadrão de carros. O comandante israelita Baraque ocupara o terreno montanhoso onde os carros não podiam avançar e descia em ataques-surpresa apenas em ocasião de chuva pesada, quando os carros atolavam na lama.

A grande desvantagem dos hebreus em seus esforços de se estabelecerem na Palestina era que não entendiam de guerra de sítio – e Canaã era uma terra de cidades muradas. Indubitavelmente, eles tomaram algumas fortificações cananitas, como Jericó, embora por várias gerações os historiadores tenham debatido acerca das realidades militares que podem estar por trás do relato bíblico das marchas em torno da cidade, até que "as muralhas vieram a ruir". No entanto, em geral, por 300 anos as cidades fortificadas cananitas não foram vencidas, e os hebreus acabaram estabelecendo-se nas terras altas esparsamente habitadas.

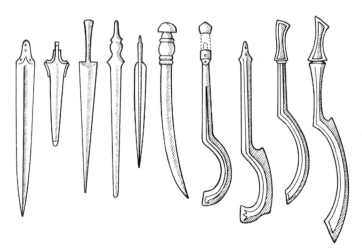

À esquerda: Uma seleção de armas cortantes da Idade do Bronze e da primitiva Idade do Ferro usadas no antigo Oriente Próximo, variando desde primitivas espadas em forma de foice, à direita, até longos punhais mais avançados, à esquerda.

Também está claro que a antiga guerra israelita era um processo feroz, com pouca compaixão pelos inimigos derrotados. Os leitores modernos, que ficam chocados pelas histórias das atrocidades dos assírios, fariam bem em recordar que também os israelitas, frequentemente, matavam os cativos, fossem homens, mulheres ou crianças, como aconteceu quando o exército de Josué tomou Jericó.

A AMEAÇA DOS FILISTEUS

As cidades-Estado dos filisteus ao longo da costa sul eram um enorme desafio e uma grande ameaça. A tecnologia militar dos filisteus era avançada e incluía a primeira espada verdadeiramente cortante (a Naue Tipo II), a qual tornou os povos do mar tão letais por todo o leste do Mediterrâneo. No tempo em que entraram em conflito ativo com os hebreus das montanhas, os filisteus possuíam armas feitas de ferro. Aparentemente, os filisteus chegaram até a fazer uso comum de armaduras metálicas consistindo de faixas verticais, que proviam proteção básica contra as armas de bronze. Em contraste, o equipamento israelita era muito simples: adagas, espadas, armaduras e mesmo arcos eram raros nesse período. A lendária confrontação de Davi com o gigante Golias, armado apenas com uma funda, pode não estar longe da realidade das antigas forças israelitas. Os primeiros exércitos, sob os juízes (que exerciam uma vaga autoridade profética sobre as tribos israelitas), consistiam dos bandos guerreiros ligados a líderes, acompanhados de recrutas tribais.

Por volta de 1020 a.C., os hebreus estavam sob tamanho perigo de aniquilamento pelos filisteus que a tribos, até aqui independentes, se uniram sob um único líder guerreiro, Saul. Saul iniciara uma reorganização militar em grande escala, continuada por seus sucessores, que repentinamente militarizou e modernizou o novo Estado de Israel. O novo rei formou um exército de cerca de 3.000 homens, o primeiro passo em direção à criação de uma força de combate profissional no novo Estado. Saul e seu filho Jônatas tiveram algum sucesso contra os filisteus, porém sua organização militar ainda não podia equiparar-se aos filisteus em batalha. A carreira militar de Saul terminou abruptamente na batalha do Monte Gilboa, na qual foi derrotado e morto com três de seus filhos. Seu corpo e o de seu filho Jônatas foram pendurados no muro da cidade como uma eloquente demonstração do que os filisteus pensavam de seus inimigos israelitas.

À direita: O deserto do Neguebe, na fronteira de Israel com o Egito, ainda oferece uma boa impressão dos desafios enfrentados pelos guerreiros em carros de guerra em partes do antigo Israel. O terreno acidentado do Neguebe também limitava a invasão pelo sul.

O rei Davi (c.1002-c.970), sucessor de Saul, utilizou-se dos sucessos de seu antecessor, e de sua própria experiência como líder de um bando armado independente, para fazer de Israel um Estado completamente militarizado. A Bíblia é sólida em creditar a Davi a criação do primeiro exército israelita a ser competitivo entre as unidades políticas mais antigas que operavam no cenário do Oriente Próximo. Esse desenvolvimento foi essencialmente uma questão de organização de Estado: o Estado de Israel tornou-se suficientemente complexo para poder juntar homens, armá-los e pagá-los. O exército de Davi incluía um grande número de mercenários, que trouxeram nova disciplina e habilidade militares à nação. Aparentemente, a infantaria armava-se com lanças e dardos, e as espadas também se tornaram comuns, pelo menos para as elites. O arco composto foi introduzido, possivelmente, tão cedo quanto o reino de Davi, embora os arqueólogos tenham descoberto munição arremessada de períodos bem posteriores, sugerindo que a funda também permaneceu uma arma popular. Armaduras defensivas como capacetes, escudos, e mesmo armaduras de escamas de bronze ou ferro, também entraram em uso.

Usando essa nova força como o núcleo para um efetivo militar que também incluía recrutas locais, Davi começou uma rápida expansão de seu pequeno Estado, sem dúvida usando os rendimentos de cada conquista para continuar sua reorganização militar. Um dos maiores feitos de Davi foi a conquista de Jerusalém, uma inacessível cidade edificada em terreno elevado, solidamente fortificada, que se tornou sua capital.

A estratégia ampla de Davi era, aparentemente, planejar suas campanhas militares em círculos concêntricos a partir de Jerusalém. Ele conseguiu derrotar as cidades-Estado filisteias da costa. A sul, conquistou a terra de Edom, colocando-a sob o mando direto israelita.

No todo, Davi ampliou as fronteiras de Israel à maior extensão que o Estado jamais tivera, tirando vantagem da desordem nos Estados adjacentes. Os relatos bíblicos afirmam que, no final de seu reinado, Davi tinha até criado uma força de carros de guerra – um sinal de que o Estado estava agora preparado para competir militarmente com os mais antigos e mais estabelecidos Estados da região. Salomão (c. 970-931 a.C.), filho de Davi, consolidou as conquistas de seu pai. A ele é atribuída a edificação de uma série de fortificações e de uma corporação de carros de guerra. Entretanto, ao final do reino de

À esquerda: A vitória de Davi sobre Golias passou a simbolizar a vitória do "pequeno homem" sobre um inimigo melhor armado e mais forte, como neste relevo em bronze do século XV de Lorenzo Ghiberti.

Salomão, aparentemente, o povo de Israel estava profundamente ressentido das constantes exigências reais por dinheiro e mão de obra para o exército e para os projetos de edificações.

A HISTÓRIA E A BÍBLIA

Em décadas recentes, os historiadores têm debatido muitos pontos na história do antigo Israel, incluindo a ascensão militar do reino davídico. De um lado da controvérsia, eruditos como Mordechai Gichon têm argumentado que a Bíblia é basicamente exata em seus relatos das guerras do antigo Israel. Seus argumentos baseiam-se acima de tudo na especificidade geográfica e tática do registro bíblico: tais relatos exatos, dizem eles, não poderiam ter sido criados em uma data tardia.

Entretanto, outros historiadores e arqueólogos têm apontado para a evidência de que os relatos do Antigo Testamento foram escritos séculos após os eventos que descrevem, e questionam a habilidade da memória popular para transmitir relatos exatos por tanto tempo na forma oral. E ainda mais revelador, arqueólogos têm encontrado muito pouco vestígio do pretendido grande reino de Davi e Salomão. Eles têm sugerido que Davi era um pouco mais do que um líder guerrilheiro nas terras altas do interior, que posteriormente adquiriu a posição de herói popular.

Contudo, em geral, o relato bíblico da ascensão militar de Israel não deixa de ser plausível, mesmo que se aceite a possibilidade de algum exagero. Os livros

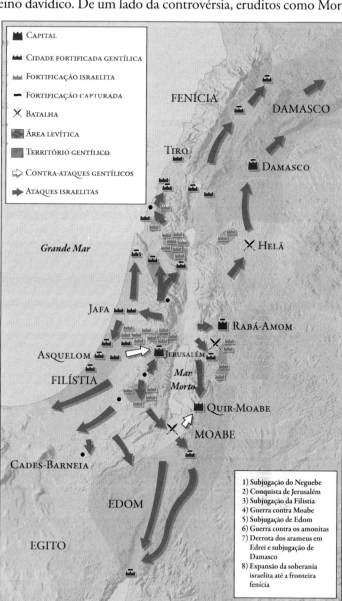

Acima: Este mapa mostra as guerras do rei Davi (c.1002-970 a.C.), incluindo a subjugação do Neguebe, a conquista de Jerusalém, a guerra contra Moabe e a subjugação de Edom. Davi, com sucesso, estabeleceu Israel como uma força na região, estendendo suas fronteiras à maior extensão já conquistada por qualquer líder antes ou depois dele.

de Josué e Juízes podem ter condensado eventos, mas certamente exibem a guerra em um nível muito simples, ao passo que os israelitas gradualmente se deslocaram do interior montanhoso para enfrentar os cananeus e filisteus da planície costeira. Uma sofisticação militar maior não teria sido possível antes da criação de um Estado que só poderia se unir sob uma ameaça como a dos filisteus.

Temos confirmação não-bíblica de que o rei Davi existiu, graças a uma inscrição assíria que se refere a um rei judeu "da casa de Davi". Pode ser verdade que o relato bíblico tenha creditado a Davi e a Salomão alguns dos feitos de seus descendentes, porém a mera criação e sobrevivência do Estado israelita foi uma realização e tanto, executada como o foi, tão rapidamente e sob tamanha pressão.

A MONARQUIA DIVIDIDA

A organização extremamente rápida do Estado de Israel e sua natureza essencialmente artificial pode ser vista no fato de que, após a morte de Salomão em 931 a.C., o Estado rapidamente se dividiu. Roboão, filho de Salomão, tornou-se rei de Judá, na região meridional. Entretanto, quando ele foi ao norte para reivindicar o resto de sua herança, os líderes nortistas recusaram aceitá-lo – a menos que ele deixasse de exigir tanto dinheiro e trabalho do povo. Roboão recusou fazer tais concessões, o líder rebelde Jeroboão organizou a resistência e o norte se separou para formar um Estado independente de Israel. O mais forte e mais populoso Israel a norte e a minúscula Judá a sul continuaram ambos como monarquias. Ambos os povos adoravam o mesmo Deus. Porém os dois Estados lutaram entre si continuamente, e nenhum rei das duas regiões jamais conseguiu reunir a monarquia dividida.

O reino de Israel a norte era o mais forte militarmente dos dois Estados. O rei Onri (c.883-872 a.C.) fundou uma nova capital em Samaria, um lugar estratégico que ele vigorosamente fortificou. Expandindo-se a partir de Samaria, Onri criou uma série adicional de fortificações. Tais locais fortificados eram a chave para a manutenção da independência no meio das intensas disputas do Oriente Médio. De fato, os sírios cercaram Samaria no final do século IX a.C. Entretanto, como não puderam entrar na cidade, postaram-se ali para obrigar os samaritanos à submissão pela fome. Eventualmente, os sírios vieram a desistir, mas na ocasião em que se retiraram, os defensores tinham sido levados à prática do canibalismo.

Acima: O reino unido de Israel atingiu o seu apogeu com o rei Salomão, que construiu o grande Templo de Jerusalém e consolidou as conquistas de seu pai. Esta imagem é uma impressão Vitoriana de como seriam Salomão e seu Templo.

Judá também continuou a desenvolver-se militarmente, vindo rapidamente a assemelhar-se a outros pequenos reinos da região. Logo após a divisão da monarquia, o faraó Sisaque do Egito invadiu a região. Seu ataque foi lançado principalmente contra o Estado de Israel a norte, porém o rei Roboão (c.928-911 a.C.) aparentemente considerava o ataque como um sinal de advertência e iniciou a construção de sua própria rede principal de defesa. De acordo com o livro 2 Crônicas, ele foi responsável pela edificação de 15 cidades fortificadas, inclusive a formidável Laquis, que guardava Jerusalém de tentativas de aproximação.

Tanto Israel quanto Judá habitualmente podiam manter-se contra os pequenos Estados vizinhos, embora a guerra contra Damasco e Edom fosse frequente. O rei Onri era forte o suficiente para arranjar uma prestigiosa aliança matrimonial com um dos Estados fenícios da costa, casando seu filho Acabe com Jezabel de Tiro. E o próprio Acabe era claramente uma potência no Oriente Médio. Uma inscrição de meados do século IX dá conta de que ele podia reunir 2.000 carros de guerra. Além dos três homens necessários para a operação de cada carro, Acabe também possuía uma força de infantaria de 10.000 homens ao seu comando. Tal ajuntamento militar fez do rei Acabe o membro mais forte da coalizão militar descrita na inscrição – uma coalizão que foi criada em um esforço para impedir a crescente agressão do Império Assírio.

A AMEAÇA ASSÍRIA

Os assírios foram o poder militar dominante do Oriente Médio desde a criação do Império Neo-Assírio em 911 a.C. até a destruição de seu Estado em 612 a.C. Nenhum Estado na história mundial, mesmo a antiga Esparta, jamais foi tão completamente dominado pela guerra. A Assíria era dedicada a uma ideologia de guerra, na qual as conquistas estimulavam mais organização militar e as províncias eram severamente exploradas para prover homens e suprimentos de guerra. A glorificação que os assírios faziam da guerra pode ainda ser vista nos relevos dos palácios reais assírios, os quais descrevem a guerra em todas as suas formas, desde o treinamento dos exércitos aos saques de cidades e a brutal execução dos cativos. Vale dizer ainda que esses relevos estão entre as melhores fontes para o historiador no tocante à história da guerra antiga nas terras bíblicas.

Não demorou muito tempo para os reis assírios voltarem os seus olhos para a Palestina. Afinal, importantes rotas comerciais passavam por essa região, e a estrada até o Egito, o maior rival da Assíria, também passava pela Palestina. A natureza do relacionamento da Assíria com o mais próximo

Acima: Arqueiros assírios, mostrados neste relevo (c. 700 a.C.) portando arcos simples. Os assírios também usavam arcos compostos e são geralmente descritos em cenas de cerco vestindo pesadas armaduras.

Estado hebraico, Israel, permaneceu ambígua por um tempo, entretanto Salmaneser III (858-824 a.C.) iniciou uma conquista a oeste do Eufrates em 852 a.C. Os portões de bronze de Balawat mostram as tropas assírias dessa época, incluindo carros com tripulação de três homens, cavalaria e infantaria (alguns usando armadura pesada). Entretanto, o primeiro ataque de Salmaneser III foi rechaçado por uma coalizão de pequenos Estados liderada por Acabe de Israel. Todavia, quando Jeú usurpou o trono de Israel, ele achou mais oportuno aliar-se aos assírios que juntar-se às coalizões formadas contra eles em 849, 848, e 845 a.C.

Sucessivos reis de Israel assumiram posturas diplomáticas complicadas e perigosas com o propósito de manter sua independência em face ao poder incomparável da Assíria. Eles também continuaram a fortificar seu país – em particular, substituindo os antiquados muros de casamata (quadrados ocos de alvenaria preenchidos com terra ou entulho) por muros mais fortes, construídos de pedras sólidas. Os governantes de Judá também aumentaram suas fortificações no século VIII contra uma variedade de ameaças que incluíam os egípcios, os assírios e seus vizinhos israelitas.

O rei Uzias de Judá (c.786-758 a.C.) começou uma reorganização completa do exército, que incluía o suprimento de armamento para o exército e a determinação para o melhoramento das defesas de Jerusalém, sua capital. Ezequias (726-697 a.C.) foi ainda mais longe, tendo ordenado a escavação de um túnel de 518m que garantia acesso seguro à principal fonte de abastecimento de água da cidade.

Os reis assírios podiam reunir no campo de batalha exércitos de aproximadamente 50.000 homens, uma força esmagadora quando lançada contra pequenos Estados como Israel e Judá. A única resposta possível à invasão era a defensiva: refugiar-se por trás dos muros de uma cidade e esperar que o inimigo não consiga rompê-lo. Entretanto, os assírios tinham se tornado mestres na arte da guerra de sítio. Seus exércitos incluíam grandes contingentes de arqueiros e unidades de engenharia que podiam arrombar a maior parte das cidades nessa terra de lugares fortificados. Entre o seu arsenal estavam escudos espe-

Acima: Margem Ocidental, em 1991, mostrando as ruínas da antiga Tel-Sebastia e o moderno assentamento israelita de Shavi Shomron em Samaria, como os modernos israelitas ainda designam esse território que pertenceu, em tempos antigos, ao Estado setentrional de Israel, com sua capital em Samaria.

ciais apoiados para os arqueiros, cujo poder dos arcos compostos poderia facilmente derrubar os defensores no alto dos muros de uma cidade, bem como armas mais elaboradas, tal como aríetes cobertos e impressionantes torres de cerco.

A princípio, os reis assírios estavam dispostos a aceitar os reis de Israel como vassalos, mas logo os reis assírios aprenderam a não confiar em declarações de lealdade. O rei Tiglate-Pileser III (745-727 a.C.) ficou satisfeito com a aplicação de uma lição aos rebeldes; seus sucessores Salmaneser V (727-721 a.C.) e Sargão II (721-705 a.C.) deram fim ao reino de Israel a norte, um processo que culminou em um cerco de três anos à Samaria. Quando a capital do norte foi capturada em 721 a.C., Sargão ordenou uma deportação massiva de qualquer um que pudesse causar problemas futuros, bem como de artífices que seriam úteis nos esforços bélicos da Assíria. Outras deportações em massa aconteceram após outra revolta israelita em 720 a.C. e Israel deixou de existir como um Estado.

Senaqueribe (704-681 a.C.), sucessor de Sargão II, encontrou as mesmas dificuldades com o Estado de Judá a sul. Reis juraram aceitar o domínio assírio e, em seguida, se rebelaram ao surgir uma oportunidade. Senaqueribe lançou uma invasão pesada em 701 a.C. para punir os rebeldes. Embora tenha conseguido considerável sucesso, tomando um grande número de fortificações judaicas, inclusive Laquis, ele teve de interromper seu cerco a Jerusalém e retornar para casa – talvez em resposta a uma ameaça militar, se bem que o relato bíblico sugere uma repentina epidemia em seu acampamento. Judá sobreviveu, pelo menos nominalmente, como um Estado independente até a conquista babilônica de 586 a.C., na qual muitos judeus foram deportados para locais distantes no interior, de modo a desencorajar futuras rebeliões.

CONDIÇÃO DE PROVÍNCIA

A Babilônia sucedeu a Assíria como a grande potência no Oriente Médio, porém sua era de glória foi curta. Menos de 50 anos após a Babilônia ter conquistado e destruído Jerusalém, o persa Ciro, o Grande (559-530 a.C.), apoderou-se da Palestina juntamente com todo o resto do Império Babilônico. Ciro permitiu que os "cativos" judeus e seus descendentes retornassem à sua terra natal e que também reconstruíssem o templo de Jerusalém. Entretanto, a região permaneceu subordinada a um governador indicado pelos persas e continuou por algum tempo em sua condição de lugar calmo e afastado. Câmbises II, filho de Ciro, conquistou o Egito, porém nenhuma batalha dessa campanha foi travada na Palestina.

Acima: Senaqueribe, rei da Assíria, sentado em seu trono. Esta ilustração foi copiada dos relevos de Nínive (agora no Museu Britânico) que comemoram a vitória de Senaqueribe sobre os judeus em Laquis. O copista moderno restaurou a cabeça do rei, que foi desfigurada na antiguidade, provavelmente logo após o assassinato de Senaqueribe.

A região passou novamente para outras mãos com a invasão do macedônio Alexandre, o Grande (356-323 a.C.). O objetivo inicial de Alexandre era a libertação das cidades-Estado de etnia grega da costa da Ásia Menor. Entretanto, logo ficou convencido de que o próprio Império Persa era um prêmio que estava ao seu alcance. Tirando vantagem da lentidão do rei persa Dario III para confrontá-lo, Alexandre marchou pela costa oriental do Mediterrâneo garantindo para si as bases navais dos persas, sendo a mais notável delas a da antiga cidade fenícia de Tiro, que resistiu por sete meses ao cerco de Alexandre. Na maior parte, as cidades da província da Palestina se renderam sem luta. Na confusa luta que seguiu a morte de Alexandre, a região acabou nas mãos de Seleuco, general de Alexandre e fundador do sólido Império Selêucida, mas o general Ptolomeu, o novo governador helenista do Egito, também reivindicou essa área.

Os dois Estados helenistas na sequência travaram nada menos que seis "Guerras Sírias" no período compreendido entre 274 e 168 a.C., durante o qual a Palestina passou muitas vezes de uma mão para outra. Muitas lutas se deram no mar pelo controle das ilhas gregas, mas ocorreram também importantes batalhas pelo controle das cidades costeiras de Tiro, Sidom e Gaza, e algumas pouco documentadas campanhas mais afastadas da costa. O vencedor final foi o Império Selêucida.

A REVOLTA DOS MACABEUS

Por ocasião do encerramento das Guerras Sírias, o Império Selêucida (uma construção artificial em primeiro lugar) estava se rompendo nas costuras, com as províncias se dissolvendo tanto no oriente como no ocidente. É possível que tenha sido para inculcar um sentido maior de unidade cultural que Antíoco IV Epífanes (175-164 a.C.) tomou a decisão de forçar todos os seus súditos à adoração dos deuses da Grécia. Naturalmente, isto provocou os protestos da população judaica da Palestina, a que Antíoco respondeu com a profanação do templo de Jerusalém e a imposição de severas penalidades aos que deixassem de fazer sacrifícios aos deuses, e mesmo aos pais que circuncidassem seus filhos. Em 167 a.C., eclodiu uma rebelião liderada pelo sacerdote Matatias com seus cinco filhos, sendo o mais destacado deles Judas Macabeu (cujo apelido pode significar "o martelo").

Abaixo: Este baixo-relevo do Arco de Tito, em Roma, mostra os soldados de Tito marchando na procissão triunfal que celebrava a vitória de Tito que suprimiu a primeira Revolta Judaica. Eles estão carregando tesouros pilhados do templo de Jerusalém, incluindo o grande candelabro de sete braços que ficava no santuário interior.

Os macabeus sabiam que não podiam esperar vencer pelos meios militares convencionais. Os selêucidas empregavam exércitos profissionais altamente treinados com substanciais unidades de elefantes e de cavalaria acrescidos de uma infantaria que combatia em formação de falange, com fileiras de lanças de 6m.

Sendo assim, tal como os primeiros israelitas, Judas Macabeu e seus irmãos voltaram-se para as táticas de guerrilha, tirando vantagem do terreno acidentado da Palestina para guerrear com ataques-surpresa e artimanhas militares. Embora o próprio Judas tenha sido, mais tarde, morto em combate contra um exército selêucida imensamente superior, seus irmãos continuaram o que veio a ser uma guerra de independência em grande escala. A seu tempo, eles criaram um Estado independente sob a dinastia dos hasmoneus, que sobreviveu até 37 a.C.

Acima: Os legionários romanos dos séculos I a.C. e I d.C usavam a armadura corporal lorica segmentata. As lâminas metálicas eram fixadas por ganchos e tiras de couro rebitadas para criar uma armadura de infantaria flexível e eficaz.

O DOMÍNIO ROMANO

A Judeia dos hasmoneus permaneceu um Estado pequeno e insignificante, dominado por um vizinho imponente – Roma. Tão cedo quanto 168 a.C., um emissário romano humilhou Antíoco IV com termos muito claros e ordenou que ele se retirasse do Egito (que ele tinha invadido). A interferência romana nos assuntos do Oriente Próximo tornou-se cada vez mais intrusiva, e os reis hasmoneus da Judeia logo se viram como reis títeres de Roma.

Todavia, a autoridade real tornou-se pouco mais do que uma ficção legal em 63 a.C., quando o general romano Pompeu, o Grande (106-48 a.C.), tomou parte ativa na guerra civil dos hasmoneus que ocorria na ocasião. Ele subjugou Jerusalém após um cerco de dois meses, impôs tributos e até profanou o templo ao entrar no Santo dos Santos como um curioso turista.

As divisões internas permaneceram e, em 37 a.C., os romanos depuseram o último governador hasmoneu em favor de Herodes, o Grande. Duas gerações depois, a Palestina estava dividida em províncias e colocada sob a autoridade de procuradores romanos, oficiais completamente insignificantes que pareciam apropriados para um local tão obscuro.

Os judeus não apreciavam o domínio romano. Eles se rebelaram diversas vezes nos séculos I e II d.C., incluindo a grande revolta de 66-73 d.C., a guerra de Kitos de 115-117 d.C. e a revolta de Bar-Kochba (132-135 d.C.). Por fim, as forças romanas foram vitoriosas em toda parte, a despeito da corajosa defesa dos judeus em lugares como Jerusalém e Massada. O templo e a própria Jerusalém foram assolados, e grande parte da população judaica dispersou-se pelo mundo Mediterrâneo e pelo Oriente Médio.

À direita: O hoplita macedônio é considerado um dos melhores soldados de infantaria da antiguidade. Portando uma lança muito mais longa que seus predecessores gregos, a falange macedônica mostrou-se efetiva contra todos os tipos de exércitos até o advento das legiões romanas no século II a.C.

CONQUISTA DE AI
c.1400 a.C.

NAS RUÍNAS DE UMA CIDADE HÁ MUITO DESTRUÍDA, AS TRIBOS DE ISRAEL ENFRENTARAM SEU PRIMEIRO REVÉS NAS MÃOS DE UM PEQUENO E RESOLUTO BANDO DE DEFENSORES. CONTUDO, A LIDERANÇA ISRAELITA MOSTROU-SE ADEQUADA PARA O INESPERADO DESAFIO.

Um bom líder – e Josué era um deles – sabe da importância de se manter o ardor em qualquer empreendimento. Jericó está em ruínas. Forçando um pouco mais sua vantagem, os israelitas tinham a oportunidade de ser algo mais do que um povo isolado em uma terra estranha e hostil. Eles teriam de conquistar e manter território, teoricamente em uma área que os hititas ou um Egito ressurgente julgariam muito difícil ou cara para se invadir.

Quarenta anos no deserto serviram para enrijecer os homens em idade militar remanescentes, a ponto de for-

POR QUE ACONTECEU?

QUEM As tribos peregrinas de Israel, lideradas por Josué, sucessor de Moisés, adentraram a "terra prometida" do Pacto e logo se depararam inesperadamente com forte resistência por parte de uma guarnição avançada de cananeus em meio a antigas ruínas.

O QUE Os espias de Josué trazem-lhe um relatório exageradamente otimista, o que motivou o ataque israelita. Eles encontraram forte resistência.

ONDE Ai, "a ruína", era um incômodo para os Israelitas, situada entre Jericó e a recém-aliada cidade de Gibeão.

QUANDO c. 1400 a.C., 40 anos após o Êxodo.

POR QUE Ai permitia aos hostis ocupantes de Canaã a monitoração e a interdição dos movimentos dos recém-chegados israelitas. Como um isolado posto avançado, parecia, de forma tentadora aos israelitas, ser uma vitória fácil.

RESULTADO Os defensores da guarnição foram bem-sucedidos inicialmente ao repelirem os agressores israelitas, e assim ficaram muito confiantes. Josué, com uma tática militar inteligente, os fez sair e, de forma esmagadora, os aniquilou.

À direita: Ruína, rearruinada: arqueólogos têm escavado o sítio de Ai, cujo nome em si significa "a ruína". Treze séculos antes, o sítio tinha sido uma impressionante fortaleza na montanha, porém foi abandonada. No tempo de Josué, havia novas fortificações – e novos defensores.

marem uma excelente e dedicada infantaria leve, porém pouco serviram para prover em termos da tecnologia necessária para o combate de infantaria armada ou para amplas ações planejadas de cerco. As montanhosas terras altas do interior favoreciam o tipo de exército que os israelitas podiam juntar, então Josué conduziu o seu povo em direção ao centro de sua "terra prometida" e do objetivo militar deles.

Os habitantes da região estavam bem cientes da queda de Jericó e do novo e agressivo povo em seu meio. Os governantes dos heteus, dos amorreus, dos ferezeus, dos heveus e dos jebuseus da região começaram a formar uma coalizão defensiva, enquanto os governantes das quatro cidades de Gibeão decidiram por uma aliança com os destruidores de Jericó.

A cidade de Betel, cujos governantes se uniram à coalizão anti-israelita estava próxima da rota do avanço de Josué. As análises táticas militares modernas, a narrativa bíblica e a evidência arqueológica sugerem que foram os ocupantes de Betel que fortificaram as ruínas de Ai (Ha-Ai em hebraico, significando "A Ruína") como um posto avançado defensivo contra o iminente ataque.

Cerca de 1300 anos antes de Josué, o terreno de Ai tinha sido uma imponente fortaleza na montanha. Da estrutura original permanecia o suficiente para permitir que Betel estabelecesse ali uma efetiva guarnição com sólidas patrulhas de ponta a um custo mínimo. Seus recursos deveriam estar já bastante esticados ao se apressar em preparar suas próprias defesas. Dentro das antigas ruínas, é provável que 240 defensores, incluindo mulheres e crianças, aguardavam o avanço israelita.

JOSUÉ SE PREPARA

Os preparativos de Josué para o avanço mostram que ele aprendeu com Moisés, cujos espias tinham encontrado Jericó e detectado seu pontos vulneráveis. Josué enviou um destacamento de reconhecimento pelas trilhas montanhosas até a vizinhança de Ai. O relatório deles foi otimista: "Não suba todo o povo, subam uns dois ou três mil homens para atacar Ai, pois eles são poucos".

Josué compreendeu que cada operação ofensiva tem o efeito de enfraquecer a força invasora. Assim, era vital man-

ARQUEIRO NEO-HITITA

Guerra barata: com um punhal e um capacete, se tivesse sorte, este arqueiro dependeria de seu arco e de sua velocidade para proteger-se durante uma batalha ou um cerco. Sua destreza como arqueiro dependeria de sua familiaridade com sua arma, e a habilidade era o produto de anos de uso e de prática. Uma nação ou uma pessoa mais rica teria um arco melhorado mediante a uma cuidadosa modelagem de madeira com camadas laminadas de chifre e outros materiais para a produção de um arco composto, com alcance e poder muito maiores. Seu punhal seria uma ferramenta de campo e também sua defesa final, no caso de um inimigo se aproximar demais para poder flechá-lo.

As defesas em Ai impediam o avanço de Josué e dos israelitas em direção aos vales das montanhas, onde cidades e oponentes menos defendidos aguardavam sua chegada e faziam seus preparativos.

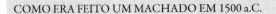

COMO ERA FEITO UM MACHADO EM 1500 a.C.

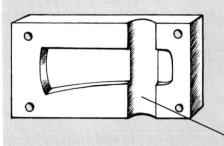

Embora não fosse usado como arma pelos israelitas, o machado teria sido uma ferramenta conveniente na preparação ou na execução de um cerco.

Este diagrama mostra como era feito um molde de machado de núcleo removível no tempo da batalha de Ai. Os ferreiros faziam moldes de argila cozida com duas peças opostas.

Cabo principal

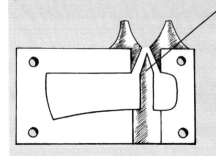

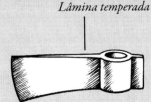

Lâmina temperada

Quando as peças estivessem firmemente juntas, o metal seria derramado no espaço entre elas. O metal resfriado sairia da forma como uma cabeça de machado quase perfeita. O molde seria então removido e as peças seriam incandescidas como cerâmica.

ter a força militar através de um uso mais econômico da tropa. Portanto, com base nas informações recebidas, ele despachou dois ou três *elephs* – uma unidade de 1.000 homens em uma força ideal.

Josué tinha toda a razão para crer que a guarnição em Ai estava bem ciente do destino de Jericó. Como a própria Betel não estava distante dali, não seria exagerado esperar uma retirada, ou talvez uma rendição completa. Uma vitória fácil aqui seria bom para o futuro curso da campanha, e Josué não viu qualquer razão para liderar o ataque pessoalmente.

(Entretanto, o resultado permite comparação com outra defesa resoluta e muito comemorada contra um número aparentemente esmagador, que haveria de ocorrer muitos anos depois: a defesa britânica de Rorke's Drift contra 3.000 Zulus em 1879. Até os números envolvidos em ambos os lados do confronto são semelhantes.)

O resultado do primeiro ataque israelita foi o primeiro revés da campanha de Josué. O relato bíblico dá conta de um ataque frontal repelido, deixando 36 hebreus mortos. Um fator que contribuiu para o fracasso israelita é a íngreme marcha que enfrentaram a partir da planície de Jericó, após a qual estavam exaustos. Por outro lado, os defensores estavam descansados, bem-protegidos das lanças devido à altura das antigas ruínas e prontos para atingir os seus agressores com grande poder e alcance.

AS FORÇAS EM OPOSIÇÃO

CANAANITAS (estimadas)
Primeiro dia:	200 defensores
Segundo dia:	12.000 reforços
Total:	**12.200**

ISRAELITAS (estimadas)
Primeiro dia:	2.000-3.000 infantaria leve
Segundo dia:	8.000 reforços
Total:	**10.000-11.000**

Abaixo: A mão de Deus ou um terremoto fez tombar as decrépitas muralhas de Jericó junto à passagem do Jordão. Os defensores de Ai abrigavam-se em defesas novas e improvisadas, e apresentaram um problema tático que os primeiros esforços de Josué não conseguiram resolver.

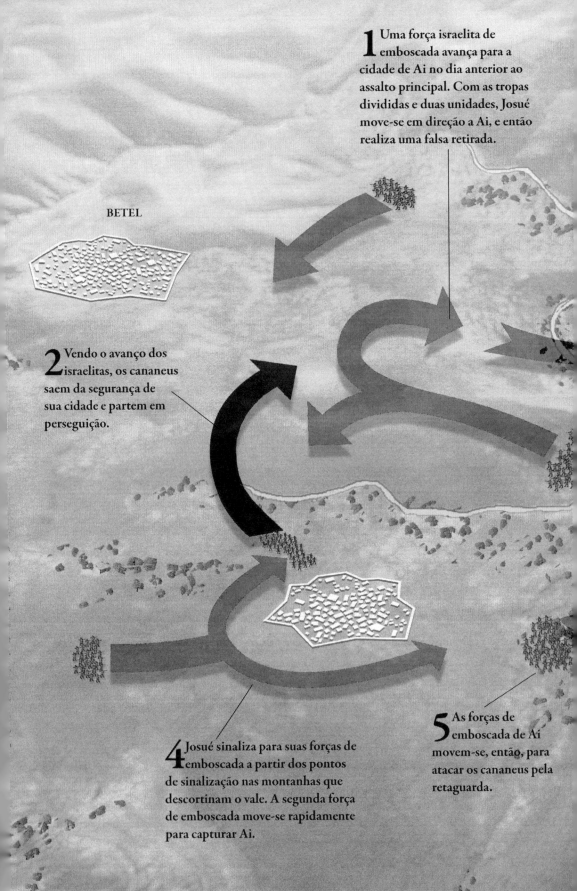

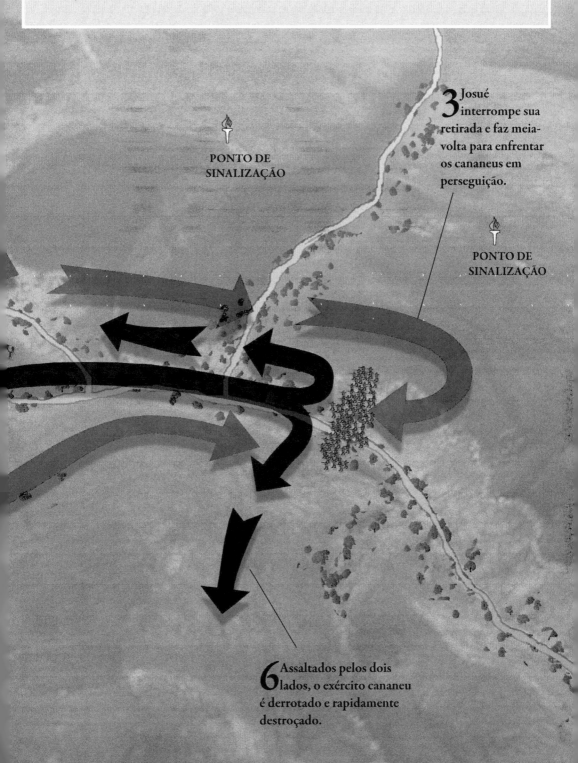

Quanto ao que aconteceu em seguida, algumas batalhas na história moderna mostram paralelos marcantes. A artilharia alemã de sítio demoliu completamente as estáveis fortificações de Verdun em 1916, todavia o exército do Kaiser foi totalmente barrado pela destemida resistência francesa em meio à estrutura despedaçada da fortaleza. O avanço das forças aliadas na Itália em 1944 ficou parado por cinco custosos meses quando as ruínas da Abadia em Monte Cassino, arrasada pelos bombardeios aliados, provaram ser defesa mais formidável do que o próprio mosteiro em si.

UMA CRISE DE FÉ

Os israelitas tinham sido amparados pela fé na promessa de vitória e terra em Canaã que Deus lhes fizera. De fato, Josué determinou que toda a sua população masculina passasse pelo rito da circuncisão depois de cruzarem o Jordão e entrarem em Canaã, e o violento ataque a Jericó teve todas as características de uma guerra religiosa. A fé encorajara os israelitas em seu feroz ataque sobre os cananeus. Entretanto, agora parecia que a promessa de Deus tinha se desfeito, e "o coração do povo se derreteu e se tornou como água" [Josué 7:5].

Repetidas vezes na Bíblia, os fracassos ou reveses dos israelitas são interpretados como punições divinas por seus pecados. Assim, Josué imediatamente tomou providências para livrar-se daquilo que provocara a ira de Deus. Ele rapidamente a localizou na pessoa e família de Acã, filho de Carmi, que tomara para si uma considerável porção dos despojos de Jericó – um tesouro que deveria ser justamente dedicado a Deus. A punição de Acã, filho de Carmi, foi rápida e implacável.

Com a ira de Deus assim satisfeita, Josué tranquilizou o seu povo dizendo que o segundo ataque a Ai seria bem-sucedido, e que ele próprio o lideraria. A Bíblia conta que Deus renovou sua promessa de vitória. Tal como Jericó antes dela, Ai ficaria em ruínas e seus despojos seriam dedicados ao Deus de Israel.

DIVIDIR E CONQUISTAR

É razoável presumir que a guarnição em Ai tenha sido reforçada logo após seu triunfo inicial, visto que há muito tempo tem sido prática militar reforçar sucessos e retirar-se frente à derrota. Os habitantes de Betel podem bem ter escolhido defender sua cidade junto a um comprovado ponto forte, antes que de dentro da própria cidade. Segundo a Bíblia, todos os defensores tanto de Ai como de Betel estavam no campo naquele dia. Enquanto isso, os planos de Josué para um segundo ataque eram mais sofis-

À esquerda: Como sucessor de Moisés, Josué mostrou-se uma escolha inspirada. Depois de ser desencaminhado por espias otimistas, Josué reuniu seu povo abatido e executou um estratagema que atraiu os defensores de Ai para uma emboscada fatal.

Acima: Como a última esperança em uma crise, as muralhas de uma cidade eram a barreira final às lanças e espadas de um inimigo impiedoso. As muralhas de Ai já estavam em ruínas, provendo abrigo e esconderijo para os cananeus que conseguiram repelir o primeiro ataque israelita.

ticados do que a simples tentativa de desbaratar um punhado de defensores exaustos mediante o simples peso dos números.

Os israelitas tinham várias vantagens: uma obediência ao seu líder (reforçada pela punição dispensada a Acã, filho de Carmi), uma etnia comum e a experiência compartilhada por suas tropas. Assim, Josué e os Juízes frequentemente foram capazes de obter vitórias improváveis. Na confiança de que suas ordens sempre seriam cumpridas, eles estavam prontos para dividir suas forças em unidades independentes, mas efetivas. Embora seja uma regra indiscutível que os comandantes não devem dividir suas forças em face a forte resistência, os riscos e a perspectiva de sucesso tendem a combinar com um general agressivo e afortunado.

Na noite anterior ao ataque principal, Josué despachou uma força escolhida a dedo de 30 *elafim* para marcharem à noite, com ordens para ficarem escondidos na estrada que vem de Betel até que o ataque principal tenha atraído pelo menos alguns dos defensores de Ai para fora da segurança de suas defesas. Então eles haveriam de tomar a cidade pela retaguarda bem como retardar qualquer reforço que viesse por detrás do inimigo.

O próprio Josué movimentou suas forças para perto da cidade e acampou em uma posição onde seus homens não se cansassem em outra longa subida.

Sempre como um prudente comandante, ele fez a própria defesa contra um ataque noturno, certificando-se de que houvesse uma ravina entre a força principal de suas tropas e o inimigo.

CONFIANÇA EXCESSIVA

Josué tomou o cuidado de não oferecer aos defensores de Ai qualquer razão para esperar algo mais do que outro ataque frontal. Com sua própria marcha marcada para aparecer diante da cidade ao romper do dia, Josué ordenou que mais cinco *elafim* da infantaria de suas próprias tropas fossem na direção das tropas que já estavam aguardando, prontas para apoiar o ataque principal a partir da retaguarda ou a dizimar defensores hesitantes com um segundo ataque dispersivo em seu perímetro.

Na manhã seguinte, quando o "rei" de Ai viu Josué e suas tropas principais subindo o aclive em direção aos portões de sua guarnição, decidiu investir com a parte principal de sua guarnição para interromper o ataque israelita, tirando vantagem da inclinação da encosta da montanha para acrescentar ímpeto à carga e aumentar a fúria de seu ataque. No linguajar militar moderno, isto é conhecido por "ataque demolidor". Afinal de contas, ele tinha toda a razão para suspeitar que um exército que recuara uma vez, haveria de recuar novamente. Se Ai fora reforçada, poderia haver mais tropas na investida do que poderiam ser proveitosamente empregadas dentro do perímetro.

A narrativa bíblica deixa bem claro que Josué tomara providências precisamente para esta possibilidade, e sua confiança em todas as suas três tropas foi completamente justificada. Quando os defensores da guarnição de Ai desceram sobre os israelitas, estes recuaram como se estivessem desordenados. A disciplina até então mantida pelos defensores cedeu agora à desordem ao avançarem confiantes para infligir o maior número de baixas ao seu "vulnerável" inimigo em debandada.

À esquerda: Moisés tinha conduzido os filhos de Israel à terra de Canaã, porém a conquista de Canaã em si requereria a combinação de planejamento, energia e adaptabilidade que Josué exibiu em uma sequência de batalhas bem-sucedidas.

UMA CIDADE CAI

"E Josué estendeu a lança que estava em sua mão na direção da cidade" (Josué 8:18). Assim que viram uma bandeira pendurada na haste ou o brilho da ponta de uma lança, as tropas de apoio de Josué entraram em ação.

Com a área completa ou mesmo parcialmente abandonada pela guarnição, os israelitas puderam agora empregar o tipo de tática que permite mesmo a uma infantaria leve capturar uma posição defendida. Dois homens, ou mesmo um homem forte, podem levantar outro sobre um escudo, uma plataforma útil e plana para se escalar um muro. Depois de escalado o muro, as vantagens dos defensores, em decorrência da altura, desaparece rapidamente, enquanto os telhados das casas, os redutos de troncos ou qualquer outro tipo de estrutura proveem um meio relativamente fácil de entrada com muito menos resistência do que os muros de defesa.

Por ordem de Josué, os israelitas ateiam fogo por todos os lados em Ai enquanto as duas forças de ataque avançam para a cidade, massacrando tudo o que encontram pelo caminho. Sob uma nuvem de fumaça, os agressores usam suas lanças para abrir buracos nas paredes de barro e então avançam quarto a quarto, casa a casa, objetivo a objetivo até esmagar toda a resistência na cidade.

MARTELO E BIGORNA

As chamas e a fumaça por detrás dos defensores da guarnição os avisaram do perigo em que agora se encontravam. Entretanto, Josué de modo algum dera por encerrado sua ação contra os defensores de Ai e Betel. Todos os três grupos do exército israelita agora convergiam em direção aos cananeus. Era muito tarde para o comandante da guarnição restaurar qualquer tipo de ordem, e logo ele foi capturado e enforcado em uma árvore próxima, tendo, posteriormente, o corpo lançado aos escombros.

Quando os israelitas terminaram aquele seu longo dia de matança, tudo o que restava da guarnição eram o gado e os despojos. De acordo com o relato bíblico, 12.000 homens e mulheres foram mortos. Não há referência específica à queda de Betel em si, porém, com os seus defensores mortos entre os remanescentes de Ai, sua queda foi inevitável. Mais cidades seriam tomadas, exércitos seriam derrotados e alianças seriam feitas – ao passo que os filhos de Israel firmavam-se com segurança na "terra prometida".

À esquerda: "Ao rei de Ai, enforcou-o e deixou-o no madeiro até a tarde." Nem os que cercam nem os que são cercados mostram clemência nesta página do livro de Josué. Abalados pelo sucesso israelita, os gibeonitas propõem aliança no painel abaixo.

ÁGUAS DE MEROM
c.1400 a.C.

APÓS A MORTE DE MOISÉS, O POVO HEBREU MOVEU-SE LENTAMENTE EM DIREÇÃO AO NORTE. POR VEZES, SOFRERAM O ATAQUE DOS HABITANTES DAS TERRAS POR ONDE PASSAVAM. SOB A LIDERANÇA DE MOISÉS, OS HEBREUS PUDERAM DERROTAR OS CANANEUS AO NORTE EM UMA BATALHA FEROZ.

POR QUE ACONTECEU?

QUEM Um exército judaico sob Josué, contra uma aliança de cananeus.
O QUE Os hebreus atacaram enquanto os inimigos se preparavam para a batalha.
ONDE O vale das Águas de Merom na Galileia.
QUANDO Em torno de 1400 a.C.
POR QUE Os hebreus, naquela época, eram um povo nômade em busca de um novo lar.
RESULTADO Os hebreus derrotaram os cananeus e se apossaram de sua terra.

Canaã (a atual Palestina) tinha sido campo de batalha há séculos quando os hebreus chegaram. Fértil e acolhedora, a região era desejável como terra para se morar e sustentava certo número de Estados relativamente poderosos.

Canaã tinha sido algumas vezes possessão do Egito. Desde o tempo da fundação da 18ª Dinastia, por volta de 1550 a.C., as forças egípcias tinham feito campanhas em Canaã. Primeiramente, perseguiram os derrotados hicsos dentro da Palestina e então foram em frente, acrescentando essas terras ao Império Egípcio.

Canaã era a terra dos carros de guerra e foi com os povos nativos de Canaã que os egípcios aprenderam a usar carros leves em batalhas. A combinação revolucionária do carro de guerra com o arco composto deu ao Egito uma vantagem decisiva em combate e, em poucos anos (1507-1494 a.C.), Tutmósis I expulsou seus inimigos até o rio Eufrates.

À direita: Este detalhe de um relevo da Tomba de Paheri da XVIII Dinastia mostra soldados daquela época. Um arqueiro e um soldado da infantaria armado com uma clava são evidentes. Suas vestes são muito uniformes.

Entretanto, a influência egípcia em Canaã aumentava e diminuía com o decorrer dos séculos. Por vezes, os faraós mantiveram firme controle e, por outras, foram forçados a empreender campanhas contra príncipes rebeldes na região. O problema era que, apesar de ser bastante fácil empreender uma campanha de conquista, a manutenção do controle efetivo sobre locais tão distantes requeria mais recursos do que os disponíveis.

Consequentemente, Canaã era uma área que repetidamente escapava do controle do Egito, até que algum enérgico faraó a reconquistasse por algum tempo. Em 1457 a.C., Tutmósis III (m.1426 a.C.) realizou exatamente esse tipo de campanha, esmagou uma aliança de príncipes canaanitas que tinham decidido não mais continuar como vassalos dos egípcios.

A campanha de Tutmósis foi o apogeu da grandeza militar egípcia e sua vitória em Megido é a primeira batalha devidamente registrada na história. Ele expandiu as fronteiras do Egito mais uma vez até o Eufrates depois que uma grande batalha de carros de guerra esmagou a aliança liderada pelo rei de Cades.

Os egípcios então se acharam em conflito com o reino de Mitani, localizado na Alta Mesopotâmia. Mitani tinha apoiado a rebelião de Cades e também estava no auge de seu poder. Os conflitos entre os dois pelo domínio da Síria continuaram até cerca de 1410 a.C., quando um tratado de paz foi finalmente acordado.

Nesse meio tempo, os hititas, antigos rivais tanto do Egito quanto de Mitani, estavam se recuperando de um longo período de fraqueza motivado por problemas internos. À medida que começaram a se fazer sentir na região, o reino de Mitani voltou sua atenção para tratar do problema dos hititas enquanto o Egito voltou-se para os seus próprios negócios. Mais uma vez o controle sobre Canaã afrouxou.

CANANEUS E AMORREUS

Muitos povos diferentes ocuparam Canaã, alguns dos quais são aludidos de forma confusa por nomes diferentes em várias ocasiões. Os que viviam a oeste, próximos do mar, geralmente recebem o nome de cananeus ou ca-

A terra de Canaã localiza-se na rota usada por vários exércitos egípcios que marcharam para subjugar rebeliões ou para lutar contra exércitos inimigos na Assíria ou no reino Hitita. A terra sofria cada vez que um exército a atravessava.

CARRO DE GUERRA CANAANITA
O carro de guerra foi inventado na terra de Canaã, cujas planícies lisas eram ideais para a guerra móvel. Os cavalos da época eram bem pequenos e fracos para serem utilizados em uma cavalaria propriamente dita, mas podiam puxar um veículo de rodas com certa velocidade. Desta plataforma móvel, os tripulantes podiam lutar com arcos, lanças ou armas de mão. Os carros de guerra desse período eram mais leves e frágeis se comparados aos pesados carros dos assírios 800 anos mais tarde. Os carros proporcionavam variações estratégicas e táticas, permitindo aos cananeus levar o poder de combate a qualquer parte do campo de batalha e também retirar-se de situações desvantajosas. As tropas dos carros não somente funcionavam como a cavalaria posterior, mas também desfrutavam da condição de elite atribuída às tropas montadas de períodos posteriores.

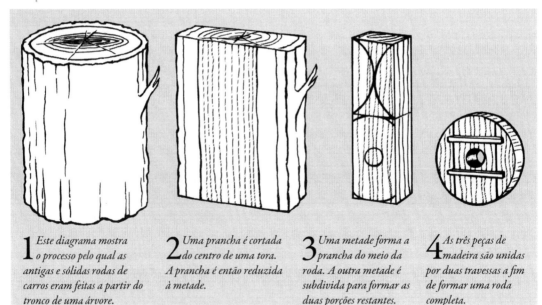

1 Este diagrama mostra o processo pelo qual as antigas e sólidas rodas de carros eram feitas a partir do tronco de uma árvore.

2 Uma prancha é cortada do centro de uma tora. A prancha é então reduzida à metade.

3 Uma metade forma a prancha do meio da roda. A outra metade é subdivida para formar as duas porções restantes.

4 As três peças de madeira são unidas por duas travessas a fim de formar uma roda completa.

naanitas, enquanto os que viviam mais a leste, nas montanhas e ao redor delas, são chamados de amorreus. Entretanto, esses rótulos não são exatos cultural ou racialmente. "Amorreu" é, de fato, uma palavra acadiana que significa "mais a oeste", e é aplicada a um número de Estados localizados na parte oriental da região.

Os povos amorreus e cananeus estavam, em todo caso, sujeitos a uma grande dose de mistura cultural e linguística, e assim é difícil estabelecer exatamente quem controlava certa região em determinada época. O que é evidente é que essas culturas operavam com um nível de tecnologia do final da Era do Bronze, vindo um pouco atrás de outras regiões, principalmente devido às frequentes interrupções causadas pelos exércitos egípcios em viagem para abafar rebeliões e conquistar regiões problemáticas.

Os povos de Canaã tinham capacidade para construir cidades que impressionavam, com poços profundos e robustos muros, embora a nítida divisão entre as casas dos ricos, construídas com pedras, e as cabanas das classes inferiores sugerida pela evidência arqueológica mostre que a riqueza não era universal. A organização política habitual era a cidade-Estado, com cada cidade cuidando de sua própria pequena área de influência e prestando obediência ao Egito por intermédio de seu príncipe ou rei da cidade.

O número de cidades-Estado vinha aumentando por muitos anos, principalmente nas regiões planas. Entretanto, cada cidade-Estado ficava sozinha ao invés de fazer parte de um Estado poderoso. Quando o Egito estava forte, podia proteger seus vassalos. Mas em 1400 a.C., o controle egípcio na região estava novamente desaparecendo e as cidades-Estado estavam vulneráveis a qualquer

AS FORÇAS EM OPOSIÇÃO

EGÍPCIOS (estimadas)
Carros:	2.000
Infantaria:	18.000
Total:	**20.000**

HITITAS
Carros:	3.000
Infantaria:	20.000
Total:	**23.000**

novo poder que entrasse na região – neste caso, os hebreus, que subiam do sul. Em Canaã, eles encontraram abundância de terra fragilmente controlada – uma oportunidade perfeita para o estabelecimento de um novo lar.

ENTRAM OS HEBREUS

Os hebreus tinham perambulado por muitos anos após sua fuga da escravidão no Egito. Ao se dirigirem para Canaã, a norte, eles deviam estar cientes de que, embora o controle egípcio da região estivesse frouxo, eles ainda estavam em terras reivindicadas por seus antigos senhores, cujo alcance ia longe. Por outro lado, segundo suas crenças, Yahweh tinha-lhes prometido essas terras.

Por falar nisso, os hebreus começaram o culto de Yahweh somente nos estágios posteriores de suas perambulações. O nome não aparece em parte alguma nos escritos antes do Êxodo e de sua chegada na Terra Prometida, enquanto se lê que Moisés recebeu o pacto e a lei no Monte Sinai quando saíram do Egito.

O culto de Yahweh era incompatível com as religiões de Canaã, onde o deus mais importante era Baal, embora como cabeça do panteão estivesse o relativamente inativo El. Entre as divindades cananitas estavam as deusas femininas da fertilidade, que também faziam o papel de deusas da guerra em certas ocasiões. Práticas orgiásticas, que eram comuns, certamente incorriam na condenação de Yahweh.

Assim, as diferenças religiosas foram adicionadas às já longas listas de razões pelas quais os hebreus haveriam de se chocar com os cananeus.

Com a morte de Moisés, a liderança dos hebreus recaiu sobre Josué, que conduziu o seu povo em direção a Canaã, a norte. O conflito era inevitável e os hebreus derrotaram várias cidades-Estado em sequência.

A exata natureza da conquista do que veio a se tornar Israel é difícil de determinar. Algumas fontes sugerem uma campanha rápida, deliberada e bem planejada, enquanto outros falam de uma série de expansões graduais, efetuadas geralmente por tribos individuais. Provavelmente, a verdade esteja entre essas duas sugestões.

Nessa época, a guerra era com frequência algo extremamente brutal. Não era incomum que os defensores de uma cidade fossem mortos à espada e que, algumas vezes, a cidade fosse completamente arrasada. Há registros dos hebreus fazendo guerra dessa forma, portanto, é possível que

À esquerda: *Pintada por H. Jordaens III, em 1624, esta descrição do Êxodo mostra os hebreus escapando do Egito pelo Mar Vermelho. Depois de escapar da destruição imediata, os hebreus foram confrontados com o desafio de encontrar e construir um novo lar.*

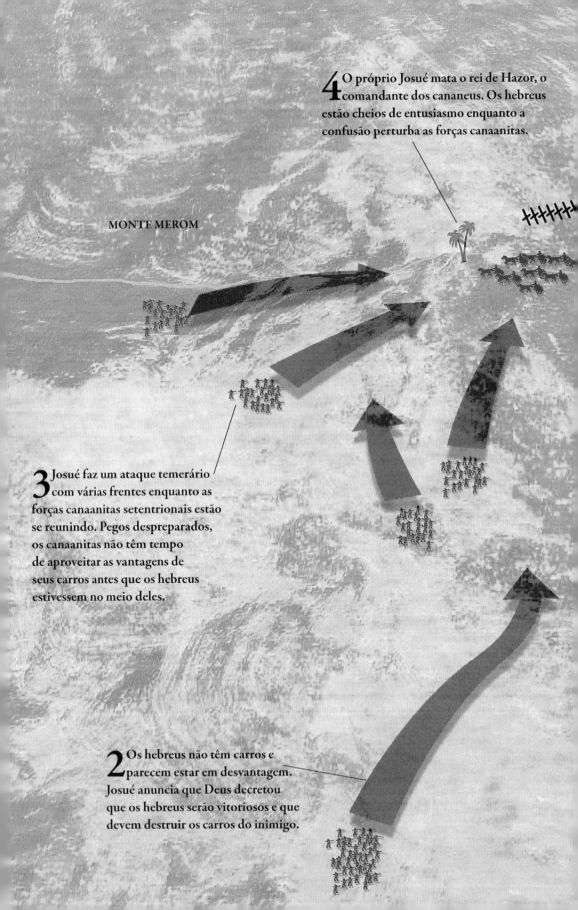

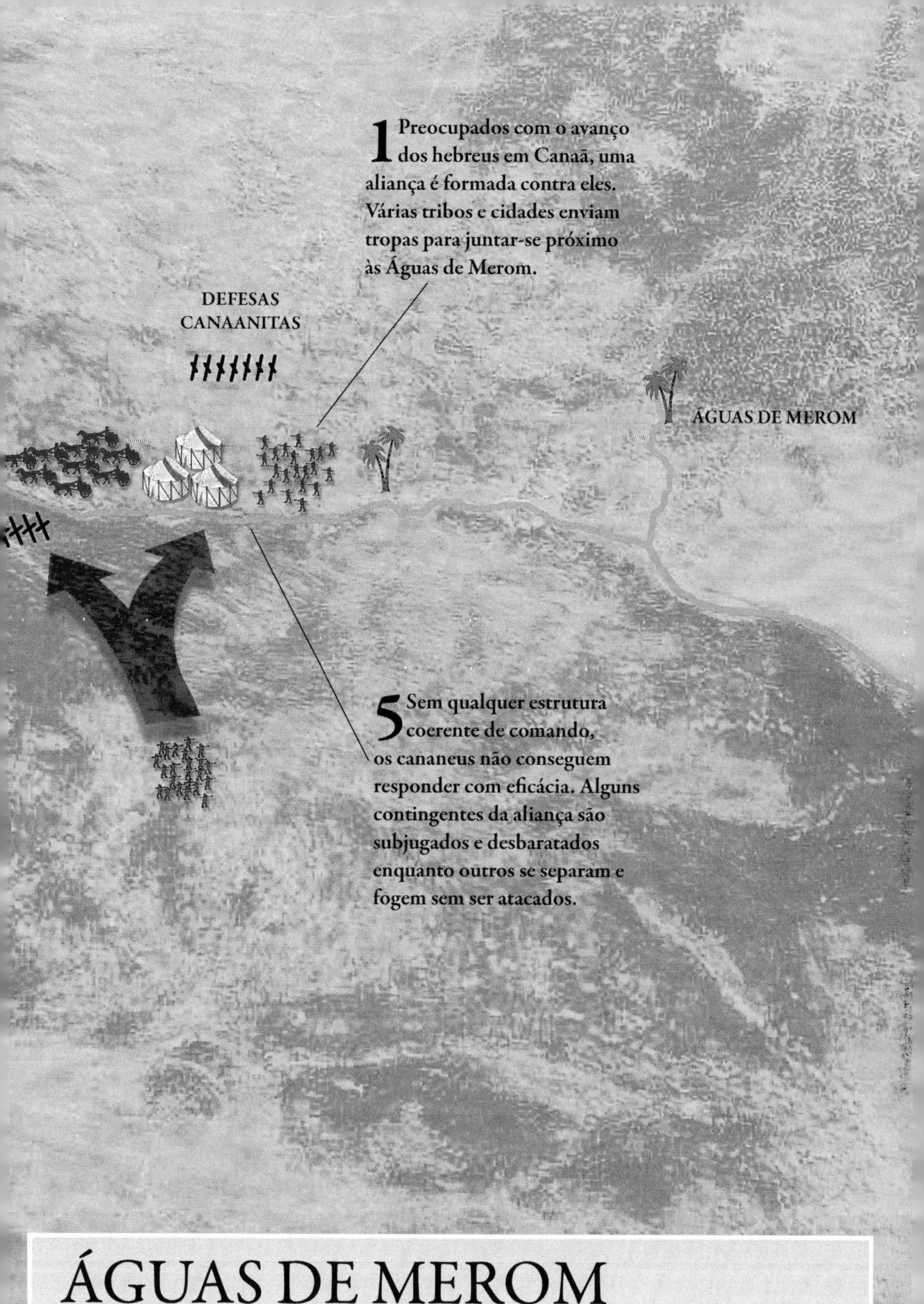

DEFESAS CANAANITAS

1 Preocupados com o avanço dos hebreus em Canaã, uma aliança é formada contra eles. Várias tribos e cidades enviam tropas para juntar-se próximo às Águas de Merom.

ÁGUAS DE MEROM

5 Sem qualquer estrutura coerente de comando, os cananeus não conseguem responder com eficácia. Alguns contingentes da aliança são subjugados e desbaratados enquanto outros se separam e fogem sem ser atacados.

ÁGUAS DE MEROM
c.1400 a.C.

Acima: Uma estatueta do século XIV do deus Baal com um chapéu dourado que mostra influências egípcias. Baal era amplamente adorado em Canaã e os hebreus reprovavam muitas práticas seguidas por seus adoradores.

cada conquista levasse a uma apressada aliança das cidades-Estado, sob o temor de serem as próximas da fila para receber esse tratamento.

Uma vez que esses novos aliados atacassem os hebreus, eles tinham de ser destruídos para garantir a segurança do povo hebreu e isto, por seu turno, provocou outras cidades a marchar contra os invasores. Assim, a conquista de Israel era, em parte, uma questão de profecia cujo cumprimento já era esperado.

A CONQUISTA DOS HEBREUS

A conquista de Israel realizada pelos hebreus não foi completa. Algumas áreas não foram absorvidas senão muito tempo depois. Provavelmente, os hebreus eram relativamente poucos em número e não poderiam conquistar uma vasta área. Traduções literais de documentos da época afirmam que eles tinham condições de juntar cerca de 600.000 homens armados, porém isso é um imenso exagero. Simplesmente não é possível que os vários milhões de pessoas requeridas para lhes dar suporte pudessem prover a própria subsistência na marcha. Seja como for, uma multidão tão numerosa não precisaria fugir do Egito – com toda probabilidade, poderiam, antes, aniquilá-lo.

Se os vastos números citados por algumas fontes forem vistos à mesma luz que documentos reivindicando terem os egípcios recebido a oposição de vários milhões de soldados inimigos em Megido, é provável que os hebreus tivessem ao todo apenas algo como poucos milhares de pessoas, e um número menor de guerreiros. Não é de se admirar, então, não poderem eles capturar tanto a planície de Esdraelom (como Tutmósis III havia feito após a batalha de Megido cerca de 50 anos antes) como também a planície costeira.

Entretanto, os hebreus seguiram batalhando em direção ao norte, conquistando algumas cidades e fazendo alianças com outras. Eles absorveram a confederação gibeonita dessa forma e cresceram em poder com o passar do tempo. Outros grupos foram igualmente incorporados à crescente nação hebraica. Entre eles estavam os nômades e desapossados que foram encontrados vagando no deserto, convertidos ao Yahwehismo, juntamente com grupos que se associaram àquilo que viria a se chamar Israel, enquanto os hebreus estavam engajados nessa conquista.

Uma descrição em relevo de um carro hitita. A tripulação está armada com arco e lança, e o eixo está localizado na parte traseira, que se achou ser a melhor posição.

Algumas cidades e vilas, cansando-se de seus atuais senhores e intrigadas pelo fervor religioso dos patriarcas hebreus, decidiram, pronta e livremente, participar da sorte dos recém-chegados, tornando-se parte da cultura hebraica e, eventualmente, misturando-se à população geral de Israel.

Também é possível que houvesse hebreus vivendo na região quando Josué e seus seguidores chegaram. Isto explicaria, em parte, como os hebreus puderam conquistar uma região habitada por uma população muitas vezes maior que a sua e por pessoas que sabiam construir cidades fortificadas. Com alguma ajuda "lá de dentro", os hebreus pobremente armados, sem qualquer aparato de sítio, puderam adentrar as cidades muradas. Uma vez transpostas as muralhas, tiveram a oportunidade de lutar.

A ALIANÇA DO NORTE

As cidades-Estado do norte de Canaã estavam com medo dos invasores hebreus, que pareciam poder queimar qualquer cidade que não se juntasse a eles e aceitasse adorar os seus deuses. A resposta seria a formação de uma aliança para destruir os invasores, e os cananeus do norte se dispuseram a fazer isso. A aliança consistia de vários reis das cidades-Estado, incluindo Jabim de Hazor e Jobabe de Madom. Vários contingentes vieram de muitos Estados e tribos, representando heteus, jebuseus, ferezeus, amorreus, heveus e cananeus. Reuniram-se em grande multidão no vale das águas de Merom, incluindo um grande número de infantaria e, principalmente, de carros de guerra.

Os hebreus não possuíam carros de guerra, o que significava que o inimigo tinha vantagens significativas em termos de capacidade de manobra e, se assim a escolhessem, capacidade de reconhecimento. Entretanto, provavelmente a aliança não foi muito bem-organizada, visto ter sido composta por contingentes de um grande número de líderes que estavam, pelo menos em teoria, em pé de igualdade.

ÀS VÉSPERAS DA BATALHA

As forças alinhadas contra os hebreus eram assustadoras. Não somente o inimigo tinha superioridade numérica, mas também tinham tecnologia superior. Entretanto, os hebreus não eram mais aquela turba deficientemente armada. Eles tinham tomado muitas cidades e deveriam ter ganhado experiência de guerra, bem como puderam armar-se com as armas de seus inimigos abatidos. Seus soldados a pé teriam sido equipados da mesma forma que os do inimigo e é provável que tenham usado exatamente os mesmos equipamentos.

Os hebreus também tinham outras vantagens. Estavam desenvolvendo um "hábito de vitória" que, aliado à fervente crença religiosa na promessa de Yahweh, fortalecia tremendamente o moral. Na verdade, o Antigo Testamento registra Deus falando a Josué no sentido de que não temesse o inimigo, pois no dia seguinte os inimigos seriam mortos perante Israel; os hebreus haveriam de jarretar os cavalos dos inimigos e destruir seus carros com fogo.

Qualquer que tenha sido sua procedência, o plano era bastante apropriado e Josué decidiu tomar a iniciativa. Em menor número e enfrentando um inimigo superior, ele nivelaria as diferenças fazendo uso de agressividade e ousadia.

À esquerda: O livro de Josué descreve a vitória dos hebreus sobre os amorreus como sendo uma catástrofe total para os últimos. Esta gravura, de Gustave Doré (1832-1883), ilustra a totalidade do desastre.

A BATALHA JUNTO ÀS ÁGUAS DE MEROM

Como acontecia em grandes ajuntamentos feudais reunidos sem uma clara estrutura de comando, as forças canaanitas ainda estavam se organizando quando os guerreiros de Josué atacaram. O Antigo Testamento fala de uma emboscada, porém é mais provável que tenha sido um ataque-surpresa – possivelmente depois de uma marcha de aproximação feita sob a coberta da noite. Essa estratégia extraordinariamente audaciosa foi bem-sucedida: os canaanitas foram pegos despreparados e não puderam oferecer resistência consistente.

Os hebreus caíram repentinamente sobre os seus inimigos e o fizeram com grande fúria, com Josué lutando à sua frente. Ele entrou em combate pessoal com o rei de Hazor e o matou com uma espada. Isso foi demais para os canaanitas que racharam e foram dispersos. Os hebreus os perseguiram por onde quer que tenham tentado fugir. O Antigo Testamento fala dos hebreus atacando seus inimigos até "não restar nenhum deles".

No decorrer de sua perseguição, os hebreus foram bem cuidadosos, como no passado Moisés lhes ordenara que fossem. Fizeram segundo as ordens que receberam: jarretaram os cavalos e queimaram os carros de guerra ao invés de tomá-los para seu próprio uso.

Josué então levou seu povo para Hazor e a queimou completamente como um exemplo para as demais cidades. A população foi morta à espada, como também aconteceu com as pessoas das outras cidades que tinham se aliado a Hazor, embora essas outras cidades não tenham sido queimadas. Em vez disso, os hebreus muito se enriqueceram ao tomarem para si como despojos de guerra os animais e os bens delas.

RESULTADO

Os hebreus estavam agora no controle da maior parte de Canaã, incluindo a planície do Jordão, as montanhas de Israel e o vale do Líbano. Entretanto, ainda tinham de completar esse domínio e, assim, uma a uma, as cidades-Estado que ainda resistiam foram destruídas e seus reis foram mortos. Somente aquelas que fizeram aliança com os hebreus e aceitaram o seu domínio foram poupadas.

Por mais desumano que possa parecer, tudo isso foi justificado por Josué – era a vontade de Deus, tal como lhe fora dada por intermédio de Moisés, e os inimigos eram pagãos cuja religião era uma afronta a Yahweh. É igualmente importante dizer que esse modo de fazer guerra era, mais ou menos, a norma para aquela época – clemência e respeito para com os não-combatentes eram extremamente raros naquele período da história. Quem sabe seja instrutivo dizer que a expressão moderna em português "faz aos outros como farias para ti" é um pouco diferente no hebraico antigo. Ele traz: "faz aos outros como eles fariam para ti"; o que possui conotações um tanto diferentes.

Os hebreus tinham escapado recentemente da escravidão, tinham sido saqueados e atacados em sua marcha, e ainda enfrentariam completa destruição nas mãos de seus inimigos caso perdessem a guerra. Sua conquista pode ter sido enérgica, radical e extremamente brutal, porém, em uma análise final, eles estavam simplesmente fazendo aos outros aquilo que seria feito a eles se tivessem fracassado.

VITÓRIA SOBRE SÍSERA
1240 a.C.

AS TRIBOS ISRAELITAS, CARACTERIZADAS POR UMA ORGANIZAÇÃO UM TANTO LIVRE, ERAM INCAPAZES DE REALIZAR UMA AÇÃO CONJUNTA SEM A PRESENÇA DE UM LÍDER CARISMÁTICO QUE OS UNISSE. O SURGIMENTO DOS JUÍZES FOI UMA RESPOSTA À NECESSIDADE DE TAIS LÍDERES EM UM TEMPO EM QUE OS ISRAELITAS NÃO ACEITARIAM UM REI.

> **POR QUE ACONTECEU?**
> **QUEM** Um exército israelita sob a liderança da grande juíza Débora e o general Baraque contra os cananeus comandados pelo general Sísera.
> **O QUE** O terreno encharcado deixou os carros canaanitas impotentes logo antes do confronto dos exércitos.
> **ONDE** Próximo ao Monte Tabor, Israel.
> **QUANDO** c. 1240 a.C.
> **POR QUE** A grande juíza Débora reuniu os israelitas para libertar seu povo da opressão canaanita.
> **RESULTADO** Os cananeus foram destroçados e destruídos como um poder militar.

Após a conquista de Canaã, houve um período de ajustamento e de desenvolvimento para os israelitas. Eles foram peregrinos, mas agora tinham um lar. É óbvio, como visto em suas primeiras instalações, que lhes faltavam muitas habilidades de povo estabelecido, especialmente em termos de construção e de trabalho em metal. As tribos tinham se apropriado de muitas coisas de seus inimigos conquistados no tempo de Josué e estavam agora começando a desenvolver a habilidade para fazer coisas por si mesmos.

Importantes avanços técnicos foram feitos. Um deles era o uso de um reboco feito de cal endurecido para revestir cisternas de água, o que muito aumentou o suprimento de água disponível em muitas regiões e tornou possível uma concentração maior de população nas cidades. Missões comerciais foram enviadas por camelos e por embarcações,

Abaixo: A Planície de Esdraelom tal como vista de Nazaré, ali perto (de uma pintura de William Holman Hunt). A planície era habitada por povos hostis aos hebreus e isso era um obstáculo entre as metades, sul e norte, da terra dos israelitas.

matas foram derrubadas para que a terra fosse usada para o cultivo e para a construção de cidades. A população e a riqueza de Israel aumentaram de forma substancial.

Os israelitas desse tempo não cooperavam muito bem e não gostavam da ideia de ter um rei governando sobre todos eles. Sua ordem social baseava-se na confederação tribal, em que cada tribo fazia mais ou menos como preferia e, consequentemente, era difícil de obter consenso em qualquer assunto.

Uma pessoa carismática poderia liderar um grande empreendimento no curto prazo, porém, eventualmente, as tribos poderiam voltar aos seus afazeres. Sob outras circunstâncias, isso deixaria Israel vulnerável à reconquista pelos egípcios. Entretanto, o Império Egípcio estava enfrentando suas próprias dificuldades.

Após uma longa luta contra os "povos do mar", um termo um tanto amplo aplicado à grande variedade de grupos que efetuaram vários ataques ao longo da costa do Mediterrâneo, os egípcios, por fim, conseguiram expulsá-los. Entretanto, a queda da XIX dinastia lançou o Egito em um tumulto e resultou na perda de todos os seus domínios na Ásia.

Embora a estabilidade tenha sido eventualmente restaurada e uma tentativa tenha sido feita para a reconquista dos territórios perdidos, o Egito nunca reconquistou nada além da planície de Esdraelom e logo recebeu novos ataques dos povos do mar e de tribos da Líbia. Isso desviou-lhes a atenção da Ásia e permitiu que os israelitas pudessem firmar seu domínio na região – se é que puderam lidar unicamente com seus próprios problemas.

Nessas circunstâncias, o Egito, desgastado pela guerra, nunca mais chegou a ser uma potência na Ásia. Entretanto, com os filisteus crescendo em poder, os povos do mar no controle de vastas regiões da costa e os arameus deslocando-se para a Síria, a posição de Israel também ficou muito instável.

O surgimento dos juízes ocorreu alguns anos depois da morte de Josué e da conquista de Canaã. Durante esse período, os israelitas estavam sofrendo nas mãos de seus inimigos. Tal como aconteceu várias vezes em sua

> **INFANTARIA HEBRAICA**
> *As forças empregadas pelos israelitas (e por muitas outras nações desse tempo) eram simplesmente compostas por membros das tribos que apareciam com qualquer arma e equipamento que possuíam. Uns poucos homens tinham espadas ou capacetes, porém a maioria se armava com os apetrechos mais básicos: uma lança e um escudo. Estes lanceiros bem treinados também não lutavam em formação semelhante à falange. Eles estavam ligados pelo parentesco, pela lealdade à sua tribo ou a amigos que lutavam ao seu lado, e pelo carisma de seus líderes.*

A geografia da região tende a concentrar os conflitos em determinadas áreas. Sendo assim, a planície costeira do que hoje é Israel tem presenciado um grande número de batalhas, muitas delas nas mesmas localidades.

história, eles tinham abandonado o culto de Yahweh e tinham começado a seguir os deuses locais, inclusive Baal, que era adorado pelos derrotados cananeus.

Como sempre, segundo a Bíblia, esse afastamento do caminho verdadeiro resultou em sofrimento para o povo de Israel. Dessa vez, começou com os saques pelos bandoleiros e assaltantes, seguidos por uma série de derrotas em batalhas contra agressores filisteus e amorreus, e contra os demais inimigos entre os povos de Canaã que recusaram aceitar o domínio israelita. Antes, sob Josué, os hebreus justos tinham logrado uma espetacular vitória sobre os seus inimigos pagãos, mas agora a geração seguinte perdia território considerável para os invasores.

O SURGIMENTO DOS JUÍZES

Após um período de miséria nas mãos dos inimigos de Israel, os juízes começaram a aparecer. Eles foram grandes líderes entre os israelitas, cuja função era, em parte, religiosa, em parte, política e, em parte, heróica, fatores todos entrelaçados na sociedade judaica. O carisma pessoal e os grandes feitos eram interpretados como sinais do favor de Deus e, afinal, toda autoridade era entregue a partir dessa mesma fonte. Mesmo a função dos juízes como magistrados superiores era, em parte, religiosa, assim como as leis de Israel faziam parte tanto de sua religião como da vida diária.

As leis de Israel começaram com Moisés e tiveram sua origem nos mandamentos que ele trouxe do Monte Sinai. O próprio Moisés acrescentou bastante coisa ao corpo da lei, ao passo que outros continuaram sua obra à medida que surgia a necessidade. Os legisladores eram muito respeitados na tradição judaica, como também era crido que a lei viera de Yahweh e era, ao menos em parte, uma expressão da vontade divina. Aqueles que fizeram a lei estavam, portanto, falando em nome de Deus e contavam com a sua bênção.

A justiça nas questões mais comuns era algo para ser tratada pelos anciãos da tribo ou da cidade, guiados pela tradição e pelo corpo da lei. Os sacerdotes lidavam com os casos mais difíceis. Essa mistura de religião com lei cotidiana é um reflexo da sociedade judaica nessa ocasião.

Os grandes legisladores e líderes de Israel, os juízes, decidiam os assuntos mais importantes. Seu papel era um tanto diferente do papel dos juízes dos dias modernos, visto que eles não apenas tratavam de questões relativas à lei como também guiavam seu povo de outros modos. O ofício não era nem hereditário nem fruto de eleição, antes decorria do carisma pessoal e era apropriado para grandes feitos.

Assim que um homem ou uma mulher se tornava juiz, passava a exercer grande poder. Contudo, os juízes não eram reis. O papel deles era conduzir e não governar, e há pelo menos um caso de juiz sendo citado como "rei", uma vez que suas ações deixaram de ser vistas como objetivando o melhor interesse de seu povo. Entretanto, o ofício de juiz tinha muito em comum com o reinado – os juízes lideravam seu povo na guerra e os guiavam em tempos de paz.

Os juízes eram "anciãos" de seu povo (o que nem sempre significava que eles eram particularmente idosos; o que fazia de alguém um ancião não era a sua idade, mas sua sa-

---

AS FORÇAS EM OPOSIÇÃO

HEBREUS (estimadas)
Todos eram da infantaria
Total: 10.000

CANAANITAS
Desconhecida, porém provavelmente acima de 10.000.

bedoria e respeito) e, de acordo com o Antigo Testamento, eles foram enviados para conduzir o seu povo de volta à retidão. Quando o povo ouvia os juízes e abraçava uma vez mais as práticas religiosas corretas, Israel ia bem. Quando não o fazia, Israel sofria as consequências.

DÉBORA, A GRANDE JUÍZA

Doze juízes são identificados no livro dos Juízes, sendo que cinco deles recebem o título de Grande Juiz. Há discussão quanto ao que divide esses Grandes Juízes de seus pares menores. Parece que a distinção principal diz respeito a se o juiz em vista liderou ou não uma campanha militar em larga escala. Todavia, a maioria dos juízes lutou contra um inimigo ou outro. Otniel, que não foi um Grande Juiz, combateu um inimigo mencionado como Cusã de Dupla Perversidade, provavelmente um edomita. O primeiro dos Grandes Juízes, Eúde, derrotou Moabe.

Dentre as grandes personalidades mencionadas no livro dos Juízes, há somente uma mulher, Débora. Pouco se conhece de sua vida. Parece que foi casada e pode ter vivido em Efraim. Ela é conhecida como ali tendo ministrado sabedoria e justiça, e por ter escrito poesia.

No tempo de Débora, os israelitas não tinham conseguido conquistar o povo da planície de Esdraelom. Essa região estendia-se pela terra dos israelitas e, visto estar ocupada por povos hostis, mais ou menos cortava Israel ao meio. Em meados do século XII a.C., a planície foi dominada por uma confederação de tribos canaanitas e por cidades-Estado que chegaram a dominar algumas tribos israelitas próximas e a oprimi-las severamente. Entre os principais desta confederação estava o rei Jabim de Hazor, cujo antepassado fora morto por Josué e tivera a cidade queimada. Havia motivo para profundo ódio entre os combatentes.

A dominação de Hazor sobre as tribos próximas estava bem-estabelecida e era mantida pelo uso cruel do terror. Tão amedrontadas e desanimadas estavam as tribos israelitas da região que a própria ideia de rebelião era impensável, até que Débora apareceu para liderar seu povo na conquista da liberdade.

Acima: Monte Tabor, Israel – a sinuosa estrada que leva ao topo do monte na Galileia. Afirma-se que ali a profetisa bíblica Débora liderou um exército de 10.000 israelitas para derrotar seus inimigos idólatras.

ÁGUAS DE MEROM
c.1240 a.C.

4 Os guerreiros israelitas avançam, atacando os carros com espadas, lanças e dardos. Os soldados a pé têm vantagem neste combate próximo.

7 O próprio Sísera foge a pé e encontra refúgio, apenas para ser morto enquanto dormia. Isto cumpre a profecia de Débora e põe fim à guerra.

MEGIDO

1 Uma força israelita liderada por Débora e Baraque move-se em direção às terras baixas e pantanosas do rio Quisom para interceptar o exército canaanita.

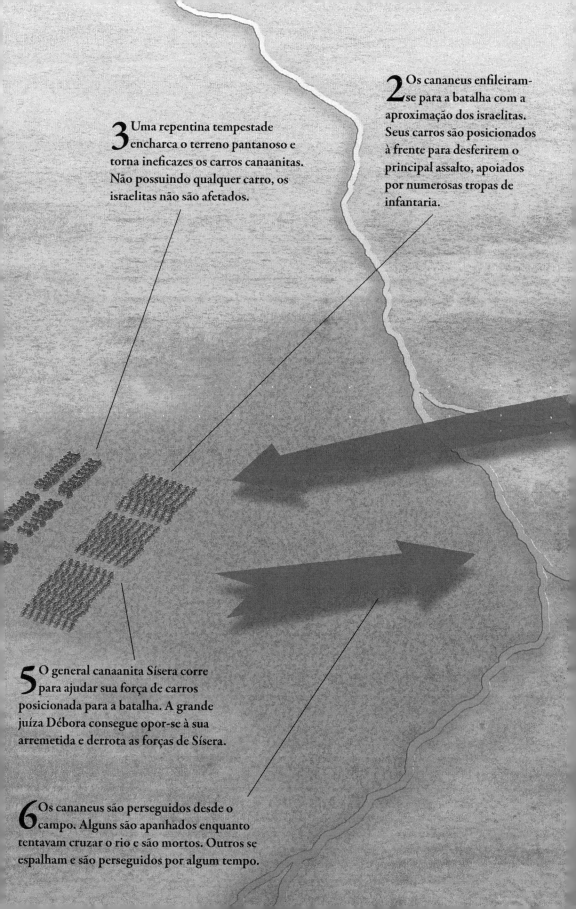

À esquerda: A grande juíza Débora. Ser chamada de Juíza era uma honra que poucos indivíduos jamais receberam. Uma combinação de carisma, fervor religioso e sucesso era necessária.

OS ISRAELITAS SE REÚNEM

Com sua potente oratória e óbvio carisma, Débora conseguiu despertar as tribos para rebelar-se contra os seus dominadores. Ela apontou Baraque como general para liderar a luta contra os canaanitas e convocou todas as tribos de Israel para lhe ajudar.

A resposta foi mista. Algumas tribos locais estavam muito intimidadas para reagir, enquanto muitas daquelas mais distantes decidiram que combater Jabim e seus seguidores não lhes dizia respeito ou não lhes interessava. Contudo, Débora conseguiu influenciar muitas pessoas de Israel a se juntar a ela – na verdade, o suficiente para empreender uma campanha.

Nenhum juiz jamais liderou toda Israel em uma batalha porque a confederação tribal era simplesmente muito desorganizada para que isso ocorresse. O lado positivo disto foi que uma grande líder como Débora conseguiu obter pelo menos certo apoio de algumas tribos, independentemente de seus anciãos acreditarem ou não que eles deveriam se envolver.

E assim as multidões de Israel reuniram-se para combater os canaanitas liderados por Sísera, general do rei Jabim. Vieram muitos homens de diversas tribos, uma vez que aquelas tribos cujos anciãos consideravam a causa tanto possível quanto adequada enviaram grande número de guerreiros. Sob o comando de Baraque, os israelitas marcharam em direção aos seus inimigos canaanitas no Monte Tabor.

A BATALHA DO MONTE TABOR

Os israelitas estavam em desvantagem diante dos canaanitas, como muitas vezes tinham estado. Tinham apenas um exército tribal, formado principalmente por homens sem armadura, equipados com lanças, escudos e, em alguns casos, espadas. Os cananeus possuíam infantaria semelhante, porém estavam muito bem-equipados com carros de guerra. Os carros de guerra da época eram razoavelmente leves e não foram projetados para combates muito próximos.

Em vez disso, eles podiam percorrer rapidamente o campo de batalha, atuando como uma plataforma móvel da qual a tripulação podia atirar com seus arcos ou arremessar dardos.

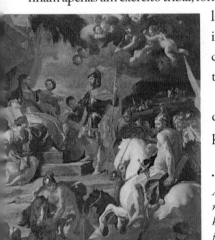

À esquerda: Esta pintura do artista italiano Francesco Solimena (1657-1747) mostra Débora encontrando-se com o general Baraque, que comandou o exército dos hebreus em seu nome. Aparentemente, os hebreus podiam aceitar uma mulher como juíza, mas careciam de um homem para liderá-los na batalha.

Esta mobilidade permitia aos canaanitas trazer um poder de fogo extra para atuar onde fosse necessário, e permitia uma rápida fuga quando ameaçados, fazendo com que suas tropas pudessem evitar o confronto corpo a corpo. Havia também o efeito psicológico de uma grande quantidade de carros de guerra trovejando ao redor, levantando poeira e inspirando temor entre os seus inimigos.

Contra essa combinação de poder de fogo e mobilidade, os israelitas podiam apenas se sentir transpassados e esperar pelo melhor. Todavia, na verdade eles tinham uma vantagem: Yahweh, falando por intermédio da Grande Juíza Débora, lhes tinha dito que haveriam de vencer.

Débora tinha profetizado que os canaanitas seriam vencidos, porém não totalmente. Ela também declarou que seria uma mulher quem mataria o general Sísera. Embora parecesse uma sugestão um tanto esquisita, os israelitas, mesmo assim, foram à batalha entusiasmados por suas palavras.

Um pouco antes do início da batalha, um repentino e intenso temporal causou o transbordamento de um rio nas proximidades, e todo o terreno ao redor ficou encharcado. Isso impediu seriamente os carros de guerra dos canaanitas e permitiu que os guerreiros israelitas lutassem com golpes manuais.

Sob o ataque agressivo e próximo dos entusiasmados israelitas, as tropas canaanitas começaram a se romper. Sísera tentou juntar os seus homens. Normalmente, segundo o Antigo Testamento, o som de sua voz era suficiente para afugentar o mais valente inimigo, para abalar os muros de uma cidade e até para matar animais selvagens. Entretanto, Débora pôde enfrentá-la e Sísera foi incapaz de evitar que sua força se dissolvesse. Embora os israelitas não tenham alcançado uma vitória completa, foram capazes de perseguir seus inimigos além do campo de batalha e infligiram-lhes pesada derrota.

RESULTADO

Sísera saiu exausto do campo de batalha e procurou refúgio com o queneu Héber. Na casa deste, Jael, esposa de Héber, deu-lhe comida, bebida e um lugar para repousar. Enquanto ele dormia, ela o matou, fincando-lhe uma estaca da tenda em suas têmporas, cravando-lhe a cabeça no chão e, assim, cumpriu a profecia de Débora.

Embora os israelitas não tenham conseguido conquistar completamente a planície de Esdraelom, a vitória de Débora e do general Baraque quebrou o poder dos canaanitas e, a partir de então, o povo de Israel pôde se estabelecer pela região sem ser perturbado. A planície não mais oferecia obstáculos aos viajantes, ficando assim mais fácil a comunicação e o comércio entre as duas metades do território israelita.

O Antigo Testamento registra que, após Débora ter esmagado os canaanitas, os israelitas não tiveram de combatê-los novamente por uma geração.

À direita: Como profetizado por Débora, o líder canaanita Sísera morre pelas mãos de uma mulher. Aqui, ele é descrito sendo morto enquanto dormia por Jael, esposa de Héber, o queneu.

CAMPANHA DA FONTE DE HARODE
1194 a.C.

POR QUE ACONTECEU?
QUEM Um exército israelita sob o comando de Gideão contra as tribos midianitas.
O QUE Gideão reuniu um grande exército para defender Israel, mas empregou apenas parte dele.
ONDE Próximo às fontes de Harode.
QUANDO c. 1194 a.C.
POR QUE Os midianitas e seus aliados estavam sujeitando os israelitas a constantes e violentos ataques.
RESULTADO Os midianitas foram desbaratados por uma astuta ilusão e, em seguida, foram vencidos em batalha.

A CAMPANHA DE GIDEÃO CONTRA OS MIDIANITAS DEMONSTRA O USO DA ILUSÃO E DA PSICOLOGIA PARA DERROTAR UM INIMIGO SUPERIOR. QUER A IDEIA TENHA PARTIDO DO PRÓPRIO GIDEÃO OU TENHA SIDO DADA POR DEUS, COMO AFIRMA O ANTIGO TESTAMENTO, A OPERAÇÃO FOI UM SUCESSO COMPLETO.

Israel enfrentou crises após crises durante o início de sua história. Ataques repentinos de outros Estados e de grupos tribais constituíam uma constante perturbação e, por vezes, tornaram-se uma séria ameaça à sobrevivência da confederação tribal. Sendo uma organização um tanto livre e sem uma liderança central, a confederação nunca pôde responder de forma conexa. Em vez disso, as tribos que estivessem ameaçadas é que deveriam tratar do problema. A ajuda das tribos vizinhas, que poderiam dever favores ou se sentir ameaçadas pelo mesmo inimigo, por

Abaixo: A sociedade hebraica era de tal natureza que eventos importantes eram vistos como tendo um componente divino. Nesta antiga gravura alemã do século XVII, Abimeleque é descrito devolvendo Sara a Abraão. A gravura é completada com raios de luz do céu.

vezes estava disponível, principalmente quando um líder carismático pedia ajuda.

Gideão era um desses líderes carismáticos. Ele foi impelido a tal notoriedade pela necessidade de lidar com os intensos ataques dos midianitas nômades. Esses invasores montavam camelos, como povo do deserto que eram, e tinham a ajuda dos amalequitas e dos povos chamados Benei Quedem [filhos do Oriente].[1]

Esse era um fenômeno novo. O camelo havia sido domesticado há algum tempo na Arábia, e o seu uso estava se espalhando entre as tribos que viviam a sul e a leste de Israel. Com muito maior mobilidade que antes, essas tribos agora estavam em condições de atacar qualquer lugar que desejassem.

Isso já era muito ruim, entretanto, logo os invasores descobriram que podiam lucrar muito mais lançando ataques organizados por ocasião da colheita. Isso não somente lhes proporcionava rentáveis saques, como também prejudicava seriamente a economia das tribos israelitas que habitavam a planície de Esdraelom e a região circunvizinha. De fato, se deixassem que esta situação perdurasse, Israel poderia ruir.

Segundo o Antigo Testamento, foram os próprios israelitas que tinham, de forma previsível, trazido sobre si esses tempos difíceis. Mais uma vez, haviam esquecido que sua prosperidade e segurança nacional dependiam da manutenção da fidelidade a Yahweh. Ao começarem mais uma vez a adorar deuses e ídolos falsos, os israelitas precisavam aprender uma lição. Dessa vez os instrumentos da retribuição divina haveriam de ser os midianitas e os amalequitas.

O INIMIGO

Os midianitas eram adoradores de Baal-Peor e outros deuses reprovados pelos israelitas. Entretanto, tem havido sugestões de que pelo menos alguns dos midianitas adoravam Yahweh, o que, certamente, é possível, dada a quantidade de contato entre os dois grupos.

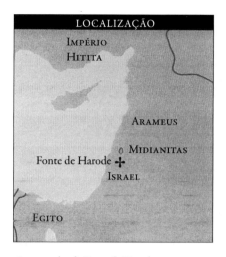

A campanha da Fonte de Harode ocorreu em solo já disputado por israelitas de gerações anteriores. Esses foram tempos turbulentos, com muitas tribos mudando de lugar.

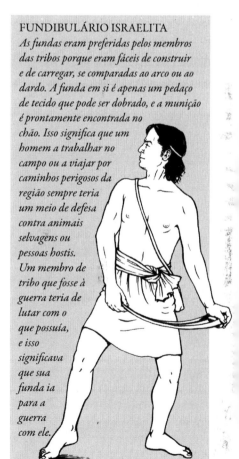

FUNDIBULÁRIO ISRAELITA
As fundas eram preferidas pelos membros das tribos porque eram fáceis de construir e de carregar, se comparadas ao arco ou ao dardo. A funda em si é apenas um pedaço de tecido que pode ser dobrado, e a munição é prontamente encontrada no chão. Isso significa que um homem a trabalhar no campo ou a viajar por caminhos perigosos da região sempre teria um meio de defesa contra animais selvagens ou pessoas hostis. Um membro de tribo que fosse à guerra teria de lutar com o que possuía, e isso significava que sua funda ia para a guerra com ele.

---

[1] Nota do tradutor: Expressão transliterada do hebraico (Jz 7:12) traduzida em português por "povos do Oriente" (ARA) ou "filhos do Oriente" (ARC).

Os midianitas vieram de uma terra a leste de Canaã, do outro lado do rio Jordão, embora no passado tenham estado bem mais espalhados. Houve épocas em que conseguiam viver em paz com os israelitas, porém, no passado também ocorreram conflitos sangrentos. O próprio Moisés ordenou aos israelitas que fizessem guerra contra Midiã e o conflito resultante era previsivelmente brutal.

No passado existiram cinco tribos de midianitas, mas no tempo de Gideão apenas duas são mencionadas. É possível que as outras tenham sido destruídas por Moisés ou que tenham se afastado dali. Qualquer que seja o caso, o rei Salmuna e o rei Zeba governavam essas tribos, enquanto os generais Orebe e Zeebe lideravam as forças de Midiã. Algumas fontes referem-se a esses homens como príncipes e não como reis; os dois termos eram frequentemente intercambiáveis nesse período.

É possível que os midianitas tivessem como motivo o saque ou a vingança. Também é possível que vissem a si mesmos como conquistadores com um destino evidente. Afinal de contas, eles tinham recentemente lançado fora o jugo de Seom e poderiam ter sentido que isso era o início de uma nova era de grandeza.

Os amalequitas também tinham uma história de conflito com os israelitas. Eles tinham atacado os hebreus enquanto estes peregrinavam no deserto do Sinai e guerrearam contra eles de forma intermitente desde então. Parece que alguns desses conflitos foram muito dolorosos. Até hoje, os amalequitas são apresentados como os inimigos mortais de Israel e a palavra é, por vezes, usada para indicar um inimigo do povo israelita. Os amalequitas são também conhecidos como agagitas, visto que todos os reis amalequitas recebiam o nome de Agague durante o seu reinado.

Acima: Nesta gravura alemã em madeira do século XIX, Gideão pede e recebe milagres para convencê-lo de que era, de fato, favorecido por Deus. Nesta descrição, um anjo aparece para conferir-lhe a condição de Juiz.

ENTRA GIDEÃO

No tempo em que Gideão surgiu no cenário, os midianitas tinham estabelecido acampamentos no lado ocidental do rio Jordão e dali vinham atacando gravemente o território israelita. Algumas tribos locais tinham sido subjugadas e agora estavam sendo oprimidas. Os ataques por ocasião das colheitas vinham ocorrendo há seis anos e uma crise se aproximava.

Segundo o Antigo Testamento, Gideão, um homem comum, foi escolhido por Yahweh para salvar os israelitas. Embora não acreditasse em seu chamado, Gideão pediu uma prova na forma de um milagre, e isso lhe foi concedido. Ele pediu ainda mais uma prova, e um segundo milagre aconteceu, deixando-o convencido de seu chamado para atuar em nome de Deus.

AS FORÇAS EM OPOSIÇÃO

ISRAELITAS (estimadas)
Força avançada:	300
Força principal:	10.000
Total:	10.300

MIDIANITAS
Desconhecidas, porém um número maior de tropas do que os israelitas.

Visto que os problemas enfrentados pelos israelitas resultavam da vacilação religiosa deles, Gideão não começou sua campanha militar sem antes colocar a própria casa em ordem. Em primeiro lugar ele se dirigiu aos altares de Baal e de Aserá em sua cidade natal e os destruiu, repreendendo o seu povo por seu afastamento do verdadeiro Deus. Sem dúvida, Gideão pôde citar muitas ocasiões de problemas sobrevindo a Israel por causa de sua idolatria. Em todos esses casos, os israelitas acabaram enfim vitoriosos, obtendo paz e prosperidade renovadas, mas somente após retornarem ao verdadeiro caminho.

Esse tipo de ação dramática, acompanhada de uma pregação ardente e apropriada, era a marca distintiva dos grandes líderes de Israel e, depois disso, em um determinado momento, Gideão começou a ser considerado um juiz. Tal como outros juízes antes dele, Gideão conseguiu reunir apoio não apenas de seu próprio povo, mas também entre outras tribos. Ele enviou mensageiros pedindo a ajuda das tribos vizinhas e logo um grande número de homens se reuniu.

GRANDE MULTIDÃO DE ISRAEL SE REÚNE

Os guerreiros vieram da tribo de Manassés, à qual Gideão pertencia, e também das tribos de Aser, Naftali e Zebulom. Havia mais de 30.000 homens e isso era gente demais para os propósitos de Gideão. O Antigo Testamento diz que Deus queria garantir que o crédito da futura vitória lhe fosse atribuído, presumivelmente para que os israelitas soubessem que não poderiam prosperar sem sua verdadeira religião.

Um exército como esse era grande o suficiente para ganhar sem qualquer ajuda divina, ou pelo menos seus membros poderiam pensar que o crédito da vitória lhes seria atribuído. Isto, diz a Bíblia, não concordava com os propósitos de Deus, de mostrar aos israelitas que eles precisavam da ajuda divina. Consequentemente, Gideão foi instruído a enviar para casa os que estivessem com medo.

É possível que a logística possa ter influenciado a decisão de ficar com uma força menor. A alimentação de tantos homens assim seria um problema para uma nação civilizada com um exército regular, quanto mais para uma confederação tribal como a de Israel.

Qualquer que seja a razão, ao encerrar essa dispensa, Gideão passou a comandar um exército de aproximadamente 10.000 homens. Estes deveriam ser os guerreiros mais bem-armados e equipados, os mais valentes e motivados que as quatro tribos poderiam juntar. Uma força desse porte tinha boas chances contra os seus inimigos; provavelmente, seu potencial de combate não seria muito menor que o da multidão original, que incluía guerreiros menos armados.

Mas isso ainda era um problema, pois se o exército de Gideão vencesse a batalha, seu sucesso poderia ser atribuído à experiência, aos bons equipamentos e à habilidade dos homens, como também à sabedoria de Gideão na escolha dos melhores homens que poderia encontrar. Portanto, era necessário criar uma força que, de modo nenhum, pudesse ganhar sem a ajuda direta de Deus.

Assim, quando o exército chegou a um rio e parou para beber, Gideão observou o procedimento dos homens. Alguns se lançaram ao chão e beberam diretamente do rio. Outros puseram-se de joelhos. Enquanto assim faziam, deixavam de olhar ao redor e ficavam vulneráveis ao ataque do inimigo.

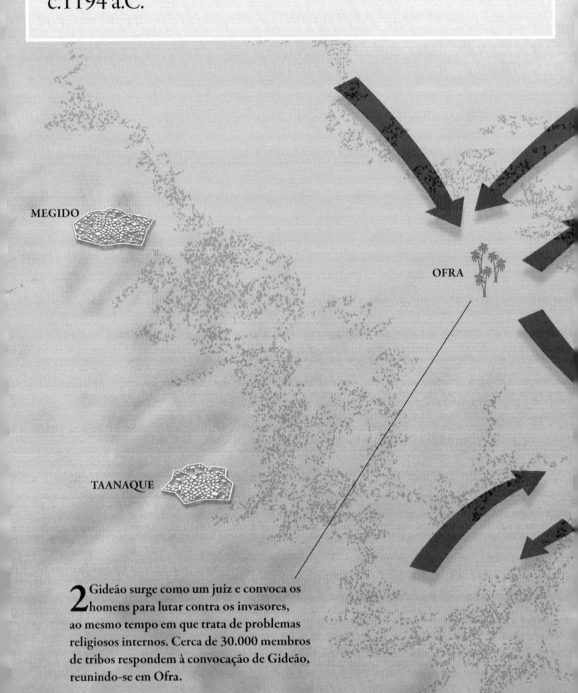

CAMPANHA DA FONTE DE HARODE
c.1194 a.C.

2 Gideão surge como um juiz e convoca os homens para lutar contra os invasores, ao mesmo tempo em que trata de problemas religiosos internos. Cerca de 30.000 membros de tribos respondem à convocação de Gideão, reunindo-se em Ofra.

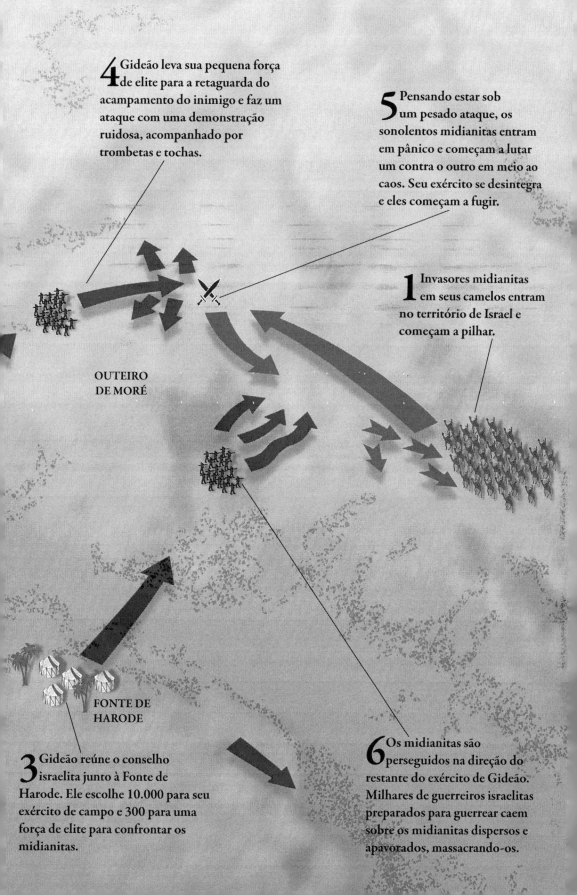

Acima: Gideão observa seus homens a beber água no rio. Somente aqueles que beberam de suas mãos em concha, observando ao redor por causa dos inimigos, foram escolhidos para o ataque.

Uns poucos homens de Gideão não fizeram nada disso. Eles recolheram água nas mãos e beberam nelas, o tempo todo atentos a qualquer movimento do inimigo. Então Gideão ordenou que os demais ficassem para trás. Ele prosseguiria unicamente com esses homens. Eram apenas 300, porém eram os mais vigilantes e experimentados dos 10.000 homens bem-equipados reunidos por Gideão. Eram o equivalente mais aproximado a uma tropa especial de elite que Israel poderia reunir.

É muito revelador da autoridade dos juízes o fato de Gideão, que não era um general experimentado nem um famoso líder político, poder chamar mais de 30.000 homens de quatro tribos, unicamente para mandar dois terços deles para casa novamente. E agora, quando o exército se aproxima do inimigo, ele quis dispensar a maior parte de seu exército para atacar com força tão pequena. Entretanto, o exército acatou suas ordens e aguardou.

A ILUSÃO DE GIDEÃO

Gideão tinha um plano. Ele posicionou seus 300 homens depois do escurecer. Cada um tinha uma trombeta e uma tocha escondida em um jarro de barro. Eles se aproximaram furtivamente do acampamento midianita e, ao sinal de Gideão, cada homem revelou sua tocha e tocou sua trombeta.

Pode ser que Gideão tivesse chegado à conclusão – como Napoleão o faria muitos anos depois em sua grande campanha italiana – de que a psicologia é muito mais importante que o poder do combate físico. Qualquer que seja o caso, o efeito foi profundo.

Os midianitas despertaram de seu sono ao forte estrondo das trombetas. As tochas de um exército avançavam em direção ao seu acampamento. Eles estavam sonolentos, surpresos e confusos, e rapidamente todos se encheram de pavor. Em meio ao caos, os homens confundiram-se, tomaram uns aos outros por inimigos e a luta dispersou-se pelo acampamento. Isso aumentou ainda mais o pânico geral e logo os midianitas estavam lutando entre si, pensando que estavam sendo aniquilados por um grande exército.

A DEBANDADA DOS MIDIANITAS

Nenhuma tentativa para reunir ou organizar os midianitas deu certo e os homens começaram a fugir daquilo que pensaram ser uma batalha perdida, perseguidos pelo som das trombetas de seus inimigos. Eles fugiram pela escuridão sem qualquer ordem e, em muitos casos, sem armas ou armaduras.

Com as trombetas ressoando e o choque das armas por trás deles, os midianitas fugiram para o oeste em busca de segurança. O que encontraram foi a força de 10.000 homens que Gideão trouxera com ele. Os midianitas, impelidos impetuosamente na direção das armas do exército de Gideão, não tinham qualquer chance.

A luta era unilateral em extremo e os israelitas não estavam inclinados a usar de misericórdia. Seus inimigos, que muitas desgraças trouxeram às suas vidas ao longo dos anos, estavam agora entregues, por Deus ou pela inteligência de Gideão, às pontas de suas lanças. Pouco importava definir, pois os israelitas tiraram o máximo proveito de sua oportunidade.

A batalha não deixou de causar tragédias para os israelitas. Os irmãos de Gideão foram mortos no combate, como também muitos guerreiros israelitas. Para os midianitas as coisas foram bem piores, pois já estavam derrotados quando a luta começou e acabaram dispersos, capturados e massacrados. Os reis dos midianitas foram capturados e Gideão os matou para vingar seus irmãos.

RESULTADO

Os midianitas sofreram terrivelmente nas mãos de Gideão e deixaram de influenciar os negócios de Israel. Por seu turno, os israelitas passaram a ter Gideão em tão alta conta que pediram que ele se tornasse o seu rei. Gideão não se deixou impressionar e terminantemente recusou aceitar essa posição, entretanto, anos mais tarde, seu filho Abimeleque acabou sendo designado rei em sua cidade natal. Essa era uma posição local, não era o reinado das tribos oferecido a Gideão e, de qualquer modo, foi de pouca duração.

Embora Gideão não tenha aprovado a oferta de ser instalado rei dos israelitas, ele acabou permitindo que seus seguidores lhe fizessem um ídolo com o ouro capturado na campanha.

De forma previsível, o registro bíblico relata que essa peça de imprudente paganismo causou novos problemas para Israel alguns anos mais tarde, porquanto influenciou outras pessoas na confecção de falsos ídolos. Contudo, nesse meio tempo, houve paz por muitos anos. Gideão não precisou empreender outra campanha e permaneceu uma figura influente pelo resto de sua vida.

....

À esquerda: Gideão recusou ser designado rei de seu povo, porém seu filho Abimeleque tinha outras ideias. Abimeleque foi um mau rei que ofendeu seu povo. Foi ferido mortalmente por uma pedra de moinho arremessada sobre ele de cima do muro, como descrito nesta gravura em madeira de Gustave Doré.

MICMÁS
1040 a.C.

POR GERAÇÕES, OS ISRAELITAS, UMA CONFEDERAÇÃO DE POVOS TRIBAIS, TINHAM LUTADO PARA SE ESTABELECER COM SEGURANÇA NA "TERRA PROMETIDA". MESMO ANTES DO ÊXODO BÍBLICO, QUANDO MOISÉS LIDEROU OS FILHOS DE ISRAEL EM SUA SAÍDA DA ESCRAVIDÃO NO EGITO NO SÉCULO XIII a.C., OS HEBREUS TINHAM VIAJADO PARA CANAÃ, UMA PROVÍNCIA DO IMPÉRIO QUE OS ESCRAVIZARA.

POR QUE ACONTECEU?

QUEM Os israelitas sob o comando do rei Saul contra o exército dos filisteus.
O QUE O heroísmo individual de Jônatas, filho do rei Saul, resultou na debandada dos filisteus, forçando-os a se retirarem do interior de Canaã.
ONDE Norte de Jerusalém na expansão do uádi es-Suweinit na extremidade do deserto da Judeia.
QUANDO c. 1040 a.C.
POR QUE Os israelitas procuravam remover a ameaça da expansão filisteia em Canaã.
RESULTADO Saul firmou-se como um grande rei guerreiro e foi outras vezes vitorioso contra numerosos inimigos de Israel, embora o conflito com os filisteus persistisse.

Depois de três vitórias importantes – a de Josué sobre os cananitas junto às águas de Merom; a derrota do general Sísera pela Grande Juíza Débora, a profetiza guerreira, em parceria com Baraque; e a destruição dos midianitas realizada por Gideão – os israelitas tinham ganhado o controle sobre o território disputado. Entretanto, uma crescente ameaça surgia rapidamente a oeste, onde os filisteus haviam se imposto vagarosa, porém, firmemente, desde as margens do Mediterrâneo no sudeste de Canaã até o interior da terra.

A linhagem dos filisteus é um tópico de debate entre os eruditos, porém as escavações e as pesquisas arqueológicas indicam que eles eram um povo relacionado com os mice-

Abaixo: Esta ilustração medieval descreve o rei Saul saudando Samuel, o profeta de Deus. Quando o povo de Israel reivindicou um rei, o profeta escolheu Saul da tribo de Benjamim.

nianos do Peloponeso e com o âmbito da influência grega. Sua tática de pirataria e de expansão tem sido comparada à dos vikings europeus. No início do século XII a.C., os filisteus, que têm sido associados a uma confederação chamada "povos do mar", são citados como tendo empreendido uma campanha para se estabelecer ao longo do litoral canaanita. Defendendo o seu território, os egípcios, sob Ramsés III (1198-1167 a.C.), derrotou os filisteus em uma prolongada batalha naval, que ocorreu por volta de 1190 a.C.

De acordo com textos antigos, Ramsés III é mencionado como tendo subjugado os inimigos vencidos, declarando que ele os tinha "assentado em lugares seguros, confinados em meu nome. Numerosas eram suas classes, como centenas de milhares. Eu os taxei a todos, em vestuário e em grão dos depósitos e dos celeiros a cada ano".

À medida que o poder egípcio começou a diminuir, os filisteus passaram a aventurar-se em direção ao interior de Canaã, o que os colocou em conflito direto com os israelitas. De fato, até o nome pelo qual esses povos vieram a ser conhecidos é dito provir da palavra hebraica *plishah*, que significa "invasor do ocidente".

ARQUEIRO FILISTEU

Um arqueiro filisteu retesa seu arco. Estimados como guerreiros, os arqueiros eram os equivalentes à artilharia nos exércitos dos principais reinos que lutaram pelo controle do Mediterrâneo Oriental um milênio antes do nascimento de Cristo. Uma vez dominados pelos egípcios sob Ramsés III, que os derrotara em uma grande batalha marítima em 1190 a.C., os filisteus começaram a incursionar para o interior de Canaã quando a influência egípcia diminuiu. Depois de Micmás, a Bíblia registra que Saul continuou a obter vitórias contra os filisteus, até se ver cercado por arqueiros filisteus na batalha do monte Gilboa e cometer suicídio.

A ASCENSÃO DE SAUL

Pouco mais de um século após sua derrota frente a Ramsés III, os filisteus tinham alcançado o sopé das montanhas da Judeia. Agora eles confrontavam os israelitas, que estavam passando por dificuldades na manutenção da cooperação entre uma coalizão de tribos com compromissos diversos e desconfianças mútuas. Mais adiante, parece que os filisteus ampliaram seu domínio nas regiões de Judá e Benjamim. A ameaça aos israelitas era muito clara e, aumentando o seu apuro, havia a presença dos expansionistas amonitas a leste do rio Jordão na vizinhança de Gileade.

Durante esse inquietante período, a liderança de Samuel mostrou-se essencial na preservação, proteção e defesa da terra dos israelitas. Samuel serviu em primeiro lugar como o profeta e intérprete da vontade de Deus. Ele tinha combatido os filisteus e ocupado o posto de juiz, decidindo disputas entre o povo. Em meio à crescente ameaça tanto do leste como do oeste, os líderes tribais pediram a nomeação de um rei.

Em Micmás, o terreno difícil parecia totalmente impróprio para a realização de um importante conflito armado. Na garganta do uádi es-Suweinit, uma única estrada descia até o estreito desfiladeiro de paredes rochosas.

À direita: Datando de 1200-100 a.C., este baixo-relevo egípcio de um indivíduo dos "povos do mar" pode descrever um filisteu. É dito que os filisteus, certa vez, foram dados à navegação.

A Bíblia afirma que Deus falou a Samuel e disse que ele, o profeta, estava sendo rejeitado pelos israelitas da mesma forma que rejeitaram o Todo-Poderoso após a libertação deles da escravidão no Egito. Samuel foi instruído a advertir as tribos do que aconteceria durante o reinado de um rei terreno.

Ele disse aos chefes reunidos:

Naquele dia, vós clamareis por causa do rei que vós mesmos escolhestes, e o Senhor não vos ouvirá. (1 Samuel 8:18)

A resposta era previsível:

Todavia, o povo recusou-se a ouvir Samuel, e disse: "Não! Queremos ter um rei. Seremos como todas as outras nações; um rei nos governará e sairá à nossa frente para combater em nossas batalhas." (1 Samuel 8:19-20)

Deus então instruiu Samuel a dar um rei ao povo. Sua escolha recaiu sobre Saul, que é descrito como um jovem de boa impressão sem par entre os israelitas, e que ultrapassava em altura em uma cabeça, qualquer outro homem. As circunstâncias precisas em torno da unção de Saul como rei não são claras porque foram registradas de forma diferente em vários textos, porém a decisão era questão de lógica. Saul era um filho da tribo de Benjamim, a menor das tribos israelitas, mas também uma que possuía experiência de batalha. Ademais, com Saul como rei, algumas disputas internas entre as tribos maiores poderiam ser abrandadas.

O TESTE EM JABES-GILEADE

Apenas um mês depois de se tornar rei de Israel, Saul recebeu um chamado para entrar em ação. A crise era no leste, onde Naás e os amonitas tinham levantado cerco à cidade de Jabes-Gileade. A capitulação significaria o estabelecimento de uma base hostil no meio do território israelita. Quando o povo de Jabes-Gileade ofereceu render-se sob condições favoráveis, a áspera resposta de Naás revelou a gravidade da situação.

Nenhum tratado seria negociado com os habitantes de Jabes-Gileade a não ser que cada um deles se submetesse a ter o olho direito arrancado como sinal de submissão e vergonha. Então os líderes da cidade requereram sete dias para enviar mensageiros por todo o Israel com pedidos de ajuda. Se fossem abandonados por seus patrícios, entregariam a cidade aos amonitas.

Por um breve período, Saul tinha retornado à vida na lavoura em Gibeá. Certo dia, ao retornar do campo, defrontou-se com um mensageiro de Jabes-Gileade que

AS FORÇAS OPOSTAS	
ISRAELITAS (estimadas)	
Infantaria	600
Aumentadas por desertores que voltavam e civis	
Total:	**600**
FILISTEUS (estimadas)	
Cocheiros:	6.000
Infantaria:	90.000
Total:	**96.000**

trazia notícias do terrível ultimato. O povo de Gibeá ficou perturbado e caiu em choro e lamentação diante da perspectiva da catástrofe iminente. Saul entrou em ação, cortou dois bois em pedaços e, por meio de mensageiros, enviou os pedaços a todo o Israel, proclamando: "Isto é o que acontecerá aos bois de quem não seguir Saul e Samuel". (1 Samuel 11:7)

A convocação para a guerra foi bastante efetiva e a Bíblia diz que 300.000 homens de Israel e 30.000 de Judá foram reunidos para lutar. Enviaram esta mensagem a Jabes-Gileade: "Amanhã, na hora mais quente do dia, vós sereis libertos".

Saul pôs em marcha sua formidável força, alinhada em três divisões, para encontrar-se com o inimigo. Ele atacou sob a coberta da noite, neutralizando qualquer vantagem de armas superiores que os amonitas pudessem ter. As tropas de Saul assaltaram o acampamento amonita e o devastaram, e seguiram matando até o sol elevar-se completamente no céu. Os amonitas sobreviventes foram dispersados em tamanha desordem que, segundo a Bíblia, não ficaram dois deles juntos.

A AMEAÇA FILISTEIA

A suspensão do cerco de Jabes-Gileade trouxe a Saul extraordinário prestígio e, em Gilgal, todo o Israel confirmou sua posição como seu soberano. Entretanto, mesmo enquanto comemorava essa vitória, o novo e animado rei fazia preparativos para expulsar os filisteus de seu país. Por razões tanto ofensivas quanto defensivas, organizou um pequeno exército permanente, que contava com apenas 3.000 homens, sendo que 1.000 soldados ficavam com seu filho Jônatas, em Gibeá, e os outros 2.000 com Saul, em Micmás e nos montes ao redor de Betel no território de Benjamim. As tropas restantes foram mandadas de volta para suas casas e campos.

Essa deliberada provocação aos filisteus pode ser vista como apenas o começo do inevitável. O conflito já vinha esquentando há anos e, ocasionalmente, estourava em luta armada. Agora, com a excitação causada pela vitória sobre os amonitas, a ocasião pa-

Abaixo: Um rei Saul triunfante comanda o exército israelita durante a destruição dos amonitas em Jabes-Gileade. As tropas de Saul abateram o inimigo no acampamento deles e suspenderam o cerco da cidade.

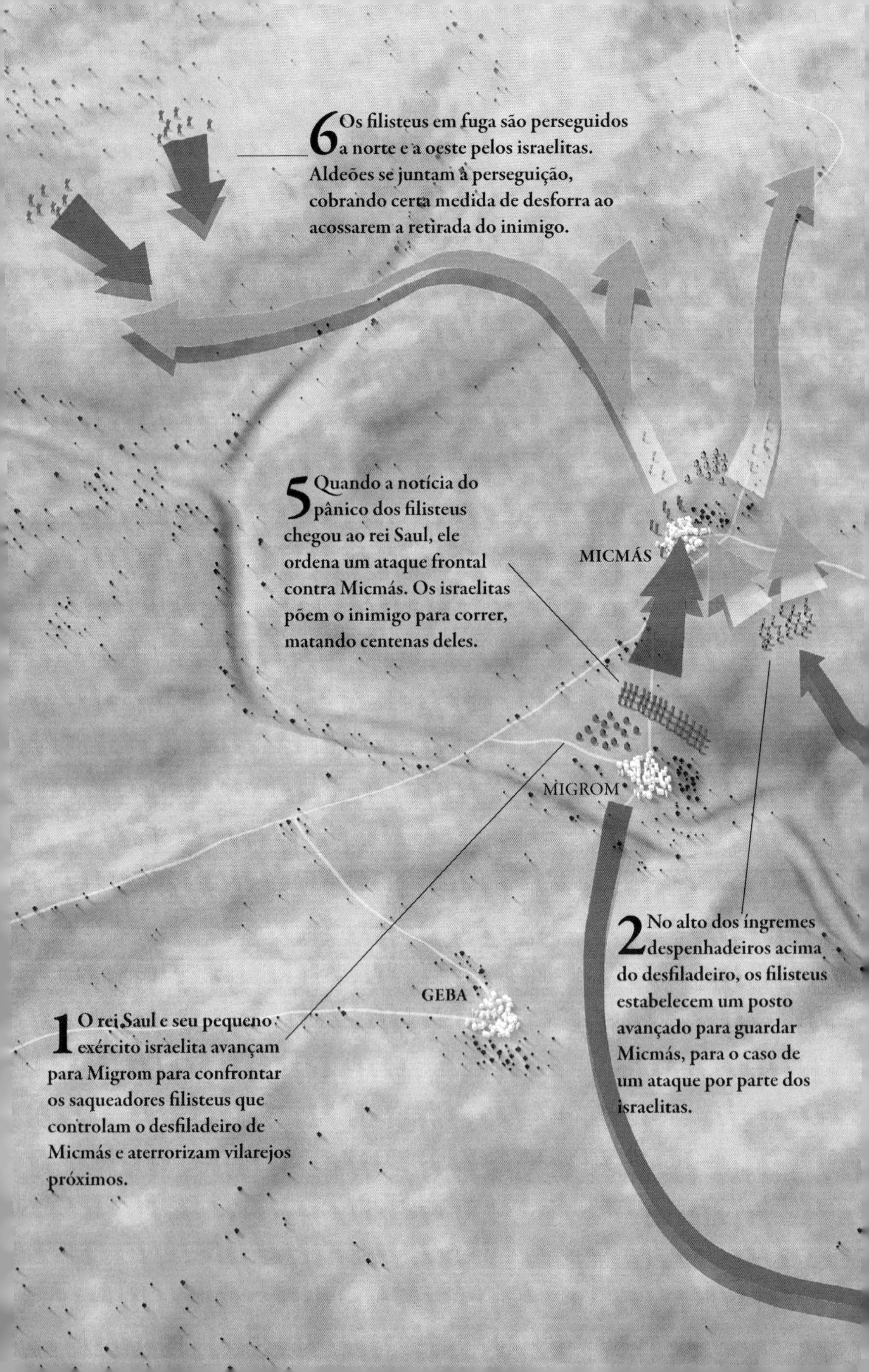

6 Os filisteus em fuga são perseguidos a norte e a oeste pelos israelitas. Aldeões se juntam à perseguição, cobrando certa medida de desforra ao acossarem a retirada do inimigo.

5 Quando a notícia do pânico dos filisteus chegou ao rei Saul, ele ordena um ataque frontal contra Micmás. Os israelitas põem o inimigo para correr, matando centenas deles.

MICMÁS

MIGROM

GEBA

2 No alto dos íngremes despenhadeiros acima do desfiladeiro, os filisteus estabelecem um posto avançado para guardar Micmás, para o caso de um ataque por parte dos israelitas.

1 O rei Saul e seu pequeno exército israelita avançam para Migrom para confrontar os saqueadores filisteus que controlam o desfiladeiro de Micmás e aterrorizam vilarejos próximos.

MICMÁS
1040 a.C.

4 Escalando os despenhadeiros, Jônatas e seu escudeiro atacam de surpresa, causando devastação entre os filisteus e matando 20 homens.

3 Jônatas e seu escudeiro arriscam-se em uma marcha indireta ao posto avançado filisteu. Inicialmente, eles são zombados pelos soldados inimigos que os podem ver do alto dos despenhadeiros.

DESFILADEIRO DE MICMÁS

Acima: O profeta Samuel conduz os israelitas na queima de um sacrifício a Deus sobre um altar. Quando Saul deixou de seguir suas instruções, Samuel declarou que o seu reino não duraria.

recia madura para um resultado decisivo. Jônatas, o filho mais velho de Saul, atacou a base militar dos filisteus em Geba, que os intrusos tinham ocupado a fim de manter controle sobre os israelitas das proximidades, e mataram o governador filisteu.

A isso seguiu-se a ordem de Saul para a divulgação desse ato, junto com o brado de convocação aos israelitas para se unirem a ele em Gilgal: "Que os hebreus fiquem sabendo disto!". E assim, todo o Israel ouviu a notícia: "Saul atacou a base militar filisteia e agora Israel se fez odioso aos filisteus". (1 Samuel 13:3-4)

Durante esse tempo, Samuel tomou grande cuidado para recordar aos Israelitas que Deus os libertara de seus inimigos em várias ocasiões, porém os punira ao se afastar dele. Samuel advertiu o povo de que sua contínua desobediência teria um só resultado: sua destruição.

Certamente, a habilidade, tanto de Samuel quanto de Saul, para provocar o fervor religioso dos israelitas e estimulá-los à ação militar teve um papel importante nos esforços subsequentes para livrar a terra da ameaça dos filisteus. Todavia, quando confrontada com o exército inimigo, a determinação dos israelitas começava a enfraquecer significativamente, pondo em perigo o futuro de sua nação.

A CAMPANHA DE MICMÁS

A reação dos filisteus foi imediata. A Bíblia diz que eles reuniram uma força de 3.000 carros de guerra tripulados por 6.000 condutores e complementados por uma infantaria tão numerosa quanto a areia à beira-mar. Eles avançaram para Micmás, onde, politicamente, sua presença era um desafio público à soberania de Saul, e onde, militarmente, poderiam impugnar qualquer movimento vindo do deserto da Judeia em direção às montanhas. Em Micmás, na garganta de Wadi es-Suweinit, uma estrada sinuosa desce a um vale acidentado próximo à cidade atual de Mukhmas, aproximadamente 11 km a norte de Jerusalém. Ao pé do vale está o desfiladeiro de Micmás, com paredes rochosas de ambos os lados. Saul havia movido suas forças para Geba, que Jônatas ocupara anteriormente. Por esse tempo, os israelitas já tinham informações sobre o avanço dos filisteus. Muitos deles ficaram tomados de pavor e fugiram, escondendo-se em cavernas, matagais e até em cisternas. Saul, com suas forças agora encolhidas a apenas 600 soldados, tinha também provocado a ira de Samuel, que o instruíra a esperar sete dias pela chegada do profeta

À esquerda: Uma linha de infantaria filisteia, armada com lanças e escudos compactos, avança. O exército filisteu era bem-organizado, porém fugiu diante do assalto de Jônatas e seu escudeiro em Micmás.

em Gilgal. A Bíblia relata que Saul ficou perturbado pelas deserções e escolheu não esperar por Samuel, tomando para si a incumbência de oferecer um holocausto a Deus. Samuel repreendeu Saul por sua falta de fé e declarou que o seu reinado não permaneceria.

Enquanto isso, os filisteus, provavelmente cientes da desavença entre Samuel e Saul, bem como das deserções em massa que tinham ocorrido entre os israelitas, enviaram três fortes contingentes de incursão até Ofra, Bete-Horom e o vale de Zeboim diante do deserto da Judeia.

Com os filisteus agora no controle do desfiladeiro de Micmás, e suas pilhagens destrutivas assolando as cidades e vilas circunvizinhas, Saul pôs em marcha seu exército até Migrom. Embora, aparentemente, ele não planejasse lançar uma ofensiva contra os filisteus, ele procurou evitar maiores incursões contra a população civil.

O DIA DO AJUSTE DE CONTAS

Segundo a Bíblia, os filisteus tinham subjugado os israelitas ao ponto de não lhes permitir forjar ou fabricar implementos agrícolas ou armas de ferro:

"Em toda a terra de Israel, não havia nem mesmo um único ferreiro, porque os filisteus tinham dito: 'De outra maneira, os hebreus farão espadas ou lanças!'. Assim, todo o Israel tinha de ir aos filisteus para afiar seus arados, enxadas, machados e foices." (1 Samuel 13:19-20)

No dia da batalha de Micmás, é dito que somente Saul e Jônatas estavam armados de lança ou de espada.

Com Saul e o exército israelita na mais precária das situações, foi Jônatas quem aproveitou o momento. Atuando com fé e coragem, e sem informar mais ninguém, chamou seu escudeiro e propôs que os dois atacassem a posição filisteia no desfiladeiro de Micmás. Quando eles se revelaram aos filisteus, estes acreditaram que eram fugitivos do exército de Saul. Os filisteus proferiram insultos aos dois e os provocaram a escalar o despenhadeiro até o acampamento deles. Segundo o relato bíblico:

À direita: As acidentadas montanhas da Judeia foram o cenário de numerosas batalhas durante o reino do rei Saul, e o terreno inóspito em Micmás ofereceu uma oportunidade para o ato corajoso de Jônatas.

"Jônatas escalou o desfiladeiro, usando as mãos e os pés, e o escudeiro foi logo atrás. Os filisteus caíram diante de Jônatas e seu escudeiro os matava atrás dele. Naquele primeiro ataque, Jônatas e seu escudeiro mataram uns 20 homens em uma pequena área de terras." (1 Samuel 14:13-14)

A visão de seus companheiros que fugiam pôs em desarranjo o principal acampamento filisteu e seguiu-se uma confusa retirada. Segundo a Bíblia, foi Deus quem causou o pânico entre eles. Quando as sentinelas de Saul observaram o que estava acontecendo, o rei ordenou que suas escassas forças se reunissem e descobriu que Jônatas e seu escudeiro estavam faltando. Os israelitas executaram um ataque frontal contra os desorganizados filisteus e, na confusão, muitos hebreus que tinham estado com os filisteus trocaram de lado, engrossando as forças de Saul.

Com sua principal rota de fuga bloqueada, os filisteus, inicialmente, fugiram rumo ao norte antes de virarem para o oeste e, passando por Bete-Áven e Aijalom, seguiram além. As notícias da debandada começaram a circular por todo o país. Os aldeões que tinham fugido dos destacamentos de pilhagem e os desertores das fileiras do exército de Saul ficaram agora encorajados a acossar a retirada filisteia por muitos quilômetros.

A SOMBRA DA VITÓRIA

Saul tinha dado ordens a seu exército para jejuar no dia da batalha, possivelmente para evitar que seus soldados pausassem durante a perseguição de um inimigo batido, maximizando assim as baixas deles. Jônatas, ironicamente, não escutou essa ordem e Saul ordenou que o herói da batalha, seu próprio filho, fosse morto.

Somente o clamor dos soldados e a possibilidade de um motim salvaram a vida de Jônatas naquele dia. Saul ficou aborrecido pelo silêncio de Deus quando pediu orientação para continuar a luta contra o inimigo em fuga, e pelo ato impetuoso de Jônatas – mesmo que o resultado tenha sido uma vitória. Os israelitas não foram além na perseguição aos filisteus e é dito que estes voltaram à sua própria terra. Diz a Bíblia que Saul, mais tarde, foi vitorioso contra os inimigos de Israel em todos os lados.

As campanhas contra os filisteus continuaram. Durante uma confrontação, ocorreu o famoso duelo de Davi e Golias. Nos anos que se seguiram, Saul acabou caindo no desagrado de Deus e tornou-se um rival de Davi, o futuro rei de Israel. Por fim, morreu, junto com Jônatas, na batalha do Monte Gilboa.

À esquerda: Depois de partir a cabeça do gigante Golias, o guerreiro filisteu, com uma única pedrada de sua funda, um Davi vitorioso exibe seu troféu nesta versão do final do século XV atribuída a Andrea Mantegna.

JERUSALÉM
1000 a.C.

A CONQUISTA DE JERUSALÉM FOI UM MOMENTO DECISIVO NA HISTÓRIA MUNDIAL. O REI DAVI TRANSFERIU PARA LÁ SUA CAPITAL E GOVERNOU SOBRE UM EXTENSO TERRITÓRIO QUE INCLUÍA OS REINOS DE ISRAEL E DE JUDÁ, ANTERIORMENTE SEPARADOS.

POR QUE ACONTECEU?

QUEM Um pequeno exército hebraico sob o comando do rei Davi (c.1002-970 a.C.) contra os defensores de Jebus (Jerusalém).

O QUE Apesar do escárnio de seus inimigos, que afirmavam estar seguros em sua fortaleza, Davi conseguiu tomar de assalto e conquistar a cidade.

ONDE A cidade de Jebus (Jerusalém).

QUANDO c. 1000 a.C.

POR QUE Tendo se tornado rei de Israel e de Judá, Davi tratou de pacificar a região e de criar um reino unificado.

RESULTADO O rei Davi fez de Jerusalém sua capital; ela tem sido chamada de Cidade de Davi desde então.

A cidade de Jerusalém dos dias de hoje tem existido, de uma forma ou de outra, desde o quarto milênio a.C. e, possivelmente, mesmo até antes disso. Ela ganhou vasta importância quando veio a ser a capital do reino unido de Davi, e permanece a capital espiritual, senão política, do povo judeu até o presente.

Todavia, antes do tempo do rei Davi, a cidade era conhecida pelo nome de Jebus e era o lar dos Jebuseus, uma tribo canaanita relacionada com os hititas e os amorreus. Os primeiros tinham sido uma grande potência na região, governando um grande império por vários séculos antes de entrar em declínio por volta de 1500 a.C.

É possível também que os jebuseus fossem hurritas, um povo muito espalhado que forma um segmento de populações mais regionais, mas com pouco poder próprio. Como os hurritas foram absorvidos em outras culturas, pode ser que tenham exercido influência sobre os jebu-

À direita: As ruínas da fortaleza jebuseia no monte Sião em Jerusalém. O túmulo de Davi está localizado aqui e, segundo a tradição, foi aqui que aconteceu a Última Ceia.

CARRO DE GUERRA ISRAELITA
Um carro de guerra israelita. Os cavalos dessa época não eram suficientemente fortes para serem usados de forma realmente efetiva na cavalaria, assim, o carro exercia essa função. Vários guerreiros a pé poderiam ser equipados ao custo de um único carro. Contudo, mesmo que levasse apenas um único guerreiro além do cocheiro, o carro representava um considerável poder de combate, capaz de atacar em qualquer parte do campo e de evadir-se de uma situação difícil. O impacto psicológico de um ataque com carros era considerável; o terror que ele causava era, por vezes, suficiente para fraturar a força do inimigo sem qualquer necessidade de se entrar em combate.

seus. Nessa época, os israelitas eram uma confederação tribal que tinha conseguido sobreviver por dois séculos aproximadamente. Entretanto, o conflito com os filisteus vinha prosseguindo por muitos anos e estava gradualmente aumentando em gravidade. Os filisteus eram guerreiros formidáveis e formavam uma aristocracia que governava uma variedade de povos conquistados, muitos deles canaanitas. Os filisteus viam Israel como uma ameaça à sua segurança e passaram a agir contra a frouxa organização tribal.

OS DOIS LADOS

Os filisteus tinham muitas vantagens, principalmente a posse de boas armas e da armadura de ferro, o que na época era incomum na região. Eles também tinham boa organização, o que faltava aos israelitas, e embora as tribos mais próximas levantassem toda a resistência que podiam oferecer, esta era fragmentada, quando muito, e insuficiente para lidar como o avanço dos filisteus.

Confrontados por inimigos bem-armados, disciplinados e determinados, que não se deixariam dissuadir por qualquer revés, os israelitas corriam um perigo mortal. Seus exércitos tribais eram facilmente dispersos pelos filisteus e esmagados por seus carros de guerra. Mesmo quando os israelitas levaram a arca da aliança à batalha nas proximidades de Afeca em 1050 a.C., isso fez pouca diferença. A arca foi capturada e o exército foi dispersão. Seu lar, o santuário em Siló, foi destruído, embora a arca em si acabou sendo devolvida aos israelitas.

Com grande parte de sua terra sob ocupação e o exercício do trabalho em metal proibido a eles, os israelitas estavam em uma posição difícil. Algumas regiões, espe-

A localização de Jerusalém em terra fértil próxima ao Mediterrâneo tem feito dela um local desejável por milênios e, consequentemente, o cenário de muitos conflitos.

cialmente aquelas com terreno difícil, tais como montanhas ou desertos, abrigavam resistência, mas na prática a antiga confederação tribal estava arruinada. Isso é o que estava na origem do reino de Davi.

GUERRA DE GUERRILHA

Durante toda a ocupação filisteia, o espírito de Israel foi mantido vivo por bandos de rebeldes e por dedicados profetas que viajavam entre as tribos encorajando-as a resistir aos invasores. O mais famoso desses profetas foi Samuel, porém, embora os homens por ele inspirados a lutar tenham dificultado a vida dos filisteus, não puderam expulsar os invasores. Isso requeria algo mais do que a resistência esporádica de bandos armados.

Com relutância, e não sem graves equívocos, os israelitas aproximaram-se da ideia de escolher um rei para unir e liderar todos eles. O homem escolhido foi Saul (1050?-1010? a.C.), que já tinha comprovado sua liderança em batalha contra os invasores amonitas. Quer o profeta Samuel tenha inicialmente dado ou não o seu apoio a Saul (os relatos variam), isso não ocorreu muito antes de Samuel rejeitar o novo rei, debilitando a frágil monarquia.

A despeito desses problemas internos, Saul conseguiu juntar apoio suficiente para desafiar os filisteus e, no desfiladeiro de Micmás, os israelitas obtiveram uma grande vitória. Isso serviu para convencer muitos que duvidavam que Yahweh tivesse escolhido Saul como instrumento para a salvação de Israel. O apoio que ele obteve cresceu maciçamente e a ocupação filisteia enfraqueceu-se grandemente.

Saul passou todo o seu reinado em guerra. Lutou principalmente contra os filisteus, mas também foi forçado a lidar com incursões oportunistas por parte de tribos vizinhas. Embora a ideia de monarquia fosse estranha para os israelitas, Saul conseguiu consolidar seu poder e

Abaixo: Descrições egípcias de vários povos da região – da direita para a esquerda: Um cananeu ou um judeu, um casal egípcio de classe inferior e dois jebuseus.

desfrutou de um considerável apoio popular como o protetor de seu povo. A elevação de Saul ao ofício de rei não mudou de forma radical a vida dos israelitas. A sede de seu poder era uma fortaleza, e não um palácio, e ele não criou uma corte nem estabeleceu uma burocracia. Ele dirigiu as tribos tanto quanto as governou e, embora tenha começado a criar um conjunto de soldados experientes, não houve uma mudança real em direção a um permanente exército formal.

> **AS FORÇAS EM OPOSIÇÃO**
> **ISRAELITAS**
> Um número desconhecido de infantaria irregular
> **JEBUSEU**
> Um número desconhecido de pessoas da cidade

Na vizinha terra de Judá, também habitada por tribos israelitas, Saul veio a ser aceito como um grande líder, embora não tenha sido universalmente reconhecido como rei. Sua liderança, por um tempo, fez recuar a ameaça filisteia e a prosperidade das tribos israelitas consequentemente aumentou. Entretanto, a pressão começou a afetar Saul e ele ficou cada vez mais predisposto a um comportamento irracional, o que afastou gradualmente aqueles que lhe davam apoio. Sua controvérsia pública com o profeta Samuel pouco fez para ajudar na questão. Com o aprofundamento desse rompimento, Samuel chegou a acusar Saul de usurpação de funções sacerdotais e procurou cancelar o seu reinado.

Não obstante os seus melhores esforços, Saul não conseguiu expulsar completamente os filisteus de Israel. Em parte, isso se deveu à destreza militar deles, mas também tinha muito a ver com a natureza da sociedade israelita. As tribos eram extremamente independentes e sua cooperação era apenas temporária. Os esforços de Saul para criar uma força de combate confiável e profissional pouco valeram, e assim era forçado constantemente a lutar contra graves dificuldades com uma força improvisada de membros tribais indisciplinados. Saul ficou propenso a crises de depressão, que foram interpretadas como a influência de um espírito maligno. Descobriu-se que a música melhorava sua condição, e foi como um músico e também como um guerreiro que Davi ganhou proeminência.

ENTRA DAVI, O HERÓI

Davi era um jovem de Belém que, como nos é dito, foi favorecido por Yahweh. Como muitos outros, tornou-se parte da casa de Saul. Esse pequeno corpo de guerreiros era a única força profissional que os israelitas tinham, e seus membros funcionavam como guarda-costas de Saul e também de seus capitães de confiança. Entretanto, no início, Davi não era um guerreiro. Ele acompanhava Saul para tocar-lhe mú-

À direita: Uma estátua (cerca do século XVIII) de Saul, rei de Israel. Ele é descrito como de personalidade forte, sendo, contudo, sábio – um patriarca de seu povo antes que seu monarca.

5 Os israelitas conseguem alcançar o topo das muralhas. Recobrando-se de seu choque, os defensores contra-atacam vigorosamente.

6 Após forte combate corpo-a-corpo, os defensores cedem e os homens de Davi entram na cidade. Surpreendentemente, os jebuseus são tratados com mansidão. Davi faz de Jebus a capital de um Israel unido.

PISCINA DE SILOÉ

2 De acordo com alguns relatos, os homens de Davi entraram na cidade através do sistema de abastecimento de água. É duvidoso se isso permitiria um grande assalto, porém uma operação para distrair a atenção poderia ter sido plausível.

JERUSALÉM
1000 a.C.

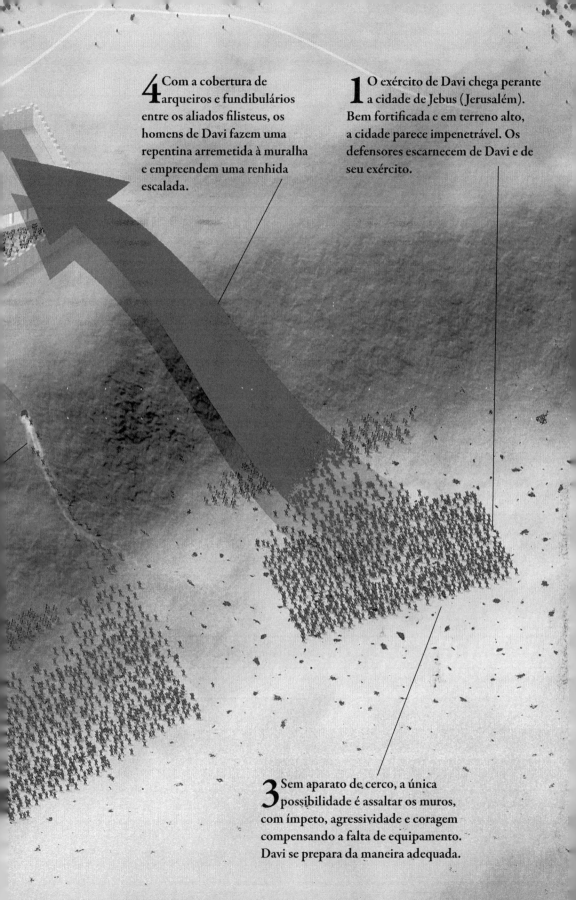

sica, ajudando a abrandar a depressão do rei e assim mantê-lo concentrado em suas tarefas. Foi exercendo essa função que Davi esteve presente à ocasião em que o exército de Saul confrontou o exército de Golias, o campeão filisteu.

Golias, um homem gigantesco e também um guerreiro, lançou um desafio pessoal aos israelitas para que enviassem o seu principal guerreiro a fim de confrontá-lo em um combate individual. Visto que ninguém estava preparado para aceitar o desafio, ele amaldiçoou os israelitas e o deus deles.

Davi, que na ocasião tinha 17 anos, ficou chocado e ofendido, envergonhado pelo fato de ninguém de seu povo ir confrontar Golias. Embora não fosse um guerreiro, tinha considerável habilidade com a funda e afirmava que, com ela, tinha matado um leão e um urso enquanto protegia os rebanhos de sua família. Ele pediu permissão a Saul para lutar com o gigante.

Saul, que gostava muito do jovem Davi, retirou sua armadura e a ofereceu ao seu novo campeão. Ela era muito grande e muito pesada para Davi, que não sabia usar de forma efetiva as armas que ele lhe oferecera. Antes, ele saiu armado apenas com um cajado e – quem sabe mostrando muito mais pragmatismo do que heroísmo – sua funda. Enquanto Golias insultava seu adversário, Davi atirou com sua funda e o matou. Os filisteus ficaram amedrontados e fugiram da batalha de forma desordenada, concedendo a Saul uma grande vitória sem qualquer custo.

Davi tornou-se um grande herói entre os israelitas e amigo íntimo de Jônatas, filho de Saul. Foi-lhe oferecida a mão de Mical, filha de Saul, em casamento. Entretanto, devido ao seu temperamento cada vez mais instável, Saul não conseguiu lidar com a adulação que Davi agora recebia. À medida que a popularidade de Davi crescia, também aumentava o ressentimento de Saul, até que, eventualmente, ele se virou contra o seu jovem amigo e tentou matá-lo.

DAVI COMO UM FUGITIVO

O ciúme que Saul tinha de Davi foi aumentado pelo fato de Samuel ter ungido Davi para reinar após a morte de Saul. Davi se viu forçado a fugir em direção aos filisteus e foi acompanhado por outros que também haviam sido repelidos pelo comportamento de Saul. Foi-lhe dado um reino vassalo dentro de Judá, na esperança de que acabasse lutando contra Saul e enfraquecesse o reino deste.

À direita: A batalha de Davi com Golias descrita em bronze por Lorenzo Ghiberti (1378-1455). O combate individual entre campeões era parte importante da guerra no período do Antigo Testamento. Detalhe das Portas do Paraíso, 1425-1452, Batistério de Florença.

Davi enviou falsas mensagens aos filisteus, reivindicando ter feito incursões em Judá enquanto, de fato, empreendera campanhas contra tribos inimigas dos israelitas. Dessa forma, ele fortaleceu sua posição. Ele também possuía forte apoio entre os sacerdotes. Isso se devia, em parte, às ações de Saul, pois quando este ouviu que os sacerdotes em Nobe tinham ajudado Davi a escapar de uma emboscada, ele mandou matá-los.

A popularidade e o poder de Davi continuavam a crescer. Ele teve várias oportunidades para matar Saul e até foi incentivado a tal, porém recusou. Saul foi finalmente morto na batalha de Gilboa, uma pesada derrota para os israelitas. Os filisteus começaram a reocupação de suas antigas conquistas. Os israelitas fizeram o que puderam para frear essa nova invasão, mas não conseguiram juntar resistência efetiva.

DAVI COMO REI

Davi foi proclamado rei em Judá. Os filisteus aprovaram essa evolução dos acontecimentos, visto que Davi já lhes era um vassalo. As outras tribos de Israel passaram gradualmente a aceitá-lo como seu líder, embora algumas mantivessem fidelidade a outro. Todos os filhos de Saul, exceto um, foram mortos em Gilboa. O filho remanescente, Esbaal (Isbosete), governava uma pequena parte do território de seu pai. Houve pouco conflito aberto entre os dois reinos, embora tenham ocorrido escaramuças ocasionais e muita manobra política. Dentro de dois anos, tornou-se óbvio que Esbaal era um líder fraco e, finalmente, veio a ser assassinado por alguns de seus próprios oficiais.

Enquanto isso, Davi mais e mais era aceito como rei por todas as tribos israelitas. Ele era um líder militar experiente, que poderia proteger seu povo e que contava com o apoio de figuras políticas e sacerdotes. Logo se tornou claro aos filisteus que Davi era uma ameaça – ele era muito popular e poderoso. Ele deveria ser aniquilado. Consequentemente, o exército filisteu marchou contra o novo reino de Davi.

O reinado de Davi foi um tempo de grandes mudanças para os israelitas. Não somente ele criou uma força permanente de tropas profissionais, mas também liderou o seu exército até a

À direita: O cegamento de Sansão como descrito por Rembrandt (1606-69). O Antigo Testamento contém muitos indivíduos dotados de poderes super-humanos atribuídos a Sansão, geralmente como sinal do favor divino ou como inimigos de heróis da Bíblia.

vitória final contra os invasores. Apoiado por recrutas tribais, suas forças derrotaram os filisteus nas proximidades de Jebus (Jerusalém). Embora em menor número e enfrentados pelos bem-armados filisteus de pensamento estratégico, o pequeno exército de Davi os derrotou por duas vezes. A segunda vez foi demais para os filisteus. Eles foram atacados e expulsos das montanhas e não tentaram retornar.

Davi lutou contra os filisteus e esmagou-lhes o poder, contudo, não pode expulsá-los da região. É provável que ele tenha chegado a alguma acomodação com os seus ex-inimigos, visto não haver qualquer evidência de que tenha tomado as cidades de Asdode, Asquelom e Gaza. Na verdade, sabe-se que as tropas filisteias serviram junto com as forças de Davi em suas campanhas posteriores, assim, parece ter havido um acordo de paz. Com a ameaça filisteia finalmente encerrada, a razão para as tribos instituírem um rei se dissipara. Davi poderia ter parado e permitido que o seu povo voltasse ao antigo modo de vida, porém muita coisa havia mudado. Ele permaneceu no poder e partiu para a consolidação de seu controle sobre a região.

Nessa ocasião, Davi reinava sobre vários grupos diferentes e sua capital em Hebrom, no extremo sul, não era satisfatória para as tribos do norte. Davi reinou de Hebrom por vários anos, mas sabia que precisava de um lugar melhor. Decidiu que a cidade de Jebus era ideal. A cidade tinha a vantagem adicional de ser uma fortaleza dos canaanitas dentro das terras dos israelitas. Assim, a tomada da cidade removeria uma ameaça potencial ao reino de Davi.

A TOMADA DE JERUSALÉM

Embora o exército de Davi fosse pequeno e mal equipado, era valente e experiente. Mesmo assim, a cidade fortificada de Jebus era um obstáculo enorme. Localizada 750m acima do nível do mar, em uma escarpa rochosa natural, a cidade tinha bons muros, portões resistentes e torres robustas. Seus defensores confiantemente zombavam do exército de Davi, dizendo que um punhado de cegos e coxos poderia defender a cidade.

O exército de Davi não tinha a vantagem de armaduras pesadas ou de um grande aparato militar para cerco. Suas forças eram compostas principalmente de tropas leves que, embora altamente efetivas no adaptável combate nas montanhas, eram muito vulneráveis aos projéteis lançados pelos defensores. Muitos homens não usavam qualquer armadura e se armavam sim-

À direita: Algumas fontes afirmam que Saul foi morto em batalha no monte Gilboa. Outras dizem que ele cometeu suicídio, como aqui descrito, depois de ser derrotado. De qualquer forma, ele e todos os seus filhos pereceram, exceto um. (de O Suicídio de Saul por Pieter Bruegel, 1562.)

plesmente com uma lança e um escudo – uma combinação nada ideal para uma investida através de um muro.

O que Davi tinha era um número de mercenários filisteus sob seu comando, bem como um número razoável de arqueiros e fundibulários. Os últimos proviam fogo de cobertura enquanto o resto da infantaria lançava uma investida arriscadíssima através do muro.

Tem sido sugerido que os homens de Davi eram capazes de entrar na fortaleza pelo sistema de água, porém, a pesquisa arqueológica tem descartado essa possibilidade. O que é mais provável é que o ataque foi repentino e coberto por uma verdadeira chuva de pedras, apanhando de surpresa os defensores e mantendo suas cabeças voltadas para baixo tempo suficiente para os israelitas tomarem posições sobre os muros.

A iniciativa desesperada foi bem-sucedida e, após árduo combate, a defesa ruiu. Os jebuseus foram forçados à rendição e Davi os tratou com magnanimidade. Ele não executou à espada a população e também permitiu viver o ex-rei de Jebus, o que era notavelmente misericordioso para a época. Davi até pagou um bom preço por terra privada confiscada na captura da cidade.

UM ISRAEL UNIDO

O rei Davi trouxe a arca da aliança a Jebus, que ficou conhecida por Jerusalém, e fez ali a sua capital. Ele regeu por muitos anos sobre o seu grande reino, beneficiando-se da excelente posição da cidade entre as partes norte e sul de seu domínio. Isso ajudou a evitar atritos entre os dois grupos, visto que ambos não se sentiam desprezados pela localização da capital.

Davi conseguiu passar um reino mais ou menos unido a seu filho Salomão (m. 922 a.C.), que construiu o grande templo em Jerusalém. A posição da cidade foi de grande benefício aos governantes subsequentes, pois não era apenas central para o comando político, mas também controlava as principais rotas de comércio entre as duas metades do reino.

A eleição de Saul como rei foi um ato de desespero e, provavelmente, pretendia ser uma medida temporária até o desaparecimento da ameaça filisteia. Contudo, ela conduziu à formação de um reino unido sob Davi e seus descendentes, e à elevação de Israel à condição de maior potência da região. Antes da tomada de Jerusalém, os israelitas eram uma coleção de tribos relacionadas, possuindo um rei temporário. Depois disso, Israel veio a ser uma nação, e seu povo tinha uma nova identidade.

À direita: O rei Davi trouxe a Arca da Aliança para Jerusalém quando ele a tomou por sua capital. Essa combinação de centro religioso e capital administrativa era inteiramente típica de Israel nesse tempo.

CERCO DE SAMARIA
890 a.C.

COMO ACONTECE COM FREQUÊNCIA NA HISTÓRIA, A MORTE DE UM SOBERANO PRECIPITA O DECLÍNIO OU O DESMEMBRAMENTO DE UM REINO. FOI O QUE OCORREU QUANDO O REI SALOMÃO MORREU EM 922 a.C., O REINO JUDAICO UNIDO FOI DIVIDIDO EM DOIS. A SUL FICAVA O REINO DE JUDÁ, COM SEU GOVERNO CENTRADO EM JERUSALÉM. A NORTE SURGIU O REINO DE ISRAEL, COM SUA CAPITAL ORIGINAL EM SIQUÉM, MAIS TARDE MUDADA PARA TIRZA.

O rei israelita Onri (c.883-872 a.C.) reinou em Tirza por seis anos. Então procurou uma localização para construir uma capital toda sua. Cerca de 14,5 km a oeste de Tirza fica um monte chamado Shomron, que traduzido do hebraico significa literalmente "torre de vigia" ou "monte de vigia". Do elevado ponto de vista no alto do monte, o território ao redor podia ser observado por vários quilômetros, e uma cidade ali edificada poderia ser defendida contra invasores, já que seus flancos íngremes lhe proviam um obstáculo natural.

Por dois talentos de prata, Onri comprou o monte de seu proprietário, um lavrador chamado Semer, e pôs-se a construir a terceira capital do reino de Israel. Mais tarde, ao crescer o prestígio da nova cidade, a região da capital

POR QUE ACONTECEU?

QUEM Os israelitas sob o comando de Acabe contra as forças da coalizão do rei Ben-Hadade II da Síria.

O QUE Os israelitas em grande desvantagem numérica suspenderam o cerco de sua capital, e colocaram para correr o exército Sírio e o embriagado Ben-Hadade II.

ONDE A capital israelita em Samaria na borda ocidental da região montanhosa efraimita.

QUANDO c. 890 a.C.

POR QUE O rei sírio Ben-Hadade II iniciou um ataque preventivo contra a crescente força dos israelitas, seus inimigos tradicionais.

RESULTADO O cerco de Samaria foi levantado, porém o exército de Ben-Hadade II não foi completamente destruído, dando lugar à retomada do conflito.

À direita: Este cenário infértil das montanhas da Judeia é típico da área onde o rei israelita Onri adquiriu uma colina proeminente e empreendeu a construção de sua nova capital.

também veio a ser chamada Samaria, e seus habitantes, samaritanos. Embora o registro histórico não seja claro, Onri aparentemente travou pelo menos uma guerra mal sucedida contra os sírios. O resultado foi que os sírios receberam permissão para estabelecer áreas de comércio na região de Samaria. Embora esse tipo de arranjo possa ter sido uma condição de um tratado de paz, ele não foi bom para as futuras relações entre os israelitas e o reino vizinho de Aram, ou a moderna Síria.

Onri aparentemente tirou alguma força por meio de um estreito relacionamento com os fenícios, possivelmente os mais habilidosos marinheiros na bacia do Mediterrâneo. Esse relacionamento próximo dos israelitas com os fenícios é evidenciado pelo casamento de Acabe (c.889-850 a.C.), o filho de Onri e herdeiro do trono em Samaria, com Jezabel (m.842 a.C.), filha de Etbaal, o rei fenício de Tiro. O casamento de Acabe com Jezabel mostrou ser um estímulo para a eventual ruína da monarquia israelita.

> **SOLDADO DA INFANTARIA ISRAELITA**
> *Este soldado da infantaria israelita empunha uma longa lança, protegido por um escudo circular e um capacete bem-ajustado. Para suspender o cerco de Samaria, o rei Acabe dividiu suas forças e atacou o acampamento dos sírios enquanto Ben-Hadade II e seus subordinados cediam ao álcool. Acabe fez sair uma pequena força de elite de apenas 232 guerreiros, chamados de ne'arim, para ocupar a vanguarda do inimigo. Os ne'arim mostraram fantástica bravura no campo de batalha e despacharam os cambaleantes sírios. O embriagado Ben-Hadade II pensou inicialmente que os israelitas pretendiam se render, mas foi, então, posto para correr com o fluxo de seu exército que batia em retirada.*

ACABE, ÍDOLOS E ARMAS

Acabe reinou sobre Israel por 22 anos de controvérsia e violência. Seu casamento com Jezabel foi marcado pela introdução no reino dos deuses pagãos Baal e Aserá, com a aparente aprovação e o apoio de Acabe. Em mais de uma ocasião, Acabe mostrou-se indeciso ao enfrentar a mais difícil das decisões, inclinando-se para a vontade de outros.

"Acabe, filho de Onri, fez o que era mau aos olhos do Senhor, mais do que todos os que foram antes dele", diz a Bíblia. "Ele edificou um altar a Baal no templo de Baal que ele mesmo tinha construído em Samaria. Fez também um poste-ídolo (Aserá) e muito mais para irritar ao SENHOR, Deus de Israel, do que todos os reis de Israel que foram antes dele." (1 Reis 16:30, 32-33)

O profeta Elias predisse naquele tempo grande seca e fome, o que devastaria o reino israelita até o dia do arrependimento. Somente mediante a fala de Elias, que fugira para o exílio, é que retornariam as chuvas vivificadoras. A Bíblia fala de uma grande disputa no alto do Monte Carmelo, na qual os profetas de Baal e Elias, que tinha retornado para confrontar o monarca após a prolongada agonia do povo, iriam determinar quem era o verdadeiro Deus. Os 450 profetas de Baal e Elias haveriam de

Do elevado ponto de vista do monte chamado Shomron, as sentinelas podiam ver um inimigo se aproximando a longa distância, enquanto o exército israelita possuía uma forte posição defensiva.

À direita: Este mapa mostra a infraestrutura militar e de transporte do reino de Salomão (c. 970-931 a.C.). Salomão construiu uma série de cidades e portos fortificados, conectados por uma efetiva rede de estradas. Com a introdução do carro de guerra, as forças de Salomão puderam mover-se com rapidez pelo país para conter qualquer força invasora.

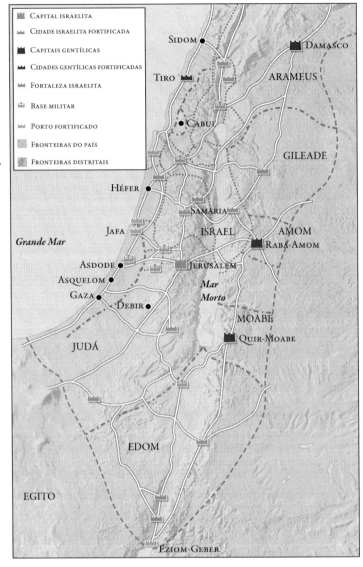

AS FORÇAS EM OPOSIÇÃO
ISRAELITAS (estimadas)
  Infantaria e Cocheiros: 8.000
  incluindo os 232 soldados de elite, os ne'arim.
Total: 8.000

SÍRIOS (estimadas)
  Infantaria e Cocheiros: uma força de coalizão composta do exército de Ben-Hadade II e do exército de 32 reis vassalos e aliados.
Total: Desconhecido

construir cada qual um altar. O deus que respondesse às petições de seus profetas e acendesse o fogo do altar seria o verdadeiro.

Quando o Deus de Elias enviou fogo para consumir o seu altar, a disputa estava encerrada. Segundo o costume, as consequências do fracasso eram terríveis. A Bíblia relata: "Então Elias lhes ordenou: 'Prendei os profetas de Baal. Que nenhum deles escape!'. Eles os prenderam, e Elias os fez descer ao vale do Quisom e lá os matou". (1 Reis 18:40) Quando Acabe contou para Jezabel o que acontecera, inclusive a execução dos profetas de Baal, a sua ira foi tão intensa que ela jurou vingança: "Então Jezabel enviou um mensageiro para dizer a Elias: 'Que os deuses me castiguem com todo o rigor, se amanhã nesta hora eu não fizer com a tua vida o que fizeste com a deles'". (1 Reis 19:2) Elias novamente fugiu para se preservar e as nuvens de guerra reuniram-se sobre Israel.

BEN-HADADE II DECLARA SUA PREEMINÊNCIA

A despeito das dificuldades narradas no texto bíblico, as escavações arqueológicas revelam que Samaria prosperou por um tempo. Apesar de ter facilitado a introdução do culto de deuses pagãos em Israel sob as ordens de sua nociva esposa, Acabe possuía riqueza suficiente para construir um magnífico palácio com mobília e instalações ricamente ornamentadas com marfim. O comércio e o intercâmbio pareciam florescer.

Guardando-se contra seu vizinho, frente ao aparente retorno da prosperidade ao reino israelita, Ben-Hadade II, o rei de Aram (moderna Síria), partiu de Damasco para subjugar a percebida ameaça de seu vizinho, que parecia estar ficando mais forte a cada dia.

Provavelmente, Ben-Hadade II estava motivado também pela necessidade de assegurar território, tal como as colinas de Golã, que haviam pertencido aos israelitas durante os dias do rei Salomão e que, posteriormente, foram arrancadas deles durante o conflito com Onri. Ben-Hadade II reuniu uma confederação de 32 reis e seus exércitos, e marcharam desde a área ao redor de Damasco até os portões de Samaria. Presumivelmente, esses aliados do rei sírio eram os líderes de Estados vassalos ou de reinos relacionados que podem também ter se sentido ameaçados pela florescente força e prosperidade dos israelitas.

Enquanto Ben-Hadade II e seus exércitos se dirigiam para a capital de Acabe, o rei israelita estava em uma conferência com um grupo de líderes dos vários distritos do reino e com os comandantes provinciais das milícias.

Enquanto o precioso tempo se esgotava, Acabe foi incapaz de organizar uma defesa efetiva. Ou Ben-Hadade II moveu-se com uma rapidez não esperada, ou pode ter havido confusão entre os israelitas. Dada a propensão de Acabe à indecisão, é bem provável que a segunda opção tenha ocorrido. Qualquer que seja a razão, ele não pôde contar com o corpo principal de seu exército. Segundo a Bíblia, o número efetivo das tropas realmente disponíveis a Acabe na cidade sitiada era menor que 8.000 homens.

À direita: As ruínas de palácio de Onri e Acabe nos montes de Samaria são preservadas como parte do sítio arqueológico de Sabastia. A localização encontra-se dentro dos territórios ocupados pelo Israel moderno.

CERCO DE SAMARIA
890 a.C.

4 Enquanto os Ne'arim matavam grande número de soldados sírios, o exército principal de Acabe saiu atacando pelos portões da cidade de Samaria, desbaratando Ben-Hadade e suas tropas tomadas de surpresa.

2 Confiante na vitória, Ben-Hadade II permaneceu em seu acampamento, aguardando uma rendição israelita.

5 Avançando em seu ataque, os israelitas atingiram o acampamento de Ben-Hadade II, forçando o próprio rei a fugir em lombo de cavalo com os remanescentes de seu despedaçado exército.

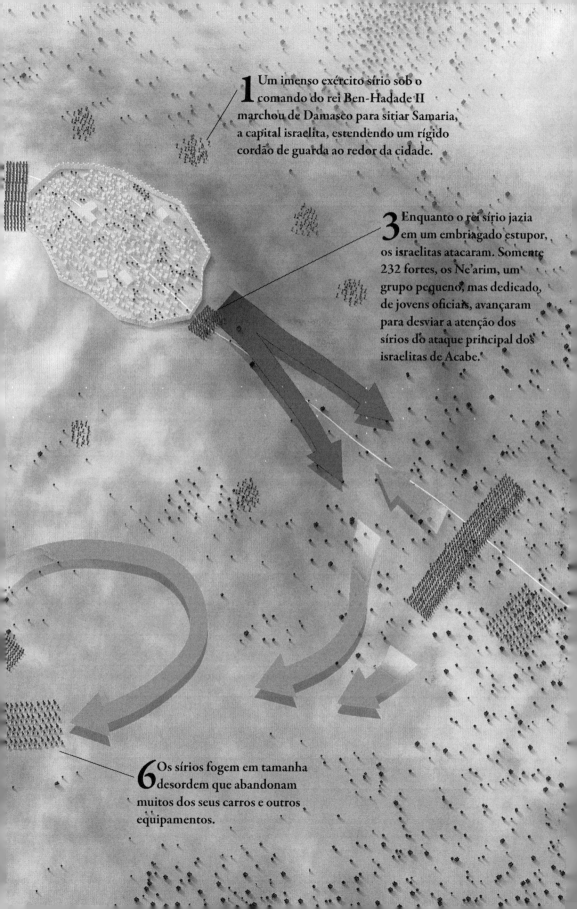

INICIANDO O CERCO

Ben-Hadade II considerou a eventual queda de Samaria como sendo uma conclusão inevitável do movimento que fizera de suas forças para formar um cerrado cordão em torno da cidade. O rei sírio determinou o estabelecimento de um prolongado cerco, observando que somente um número relativamente pequeno de tropas defendia a cidade sitiada, enquanto aqueles soldados que poderiam tentar se organizar e marchar para socorrer a capital sitiada teriam de fazê-lo sem a liderança de seus superiores.

Convencido de que, cedo ou tarde, sua campanha terminaria bem-sucedida, deu então um ultimato a Acabe. Seus mensageiros foram conduzidos para dentro dos muros da cidade e declararam: "Isto é o que diz Ben-Hadade: 'A tua prata e o teu ouro são meus, e o melhor de tuas mulheres e filhos também'". (1 Reis 20:2-3) Acabe, confrontado com essa vantagem insuperável e determinado a preservar-se, aceitou rapidamente os termos de rendição.

Entretanto, nesse ponto o rei sírio cometeu um grave erro. Tornando a situação ainda mais difícil para Acabe e os israelitas, ele aumentou a humilhação deles com mais uma exigência. Os mensageiros voltaram para eles e disseram: "Isto é o que diz Ben-Hadade: 'Mandei tomar tua

Abaixo: Uma ilustração medieval romanceada de Samaria sob cerco demonstra um crescente senso de pânico entre os cidadãos. Entretanto, a confiança excessiva do rei Ben-Hadade II resultou em derrota para os sírios.

À esquerda: Uma estela convencional de uma dupla assíria conduzindo um carro ilustra os enfeites e o vestuário elaborados tanto dos condutores quanto dos cavalos. Este entalhe foi completado durante o século VIII a.C.

prata e teu ouro, tuas mulheres e teus filhos. Mas amanhã, a esta hora, enviarei meus oficiais para vasculharem o teu palácio e as casas dos teus oficiais. Eles me trarão tudo o que consideras de valor'". (1 Reis 20:5-6)

Em resposta, Acabe convocou seus conselheiros mais uma vez. Em uníssono, eles imploraram ao rei que recusasse as exigências sírias. Embora o registro histórico seja um tanto vago, ele claramente revela a perspectiva de Acabe sobre a situação. Ele pode ter-se achado em um verdadeiro dilema ao enfrentar a possibilidade de perder tudo.

Ele pode também ter procurado astutamente ganhar mais tempo, julgando que a ganância de Ben-Hadade II haveria de dominá-lo ainda mais, na esperança de que apenas tal mudança na situação estimulasse apoio para a resistência aos invasores.

ACABE VIRA O JOGO

Quando recebeu a notícia de que Acabe recusara-se a sujeitar-se, Ben-Hadade despachou um último bilhete ao rei israelita através de seus mensageiros: "Que os deuses me castiguem com todo o rigor, caso fique em Samaria pó suficiente para dar um punhado a cada um dos meus homens". (1 Reis 20:10) A dramática resposta de Acabe ainda é citada em um contexto proverbial em tempos modernos. Aparentemente, amparado por uma recém-descoberta decisão de lutar, sua pungente réplica aos mensageiros de Ben-Hadade, sem dúvida alguma, angariara-lhe apoio dentro da cidade sitiada. O rei de Israel respondeu: "Dizei-lhe: 'Quem está vestindo a sua armadura não deve se gabar como aquele que a está tirando'". (1 Reis 20:11) Com isso, Ben-Hadade II ordenou que suas tropas se preparassem para atacar a cidade.

Enquanto Ben-Hadade II fazia seus preparativos, assim também Acabe fazia os seus. A Bíblia diz que um profeta se dirigiu ao rei israelita e lhe disse que Deus entregaria o inimigo sírio nas mãos israelitas se o próprio Acabe liderasse um ataque para suspender o cerco. Enquanto Ben-Hadade II e seus oficiais se excediam na bebida em suas tendas fora da cidade, Acabe decidiu dividir sua pequena força.

Um núcleo de apenas 232 jovens oficiais, conhecidos como os *ne'arim*, foi reunido para marchar para fora de Samaria perante os olhos dos sírios. Enquanto o inimigo estava preocupado com esta pequena força que, aparentemente, estava determinada ao autossacrifício, Acabe e o restante das tropas desfeririam o assalto decisivo.

Enquanto isso, Ben-Hadade II e os comandantes do exército sírio relaxavam em suas tendas, e caíam em letargia devido à embriaguez. As sentinelas anunciaram a visão de uma pequena força marchando de Samaria em direção às linhas do cerco, e o negligente rei sírio foi atraído pela oportunidade de aniquilar esses israelitas corajosos, porém tolos demais, ou tomá-los como prisioneiros e fazê-los desfilar como troféus humanos pelas ruas de Damasco. "Se eles tiverem saído para a paz, tomai-os vivos; se eles tiverem saído para a guerra, tomai-os vivos", ordenou ele. (1 Reis 20:18)

A EXPULSÃO DOS SÍRIOS

Os *ne'arim*, embora poucos em número, deram provas de ser um adversário terrível. É dito que foram matando todos os que se lhes opunham, e que puseram em fuga o grande exército de Ben-Hadade. No devido tempo, Acabe e a principais tropas israelitas avançaram pelos portões da cidade e atacaram os atrapalhados sírios, cujos comandantes estava inebriados e aparentemente alheios ao iminente fiasco.

Acima: O profeta Elias confronta os 450 profetas de Baal no Monte Carmelo, invocando fogo do céu para incendiar seu altar. Elias decretou que os profetas pagãos fossem executados.

Foi tão grande a fuga do exército sírio que Ben-Hadade II se viu completamente surpreso. Quando seus soldados começaram a passar correndo, o rei sírio concluiu que sua única opção era fugir do campo de batalha. Evidentemente, restava-lhe pouco tempo para isso. A Bíblia diz que Ben-Hadade II escapou em dorso de cavalo, indicando uma retirada apressada sem o relativo conforto de seu carro de guerra pessoal e seus guarda-costas.

Os soldados de Acabe atacaram os sírios e lhes infligiram pesadas baixas. É plausível que também as guarnições dos postos avançados israelitas ao longo da rota de fuga, nas proximidades das antigas capitais de Siquém e Tirza, uniram-se no acossamento ao inimigo em fuga.

Da perspectiva tática, Acabe fez bom uso do terreno ao redor do monte de Samaria. Sua decisão de tomar a ofensiva anulou a mobilidade dos carros de guerra sírios, enquanto a ilusão dos *ne'arim* diminuiu a vantagem numérica dos invasores. Todavia, Ben-Hadade foi o maior responsável por sua própria derrota, tendo deixado de manter um amplo controle e o comando geral, e tendo se embriagado com seus comandantes superiores na véspera da batalha.

RESULTADO

Embora Acabe tenha saído vitorioso de uma situação desesperadora, faltou muito para que os sírios sofressem uma derrota completa. Os israelitas não parecem ter levado avante com vigor o seu triunfo, e as razões para esta decisão permanecem encobertas em mistério. Sabe-se que, após o levantamento do cerco de Samaria, o profeta retornou a Acabe com uma advertência de que um novo conflito com os sírios estava tão próximo quanto a próxima estação. "Fortalece a tua posição e vê o que deve ser feito", declarou ele ao rei israelita, "pois na próxima primavera, o rei de Aram (Síria) te atacará novamente". (1 Reis 20:22)

Dias de trevas aguardavam Acabe e os israelitas. Embora tenha havido vitória no campo de batalha, a perversidade, a adoração de ídolos e as intrigas infestavam o palácio. Jezabel permanecia uma influência maligna no reino e a continuidade dos conflitos era uma certeza.

Abaixo: Com uma torre de cerco, um aríete e uma escada de escalada em primeiro plano, esta ilustração colorida mostra o assalto da cidade de Samaria pelos vitoriosos assírios, como imaginado pelo artista Don Lawrence (1928-2003).

COLINAS DE GOLÃ
874 a.C.

APÓS SUA DERROTA EM SAMARIA, O REI SÍRIO BEN-HADADE II RECEBEU O CONSELHO DE SEUS CONSELHEIROS MAIS VELHOS. APARENTEMENTE, ELES IGNORARAM O FATO DE QUE SEU REI E SEUS COMANDANTES SUPERIORES TINHAM SE EMBRIAGADO POR OCASIÃO DA BATALHA. AO INVÉS DISSO, IDENTIFICARAM OUTRAS CAUSAS PARA A HUMILHANTE DERROTA IMPOSTA PELO PEQUENO, PORÉM ALTAMENTE MOTIVADO, EXÉRCITO ISRAELITA DO REI ACABE.

Os conselheiros do rei Ben-Hadade II concluíram que três pontos-chave assegurariam uma vitória contra os israelitas quando a disputa fosse retomada:

Os deuses deles são deuses das montanhas. É por isso que eles foram fortes demais para nós. Mas se os combatermos nas planícies, com certeza seremos mais fortes do que eles. Deves tirar todos os reis dos seus comandos e substituí-los por outros oficiais. Também deves organizar um exército como o que perdeste, cavalo por cavalo e carro por carro, para que

POR QUE ACONTECEU?

QUEM O exército israelita do rei Acabe (889-850 a.C.) contra o exército sírio do rei Ben-Hadade II.

O QUE Acabe empreendeu uma campanha para defender-se contra uma segunda invasão pelo exército reconstituído de Ben-Hadade II, derrotando, assim, os sírios.

ONDE As colinas de Golã, a nordeste de Samaria, a capital israelita.

QUANDO c. 874 a.C.

POR QUE Depois de sua derrota em Samaria, o rei sírio Ben-Hadade II pretendia invadir o reino de Israel pela segunda vez. Acabe, o rei israelita, estava determinado a impedir outra invasão.

RESULTADO O exército sírio foi derrotado pela segunda vez e, depois de implorar por sua vida, Ben-Hadade foi poupado por Acabe.

À direita: O rei Ben-Hadade II da Síria sitiou Samaria. Faminto, o povo lançou mão do canibalismo, porém o profeta Elias fez com que os sírios fugissem com o barulho de uma grande buzina.

possamos combater Israel nas planícies. Então certamente seremos mais fortes do que eles. (1 Reis 20:23-25)

Ben-Hadade concordou e colocou em ação o esforço para reverter sua sorte militar. Ele deveria escolher um terreno mais favorável para lutar, permitindo uma melhor organização de sua infantaria e seus cocheiros quando a luta recomeçasse. Ele deveria fortalecer o governo central da coalizão, substituindo reis por militares e minimizando as dificuldades de comando e controle inerentes a qualquer tentativa de se empreender uma guerra mediante uma coalizão. Ele também haveria de levantar uma força igual àquela que tinha originalmente iniciado a viagem de Damasco para Samaria, quando sua primeira campanha contra os israelitas terminou em vergonhosa derrota.

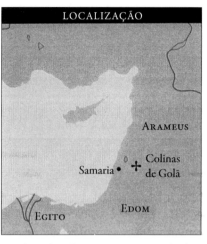

As colinas de Golã tornaram-se o ponto focal da campanha de Acabe, o rei israelita, para reivindicar o controle da região e criar uma zona de proteção contra as incursões sírias.

ACABE ALERTADO

Embora a cronologia bíblica relate que o período de tempo entre a suspensão do cerco de Samaria e a batalha das colinas de Golã foi uma questão de meses, um grau de incerteza existe quanto ao intervalo exato. Quer tenha transcorrido um período de meses ou de anos, a retomada da batalha era inevitável. Havia velhas dívidas a serem pagas e Acabe tinha sido advertido pelo profeta de que esperasse outra invasão da parte dos sírios. É plausível que Acabe estivesse acompanhando Ben-Hadade II enquanto este executava seus planos de preparação para a guerra.

Assim como Ben-Hadade II emprendera uma campanha preventiva contra os israelitas para evitar que estes se tornassem muito fortes, Acabe, por sua vez, avaliava o relativo progresso dos sírios. Quando achou que a hora certa tinha chegado, Acabe lançou uma ofensiva por sua iniciativa, para impedir que o exército sírio invadisse seu território e trouxesse a guerra mais uma vez ao coração do reino israelita. Portanto, Acabe concluiu que uma campanha em direção ao norte e ao oeste, na região das colinas de Golã, poderia solidificar o controle israelita desse território (que permanece disputado até hoje) e poderia proteger o reino contra outra incursão.

Durante o reinado do rei Salomão (c.970-931 a.C.), as colinas de Golã tinham sido território israelita, porém, aparentemente, a área tinha sido perdida durante, pelo menos, uma guerra mal sucedida com os sírios durante o reinado do rei Onri (c.883-872 a.C.), pai de Acabe. O resultado das concessões territoriais, políticas

ARAMEU MONTANDO SEU CAMELO
Barbudo e de peito descoberto, um arameu monta seu camelo, a "embarcação do deserto". Constituindo uma forma efetiva de cavalaria ou de transporte para unidades de infantaria levemente equipadas, os camelos forneciam um grau de mobilidade para as forças do rei Ben-Hadade II. Este guerreiro é descrito segurando as rédeas e um chicote de montaria em sua mão direita, e o arco, sua arma de guerra característica, na esquerda. Uma sela primitiva é firmada no lombo do animal por um sistema de correias. A Bíblia relata que Ben-Hadade empregou uma força suplementar de milhares de camelos montados em seu imenso e majestoso exército.

> **AS FORÇAS EM OPOSIÇÃO**
> **ISRAELITAS**
>   Desconhecidas
>
> **SÍRIOS**
>   Desconhecidas, embora tenham sofrido uma estimativa de 127.000 baixas durante a batalha.

e comerciais que tinham sido feitas previamente aos sírios em troca de uma paz tênue era uma influência persistente que se estendia ao estabelecimento de zonas de comércio dentro do reino israelita, bem como à própria população que, sem dúvida alguma, incluía uma substancial etnia síria. É possível que Acabe tenha visto na atual campanha militar uma oportunidade não somente de remover a ameaça imediata dos contínuos aborrecimentos com Ben-Hadade, mas também de purificar o território israelita da influência síria em geral e, em particular, dos enclaves relacionados aos intercâmbios comerciais.

AS IMPONENTES COLINAS DE GOLÃ

O exército de Acabe marchou para as colinas de Golã, resíduo de um antigo campo de extraordinária atividade vulcânica e um vasto planalto que está a 122-518m acima do nível do mar. A oeste, Golã estende-se até as proximidades do mar da Galileia e do rio Jordão, com suas imponentes escarpas elevando-se nitidamente a partir da planície. A fronteira ao sul é o rio Jarmuque, a noroeste da capital israelita em Samaria. A leste, encontra-se a vasta expansão da planície de Haraum, e a norte, está a fronteira moderna com a nação árabe do Líbano.

Embora a expressão "Colinas de Golã" seja usada para descrever o território que tem estado sob o controle militar e político de Israel desde a guerra dos Seis Dias de 1967, o governo da Síria continua reivindicando que deveria ter a soberania sobre a área disputada. Os limites das modernas "Colinas de Golã" diferem um pouco daquela dos dias de Acabe e Ben-Hadade II. Entretanto, a passagem do tempo não diminuiu a importância das colinas de Golã no que diz respeito ao prestígio nacional e à segurança.

À esquerda: No alto das colinas de Golã na moderna Síria, a Pedra Memorial pelos Mortos em Batalha é fotografada em 1991. As colinas de Golã têm sido o cenário de violentos combates entre o moderno Estado de Israel e os Estados árabes vizinhos por mais de 30 anos.

O registro histórico da batalha de Golã é extremamente vago. Parece lógico que o terreno em si teve um papel importante no resultado do combate. Picos, vales, gargantas e barrancos marcam o cenário, enquanto rios cavam seus leitos pela expansão que, de outra forma, seria árida e inóspita. Entende-se que a campanha de Acabe tenha feito progresso razoavelmente bom no início, e que os israelitas chegaram bem às colinas de Golã antes que os sírios conseguissem impedir o seu progresso.

A Bíblia relata que Ben-Hadade reuniu o seu poderoso exército e avançou para as proximidades da cidade de Afeca, que fica um pouco a nordeste de uma área onde dois rios correm paralelamente e comprimem o trânsito por uma estreita passagem entre as gargantas de ambos os lados. Acredita-se que os sírios estabeleceram uma base de operações em Afeca e bloquearam o caminho para o avanço de Acabe pelos desfiladeiros.

FRENTE A FRENTE

Os dois exércitos, antigos inimigos, agora se confrontam nas colinas de Golã. A Bíblia sugere que os israelitas, mais uma vez, estavam seriamente inferiorizados em número:

Na primavera seguinte, Ben-Hadade reuniu os arameus (sírios) e marchou até Afeca para lutar contra Israel. Os israelitas também foram reunidos e, tendo recebido provisões, marcharam para enfrentá-los. Os israelitas acamparam-se defronte deles, como dois pequenos rebanhos de cabras, enquanto os arameus cobriam todo o campo. (1 Reis 20:26-27)

Nesse ponto, é dito que o profeta de Deus aproximou-se de Acabe e revelou-lhe que os sírios estavam convencidos de que obteriam a vitória se a batalha fosse travada no vale. Foi dito também a Acabe que, mais uma vez, ele venceria o inimigo. De acordo com a pesquisa dos estudiosos, a área onde se pensa ter ocorrido a batalha tem apenas 100m de largura por uma distância inferior a 411m somente. Portanto, parece lógico concluir que um ataque unicamente frontal estaria fadado ao fracasso.

Entretanto, um comandante de ataque poderia considerar duas opções para flanquear a passagem entre os rios, passagem esta facilmente defendida. A sul, antigas trilhas conduzem à beira de um vale estreito adjacente, enquanto a

À direita: Nesta pintura do artista Leighton Frederic (1836-96), o desobediente rei Acabe e sua famigerada esposa, Jezabel, uma adoradora de Baal, são confrontados pelo profeta Elias em um portal.

BAIXA AFECA

5 Acossando o inimigo vencido já próximo do Mar da Galileia, o vitorioso exército israelita do rei Acabe persegue vigorosamente os sírios, matando milhares durante a retirada do inimigo.

COLINAS DE GOLÃ
874 a.C.

1 Incentivado por seus conselheiros, o rei sírio Ben-Hadade II procurou reverter sua sorte militar, ocupando a cidade de Afeca e bloqueando o avanço do exército israelita.

4 Com muitos de seus companheiros já mortos, os sírios se retiram para Afeca, mas não conseguem encontrar abrigo. Seu número oprime a cidade e cria o caos.

ALTA AFECA

2 Dividindo suas forças, uma parte do exército israelita do rei Acabe ataca as posições sírias ao longo do espinhaço nas proximidades de Afeca, enquanto a outra parte se envolve em um movimento de flanqueamento.

3 O flanqueamento israelita surpreende os sírios, que se retiram em pânico enquanto são acossados em duas frentes. A mobilidade do exército sírio é limitada no terreno acidentado.

À esquerda: Uma dupla da cavalaria assíria sonda o horizonte, brandindo uma lança e um arco-e-flecha. Capaz de desferir um golpe repentino, o rápido movimento da cavalaria podia cercar as tropas do inimigo e cortar sua retirada.

norte, uma trilha íngreme cruza um espigão. Ambas as opções podem ter provido caminhos para a abordagem de uma força marchando para flanquear a extremidade oriental da posição defensiva.

Na ausência de um registro definitivo da batalha, os historiadores Chaim Herzog e Mordechai Gichon apresentam a teoria de que a Afeca referida no texto bíblico poderia, na verdade, ter sido uma entre três diferentes localizações:

> Ultimamente, alguns eruditos têm localizado Afeca não na vila árabe com esse nome por trás do desfiladeiro, mas em En Gev, perto das margens do mar da Galileia. Nesse caso, os israelitas devem ter contornado o flanco dos arameus ao longo das encostas de Golã. Outros propõem a identificação de Afeca com uma suposta "Baixa Afeca". Consequentemente, os arameus partiram de "Alta Afeca" e fugiram para a cidade mais abaixo, a umas quatro milhas de distância. Sustentamos a primeira proposta, e não podemos excluir a terceira alternativa.

O ATAQUE ISRAELITA

O impasse dos israelitas contra os sírios era, sem dúvida, uma situação de tensão nervosa. Quem sabe havia uma conversação entre os dois lados, ou um exército estava esperando que o outro perdesse os nervos e se retirasse. A Bíblia pouco relata da própria luta, apenas que houve um grande massacre:

> Durante sete dias estiveram acampados em frente um do outro e, no sétimo dia, entraram em combate. Em um só dia, os israelitas mataram cem mil soldados de infantaria arameus (sírios). O restante deles escapou para a cidade de Afeca, onde o muro caiu sobre

Acima: A maior parte da infantaria dos arameus era de recrutas e, consequentemente, levemente equipada. Normalmente, um soldado arameu da infantaria estaria armado com uma simples lança e um escudo, e algumas vezes com um arco. Sua roupa era feita de um tecido rústico de lã com uma borda simples decorada.

vinte e sete mil deles. Ben-Hadade também fugiu para a cidade e se escondeu em um quarto interior. (1 Reis 20:29-30)

Se Acabe tinha, de fato, desenvolvido um plano de batalha que envolvia um movimento pelos flancos seguido de um ataque frontal no desfiladeiro, Herzog e Gichon argumentam que a descoberta, por parte dos soldados sírios, das tropas israelitas em seu flanco e retaguarda pode ter causado a retirada em pânico. E mais, a grande quantidade de soldados em fuga buscando refúgio em Afeca era simplesmente demais para a cidade suportar, com o amontoado de gente literalmente causando a queda de um muro e contribuindo para uma enorme perda de vidas pelas mãos dos saqueadores israelitas.

Aparentemente, Ben-Hadade II fracassou em executar seu próprio plano. Ao combater os israelitas nos estreitos limites do desfiladeiro, limitou a mobilidade de seu grande exército. É provável que o grande número de soldados sírios se tornou um empecilho antes que uma vantagem durante a batalha.

BEN-HADADE IMPLORA

Em meio ao fiasco nas colinas de Golã, Ben-Hadade II novamente teve uma reunião com os seus conselheiros, presumivelmente no refúgio temporário do quarto interior:

Seus oficiais lhe disseram: "Soubemos que os reis do povo de Israel são misericordiosos. Nós vamos até o rei de Israel vestidos com panos de saco e com cordas no pescoço. Talvez ele poupe a tua vida". Vestindo panos de saco e tendo cordas envolvendo o pescoço, foram ao rei de Israel e disseram: "Teu servo Ben-Hadade diz: 'Rogo-te que me deixes viver'". (1 Reis 20:31-32)

Em um gesto magnânimo, Acabe poupou a vida de Ben-Hadade II em troca do retorno das terras tomadas dos israelitas pelos sírios durante a geração anterior e em troca de privilégios

À direita: Cerca de 850 a.C., o profeta Elias (à esquerda) pronuncia um julgamento sobre Acabe (terceiro da direita), que se apossou da vinha de Nabote em Jezreel, e sobre sua perversa rainha, Jezabel (segunda da esquerda), filha do rei de Tiro e Sidom.

Acima: A rainha Jezabel, empurrada de uma janela por uma multidão furiosa, cai e morre. Seu corpo foi devorado por cães. Segundo a Bíblia, a perversa influência de Jezabel contribuiu para a ruína de Acabe.

comerciais em Damasco similares àqueles anteriormente proporcionados a Ben-Hadade em Samaria. A ação de Acabe tem sido considerada por alguns como politicamente astuta, com o potencial de pôr fim a anos de conflito armado entre os dois povos. Herzog e Gichon afirmam que Acabe poderia nunca ter esperado obter domínio sobre a população síria, e que ele também reconheceu outra ameaça, a postura agressiva da vizinha Assíria.

Entretanto, é evidente que o gesto de Acabe não foi universalmente bem-recebido entre os israelitas. A Bíblia relata que um profeta falou, então, do desagrado de Deus por Acabe ter poupado a vida de Ben-Hadade, e afirmou que, por castigo, as vidas de Acabe e de seu povo seriam oferecidas em pagamento. Como havia feito em ocasiões anteriores, Acabe retornou taciturno ao seu palácio e à companhia da rainha Jezabel (m.842 a.C.). Ben-Hadade II retornou em segurança para Damasco e os dois logo estariam lutando como aliados em outra coalizão, a qual estilhaçou os invasores Assírios liderados pelo rei Salmaneser III (858-824 a.C.) em Qarqar.

O FIM DE ACABE E JEZABEL

Entre a batalha nas colinas de Golã e a batalha de Qarqar, Acabe e Jezabel desceram a níveis ainda mais baixos de maldade. O casal real planejou a condenação à morte de um vizinho inocente, Nabote, junto com os seus filhos, a fim de tomar-lhe a vinha. Nessa ocasião, o profeta Elias revelou a Acabe que sua própria morte ocorreria na própria vinha que cobiçara. Sua família também foi condenada ao extermínio na geração seguinte.

Três anos após a batalha nas colinas de Golã, Acabe lutou novamente contra Ben-Hadade II, que acabou não cumprindo seu acordo com o rei israelita de lhe devolver as terras ocupadas. Mais tarde, Jezabel foi jogada de uma janela e morreu. Os cães lamberam o sangue de Acabe e devoraram o corpo de Jezabel. Ben-Hadade II, diz o registro, foi assassinado à noite por Hazael, que também o sucedeu como rei da Síria, c.842-805 a.C. Alguns historiadores concluem que Hazael era o próprio filho de Ben-Hadade.

Nos dias que se seguiram à batalha nas colinas de Golã, Samaria enfrentou mais uma guerra de cerco. Os sírios retornaram e novamente não conseguiram capturar a cidade. Mais de um século após o reinado de Acabe, os assírios também retornaram, sitiaram a cidade por três anos e, finalmente, estabeleceram o seu domínio sobre a capital e toda a terra israelita, que veio a ser uma província do Império. Os sobreviventes foram deportados para o oriente e a queda de Samaria marcou o fim do reino do norte, o reino de Israel.

Abaixo: O rei israelita Acabe luta contra os arameus em Ramote-Gileade nesta pintura da era renascentista. Mortalmente ferido por uma flecha perdida, Acabe vem a morrer na vinha de Nabote como prenunciara Elias. Os cães lambem-lhe o sangue.

GUERRA CONTRA MESA
850 a.C.

POR QUE ACONTECEU?
QUEM Rebeldes moabitas sob o comando de seu rei Mesa (reinou no século IX a.C.) contra os exércitos de Israel sob a liderança do rei Jorão (852-841 a.C.).
O QUE Uma série de vitórias israelitas levou a campanha a um final um tanto inconclusivo.
ONDE Moabe, a leste do Mar Morto.
QUANDO c. 850 a.C.
POR QUE Os moabitas promoveram uma rebelião e tomaram várias cidades antes de serem derrotados.
RESULTADO A rebelião foi mais ou menos suprimida e Israel pôde confrontar outras ameaças.

A REBELIÃO DOS MOABITAS FOI APENAS UMA DE UMA SÉRIE DE PROBLEMAS QUE PERTURBAVAM O REINO DE ISRAEL. DERROTADOS, OS EXÉRCITOS DE MOABE BUSCARAM REFÚGIO NA CIDADE DE QUIR-HARESETE, ONDE FORAM SITIADOS. EMBORA O CERCO TENHA SIDO DESFEITO E MOABE NÃO TENHA SIDO SUBJUGADO, A REBELIÃO ESTAVA ENCERRADA.

Moabe e Israel tinham um ancestral em comum, Terá, porém isso pouco servia para aliviar as tensões entre os dois. Após o êxodo do Egito, os israelitas andaram errantes pelo deserto por muitos anos antes de se depararem com as terras dos moabitas. A fronteira sul deles era o rio Zerede, que os israelitas atingiram após 38 anos de caminhada.

O domínio moabita havia se estendido por toda a margem oriental do Mar Morto, porém a sua história foi muito turbulenta. Por ocasião da chegada dos israelitas, eles tinham apenas a metade sul. O resto tinha sido perdido para os amorreus. Embora não se importassem com os problemas dos moabitas, mesmo assim os israelitas não os

À direita: O profeta Moisés foi um grande legislador, e registrou a maior parte das leis fundamentais do povo hebreu. Ele é descrito recebendo os Dez Mandamentos das mãos de Deus.

atacaram, porque Deus tinha "falado" a Moisés que não o fizessem.

De forma alternativa, Moisés pediu a Seom, rei dos amorreus, que desse passagem segura. Isso foi negado e então os amorreus atacaram os israelitas, cuja resposta foi destruir os amorreus e tomar posse de parte da terra deles. Ela veio a ser o novo lar dos israelitas.

Então os israelitas se instalaram fazendo fronteira com Moabe. Entretanto, a maneira pela qual o território passou para outras mãos fez com que Moabe reivindicasse parte desse território de Israel – uma reivindicação rejeitada pelos novos moradores dali. O conflito entre Israel e Moabe, que por vezes incluiu luta aberta, continuou por muitos anos. De longe, a área mais importante na qual esse conflito ocorreu foi a da crença religiosa.

As influências culturais e religiosas de Moabe resultaram em uma das diversas ocasiões em que o povo de Israel se desviou do caminho que Deus lhes preparara. Segundo a Bíblia, a adoração de falsos deuses fez com que Israel sofresse grandes adversidades. Entretanto, vários profetas e reis trouxeram a nação de volta ao caminho da retidão.

Certa ocasião, Moabe conquistou Israel e oprimiu o seu povo por algum tempo até ser liderado em uma revolta por Eúde, que assassinou Eglom, o rei moabita, e libertou o seu povo. De acordo com os profetas, o sucesso de Eúde aconteceu porque o povo de Israel mais uma vez abraçou o seu Deus e rejeitou a idolatria moabita. Quaisquer que sejam as razões, esse conflito tornou praticamente certo o futuro atrito entre Moabe e Israel.

Durante o tempo de Saul e Samuel, Israel estava lutando por sua própria sobrevivência. O principal inimigo era a Filístia, porém outras tribos e reinos aproveitaram a oportunidade para vingar-se de Israel e conquistar-lhe território. Entre eles estava Moabe, embora pouca coisa tenha conquistado.

DAVI E SALOMÃO

Quando o rei Davi (c.1002-970 a.C.), sucessor de Saul, tinha encerrado com os filisteus, partiu para consolidar o seu poder. Grande parte de sua atividade foi interna, porém, tendo decidido que não era possível Israel tolerar um Moabe hostil em sua fronteira oriental, partiu para conquistar os moabitas. Ele se saiu bem e, por um tempo, Israel devolveu o favor e oprimiu Moabe.

SOLDADO JUDEU

Este soldado judeu é característico do tipo de guerreiro que serviu nas campanhas do período. Ele está levemente equipado com uma lança e um escudo, e também com uma espada curta ou um longo punhal para o combate próximo. Suas armas são de sua propriedade; soldados profissionais armados pelo Estado eram incomuns nessa ocasião. Seu equipamento leve é uma vantagem quando operando no campo em condições quentes. Com pouco para lhe ficar pesando, ele pode marchar mais longe e ligeiro que um soldado melhor protegido, e visto que a maior parte das outras nações empregava, em grande parte, o mesmo tipo de soldado, ele não se encontrava em desvantagem.

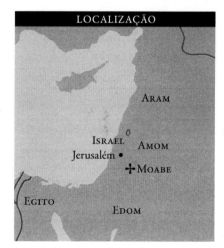

O reino dos moabitas fica a sul e a leste dos hebreus. O conflito entre os dois não era nada novo. Os hebreus tinham conquistado seus inimigos em, pelo menos, uma ocasião no passado.

Através das poucas décadas seguintes, a situação de Israel foi um tanto mista. Por vezes, havia períodos de prosperidade e paz, nos quais os reis de Israel puderam construir exércitos poderosos com grande número de carros de guerra, bem como admiráveis fortificações para defender as principais cidades do reino.

Entretanto, Salomão desfez muito desse bom trabalho ao se tornar um idólatra e perder o favor de Yahweh. Moabe rebelou-se e ficou livre por um tempo. Onri, um sucessor de Davi, reconquistou Moabe algum tempo depois.

Moabe já era um Estado vassalo por duas gerações quando o rei Acabe (c.889-850 a.C.) de Israel caiu na conhecida armadilha de voltar-se para deuses falsos. Ao se casar com Jezabel (m.842 a.C.), que adorava deuses de Tiro, Acabe permitiu que ela trouxesse os ornamentos de sua religião nativa para a corte. Nessa ocasião, a capital de Israel era Samaria, e a construção de um templo estrangeiro ali não era, de fato, um assunto importante, segundo Acabe e seus partidários.

Salomão tinha igualmente sido indulgente para com suas esposas estrangeiras e isso também trouxe problemas. Contudo, Jezabel recebeu permissão para impulsionar sua própria religião e ela ganhou popularidade, especialmente entre a grande população de canaanitas que vivia sob o governo israelita, mas não eram sinceros em seu culto ao Deus de Israel. Embora o rei Acabe tenha permanecido leal ao seu deus, até os seus próprios filhos tornaram-se apóstatas.

Abaixo: Justiça e sabedoria no antigo Israel. O rei Salomão determina a verdadeira mãe da criança ao observar a reação das duas requerentes à ordem que dera para cortar ao meio a criança e assim ser repartida entre elas.

O resultado foi que Israel se viu acossado por problemas internos enquanto os seguidores de Jezabel perseguiam aqueles que se atinham ao culto de Yahweh. Durante esse período de luta interna, o profeta Elias levantou-se como um campeão do culto de Yahweh e liderou uma resistência que se tornou uma guerra santa.

Não muito depois, houve uma rebelião bem-sucedida em Moabe. Não está claro quando exatamente isso ocorreu, porém esse foi um tempo confuso e difícil para Israel. Acabe foi morto em combate contra os arameus e foi sucedido por seu filho Acazias, que reinou apenas por poucos meses (c841-842 a.C.). Seu irmão Jorão o substituiu.

Jorão tentou restaurar a fortuna do reino quando removeu o pior dos ídolos dos lugares de adoração, porém não pôde realizar qualquer reforma verdadeira enquanto a influência de sua mãe, Jezabel, permanecia forte. Consequentemente, o reino de Israel estava dividido internamente por ocasião da revolta moabita, e um grande segmento de seu exército estava engajado bem a norte em Damasco, repelindo invasores sírios.

A REVOLTA MOABITA

Mesa, rei de Moabe, tinha sido um vassalo de Israel por muitos anos. Na verdade, tinha pago recentemente um grande tributo. O livro de Reis registra o valor como sendo cem mil cordeiros e cem mil carneiros, e diz que Mesa era um "criador de ovelhas", o que deve ter sido de fato para poder entregar tamanha quantidade de animais.

Entretanto, logo depois de ter pago esse tributo, Mesa ouviu que Acabe tinha sido morto em batalha. Nunca mais haveria um tempo melhor que esse para uma rebelião. Com os conquistadores divididos internamente e seu rei morto, a ocasião era adequada para desfazer-se do jugo israelita. Os moabitas pareciam também ter medo do profeta Elias; as primeiras incursões dos moabitas começaram logo após a morte de Elias.

Os moabitas não seguiam Yahweh, mas antes adoravam Quemos. Portanto, é possível que a insurreição tivesse uma dimensão religiosa, dado o fato que os israelitas não eram conhecidos por sua tolerância para com os deuses de outros povos. É provável que o levante tenha tomado algum tempo para ser organizado, pois foi Jorão, não Acazias, quem respondeu à rebelião moabita.

SUCESSOS MOABITAS

Mesa foi inicialmente bem-sucedido em sua rebelião. Reconquistou o território tomado dos moabitas por vários inimigos, incluindo os amorreus. Entretanto, sua atenção foi dirigida principalmente para Israel, visto ser óbvio que os que dominaram Moabe no passado haveriam de tentar eliminar a rebelião de Mesa.

Mesa procurou aliados entre as tribos vizinhas e recebeu alguma ajuda dos amonitas e dos edomitas. Ele esperava que uma campanha bem-sucedida provocasse uma aliança geral anti-israelita. Entretanto, ele não era forte o suficiente para opor-se às forças israelitas ao norte de

> **FORÇAS EM OPOSIÇÃO**
> **ISRAELITAS**
> Não há dados disponíveis
>
> **MOABITAS**
> Não há dados disponíveis

GUERRA CONTRA MESA
850 a.C.

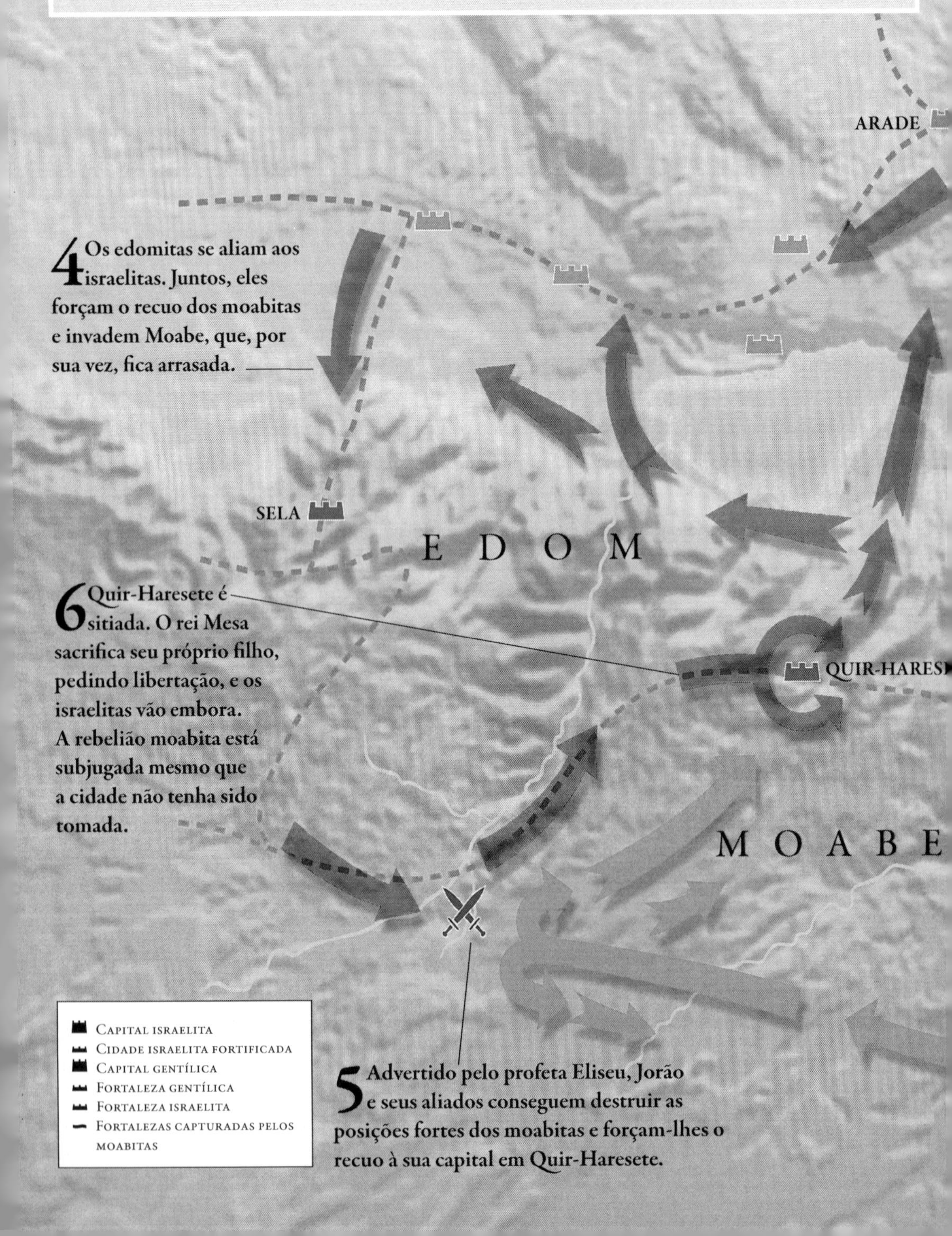

ARADE

4 Os edomitas se aliam aos israelitas. Juntos, eles forçam o recuo dos moabitas e invadem Moabe, que, por sua vez, fica arrasada.

SELA

EDOM

6 Quir-Haresete é sitiada. O rei Mesa sacrifica seu próprio filho, pedindo libertação, e os israelitas vão embora. A rebelião moabita está subjugada mesmo que a cidade não tenha sido tomada.

QUIR-HARES[ETE]

MOABE

- Capital israelita
- Cidade israelita fortificada
- Capital gentílica
- Fortaleza gentílica
- Fortaleza israelita
- Fortalezas capturadas pelos moabitas

5 Advertido pelo profeta Eliseu, Jorão e seus aliados conseguem destruir as posições fortes dos moabitas e forçam-lhes o recuo à sua capital em Quir-Haresete.

À direita: Parte das fortificações da cidade de Samaria que, por um bom tempo, foi a capital dos israelitas. Foi aqui que Jezabel conseguiu construir o templo de Baal.

Moabe, sendo assim, foi em busca de vitórias fáceis, avançando com seus aliados em direção a Judá, capturando várias cidades com guarnições militares. É possível que os moabitas tenham avançado até a costa do Mediterrâneo, e certamente tinham capacidade para tomar várias cidades tidas como de pouca ou sem importância. Isso encorajou Mesa e seus aliados, porém a esperada aliança não aconteceu.

JORÃO REAGE

Jorão, sabendo que os israelitas estavam sobrecarregados, reagiu o melhor que pôde enquanto buscava aliados. Israel e Judá corriam sério perigo. Algumas cidades, percebendo a fraqueza, rebelaram-se e ligaram-se a potentados vizinhos, ou tornaram-se independentes. Entretanto, os moabitas eram incapazes de obter uma vitória decisiva.

À medida que o conflito crescia em intensidade, os aliados de Moabe, principalmente os edomitas, ficaram com a pior parte dele. Vendo pouco ganho para si mesmos, aliados em perspectiva de Moabe encontraram razões para não se envolverem, enquanto os edomitas decidiram que seria melhor para seus interesses aliar-se aos israelitas, assim mudaram de lado.

Edom e Israel passaram, então, a tomar a ofensiva contra Moabe. Tinham a intenção de invadir Moabe a partir do sul. Essa decisão era, em parte, por causa da política e, em parte, da realidade estratégica. Entrar pelo norte implicava passar primeiramente pelo território dominado por Israel a norte de Moabe, o que seria fácil. Nesse caso, então, o exército seria forçado a fazer uma travessia oposta do rio Arnom. Contra Mesa e seu poderoso exército, isso era, obviamente, uma receita para o desastre.

A chegada pelo sul também oferecia vantagens políticas. Edom tinha sido um vassalo de Israel por muito tempo e tinha se libertado mediante uma rebelião. Seu exército tinha recentemente mudado de lado, porém tinha iniciado a campanha como um invasor contra Israel.

Dificilmente Jorão teria considerado Edom como sendo um aliado confiável, deste modo, fazer passar o seu exército pelo território edomita fazia sentido. Ele poderia, por todo o tempo, observar seu novo aliado quanto a sinais de traição, e estaria bem-posicionado para subjugar qualquer tentativa de mudança de lealdade novamente. A rota através de Edom também protegia a linha de comunicação e permitia aos israelitas recuar no caso de uma derrota. Havia também a possibilidade de atrair os moabitas para o deserto entre Moabe e Edom, para destruí-los ali.

A INVASÃO FRACASSA

Mesa era muito esperto para se deixar persuadir a lançar seu exército ao deserto, onde os próprios problemas com suprimentos poderiam levar à derrota de suas forças sem qualquer necessidade de combate. Em vez disso, ele posicionou seu exército para enfrentar a invasão. Ele aguardou, junto ao uádi El Ahsa, que seus inimigos viessem a ele.

Os aliados avançaram pelo deserto e viram-se confrontados pelo exército de Moabe, que os aguardava na extremidade do uádi. Os aliados estavam com falta d'água e, ao sair à procura de uma fonte apropriada, forças moabitas leves lhes faziam constantes ataques.

Incapazes de avançar através do tremendo obstáculo diante deles, com poucos suprimentos e constantemente saqueados, Jorão e seus aliados estavam em uma posição desconfortável.

Tendo buscado conselho junto ao profeta Eliseu, que por algum tempo tinha sido seguidor de Elias, os aliados, certamente, não ficaram nada encorajados. Eliseu pôde apenas proclamar que Deus tinha reunido os reis aliados com vistas a prepará-los para sua destruição. Entretanto, após um tempo, Eliseu fez um pronunciamento profético dizendo que os aliados haveriam de receber ajuda divina.

O conselho de Eliseu era para que enviassem homens ao uádi e que cavassem covas, pois, em seguida, o leito seco seria enchido com água mesmo com falta de chuva. Ele também anunciou que os aliados obteriam uma extraordinária vitória. Primeiramente, eles seriam resgatados de seu apuro atual e, então, iriam quebrar o exército de Mesa e conquistar todas as cidades de Moabe.

SUCESSO RENOVADO

Os aliados fizeram segundo os conselhos que receberam e achou-se água no uádi. Com o problema imediato da sede resolvido, os aliados agora estavam em condições de retomar seu avanço. Eles fizeram uma travessia forçada do uádi e infligiram uma severa derrota aos moabitas. Escritos da época relatam que a água desapareceu rapidamente, assim, é presumível que o uádi estava seco novamente quando os aliados avançaram através dele.

Atemorizado pela derrocada de sua estratégia defensiva e, quem sabe, incomodado por presságios, Mesa recuou até a cidade fortificada de Quir-Haresete. O aparecimento de água no uádi tinha sido visto pelos moabitas e, para eles, ela parecia ter-se tornado vermelha como sangue.

Os sacerdotes de Mesa o advertiram dizendo que isso era um presságio – os reis inimigos atacaram-se mutuamente e a vitória agora pertencia aos moabitas. Quando isso foi desmentido por um vigoroso ataque através do uádi, a determinação de Mesa pode bem ter-se enfraquecido.

À esquerda: Um acampamento no deserto da Jordânia. Esta paisagem inóspita é o lar tradicional dos moabitas, amonitas e edomitas dos tempos bíblicos.

Acima: Um terrapleno de uma fortificação moabita, século IX a.C. A construção de fortalezas era uma técnica relativamente nova no tempo das guerras moabitas com Israel, porém estas ruínas têm sobrevivido desde aquele tempo até o presente.

RECUOS A QUIR-HARESETE

Mesa fez uma belicosa retirada através de Moabe, evacuando cidades ao longo do caminho para somar as tropas delas ao seu exército. O exército judaico e seus aliados seguiram até Quir-Haresete, devastando o território pelo caminho. Isso era uma prática comum nas guerras desse período e se, por um lado, era uma estratégia deliberada para enfraquecer o inimigo, por outro, era o resultado de uma pilhagem agressiva.

Por fim, os moabitas se refugiaram em Quir-Haresete, uma formidável fortaleza. Os aliados, sem poder adentrar a fortaleza de imediato, cercaram a cidade. Formaram um anel de tropas em volta dela e posicionaram fundibulários nas partes elevadas, de onde poderiam atingir qualquer defensor que se mostrasse.

Quir-Haresete é mencionada por vários nomes, incluindo Quir-Moabe (Fortaleza de Moabe). Uma tradução de seu nome é Fortaleza de Alvenaria, sugerindo que a cidade era uma conspícua obra de fortificação. Em qualquer caso, sua localização no alto de um monte íngreme era formidável; estava descartada a hipótese de um ataque.

Entretanto, os aliados não precisavam atacar. Eles já tinham a cidade cercada e o exército moabita encurralado lá dentro. Havia pouca probabilidade da chegada de uma força de socorro e, sem ela, tudo o que os aliados tinham de fazer era aguardar que os defensores ficassem sem comida. Junto com a disponibilidade de elevações fora da cidade, que permitiam aos fundibulários acertar de cima os defensores, isso colocava as forças moabitas em uma posição insustentável.

A ÚLTIMA TENTATIVA DE MESA

O rei Mesa sabia que se ele simplesmente ficasse sentado dentro de sua fortaleza, perderia a guerra. Ele tinha de dar um golpe arrojado para reverter sua sorte. Juntando a si 700 espadachins, Mesa saiu à luta.

O ataque de Mesa foi dirigido ao rei de Edom. Várias razões têm sido apresentadas para isso. Quem sabe ele procurava vingar-se de seu antigo aliado ou, é possível, pensava

À esquerda: A cidade fronteiriça de Aroer continha este posto comercial que, mesmo datando do século IX a.C., tem sobrevivido até o presente em um formato identificável.

que os edomitas haveriam de resistir a um ataque menos que os israelitas. Pode-se conceber até que Mesa pensasse que os edomitas poderiam mudar de lado novamente se sofressem algumas baixas.

Qualquer que tenha sido o seu raciocínio, Mesa lançou um ataque decidido e impôs muitas baixas, porém nada conseguiu de importante. Sua força foi repelida de volta à cidade em completa derrota.

Mesa estava derrotado e sabia disso. Quem sabe, na esperança de obter ajuda divina ou para desviar a ira de seu deus Quemos, Mesa então sacrificou seu filho mais velho e herdeiro. Isso foi feito de forma muito repulsiva – queimado –, sobre os muros à plena vista do exército que o cercava.

De um modo irracional, Mesa obteve o que desejava. Por razões que nunca foram explicadas, os aliados separaram-se e afastaram-se de Quir-Haresete, retirando-se da terra de Moabe. Não houve perseguição: os moabitas deixaram os invasores ir desimpedidamente e não retomaram a campanha.

Mas também Moabe não foi reconquistada. A parte sul do reino continuou independente de Israel e os israelitas passaram a lidar com outros problemas em suas fronteiras. Oito anos após a morte de Acabe em uma batalha, o exército israelita ainda estava envolvido em combates nos limites de Damasco. Agora que a crise imediata tinha sido tratada, Moabe era um problema que poderia aguardar uma ocasião mais oportuna para se conquistar a vitória.

....

Abaixo: Uma pintura da Renascença descrevendo o profeta Eliseu, que sucedeu Elias após um longo período como seu discípulo. Depois da derrota de Mesa, Eliseu continuou seu trabalho por muitos anos, chegando mesmo a realizar um milagre após a sua morte.

EDOM
785 a.C.

O REINO DE EDOM, QUE OCUPAVA UM PLANALTO MONTANHOSO A SUDOESTE DO REINO DE JUDÁ, FOI VÁRIAS VEZES ALVO DE REIS JUDEUS EXPANSIONISTAS. AS DIFICULDADES QUE JUDÁ ENCONTROU PARA DERROTAR E MANTER SOB CONTROLE ESSE PEQUENO TERRITÓRIO LANÇA LUZ IMPORTANTE SOBRE QUESTÕES MILITARES E POLÍTICAS NA ERA DA MONARQUIA DIVIDIDA.

POR QUE ACONTECEU?

QUEM O rei Amazias de Judá (c.801-783 a.C.) invadiu Edom para recuperar o controle da província.
O QUE O exército judaico derrotou a força edomita, em seguida assaltou Sela, a capital edomita, possibilitando a reconquista de toda a região norte de Edom. Entretanto, logo em seguida, um exército israelita liderado pelo rei Jeoás destroçou a força de Amazias.
ONDE O vale do Sal, próximo ao oásis de Zoar, hoje no sul da Jordânia. A batalha com Israel ocorreu em Bete-Semes, na região judaica de terras baixas entre as montanhas e a planície da Filístia (a Sefelá).
QUANDO c.785 a.C.
POR QUE O rei Amazias decidiu recuperar os impostos comerciais e o território perdido para Edom por seu antecessor, o rei Jeorão (846-841 a.C.), durante o reinado deste.
RESULTADO O exército judaico sob o comando do rei Amazias obteve uma vitória sobre Edom e recuperou a posse da parte norte do país; contudo, em seguida, o rei Jeoás de Israel derrotou os judeus, tendo aprisionado Amazias e saqueado Jerusalém logo depois.

Em suas fronteiras orientais, Israel tinha uma série de pequenos Estados com abundantes tropas nômades. Dentre eles, Edom, a sudoeste do Mar Morto, era um dos mais estrategicamente importantes por controlar uma importante rota comercial e o acesso a Israel pelo sudoeste. Assim, quando Israel se tornou um Estado, Edom foi um dos primeiros alvos. O rei Davi (c.1002-970 a.C.) derrotou os edomitas no século IX a.C., sujeitando os príncipes de Edom ao mando israelita. Quando Israel e Judá se separaram, Edom ficou sob a autoridade do reino sulista de Judá, como um país tributário. Edom era pouco povoado e mal equipado para empreender uma guerra

À direita: Duas tendas erguidas no deserto próximo a Moabe, na atual Jordânia. Essa região árida era o lar dos edomitas e dos amonitas, tradicionais inimigos de Israel nos tempos bíblicos.

"moderna" com exércitos profissionais, armaduras, carros de guerra e cavalaria. Entretanto, em grande parte, era um território desértico, tornando difícil aos exércitos judaicos controlá-lo com arsenal militar típico dos séculos IX e VIII a.C.

A PERDA DE EDOM

Nos séculos IX e VIII a.C., o Levante era profundamente instável em termos políticos. Edom aproveitou a oportunidade que teve, durante o reino do rei Jeorão de Judá, para rebelar-se e declarar sua independência sob a dinastia de reis nativos. Jeorão, é claro, não podia aceitar essa ostensiva provocação à sua autoridade. Então respondeu lançando uma invasão a sua província separatista, levando na campanha a infantaria e também uma considerável força de carros de guerra. Ele deve ter acreditado que os

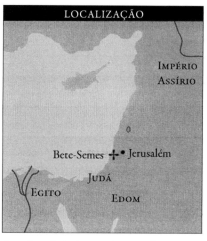

Situado no lado distante do rio Jordão, a sudoeste de Israel, Edom controlava grande parte do comércio entre a Mesopotâmia e os Estados Mediterrânicos como Judá.

carros, a maior arma dos exércitos mais avançados da época, intimidariam e venceriam facilmente as forças mais irregulares de Edom, que provavelmente não incluíam em absoluto qualquer carro de guerra.

Os carros de guerra, embora fossem instrumentos militares de inestimável valor para operações em planícies abertas, eram bem impróprios para uma campanha contra o território de Edom. Ficou evidente ser muito difícil manobrar os carros e seus conjuntos, leves como eram, através dos acessos estreitos, rochosos e íngremes, até o rebelde Estado vassalo. Quando o exército judaico finalmente emergiu dos desfiladeiros e posicionou-se em uma planície a sul do Mar Morto, os cocheiros viram-se diante de um terreno cheio de fendas e rachaduras, sobre o qual era muito difícil conduzir os carros.

A sequência de má sorte dos judeus – ou insuficiência de inteligência militar – continuou. Jeorão fez seu exército acampar no oásis de Zoar, porém não posicionou sentinelas em número suficiente. O resultado foi um forte ataque de surpresa dos edomitas, tendo como objetivo, acima de tudo, o próprio rei Jeorão, os carros dos judeus e seus cavalos; os edomitas aparentemente temiam esses instrumentos de guerra tanto quanto Jeorão esperava que eles o fizessem. Jeorão mostrou considerável presença de espírito na crise, pondo em ordem seus cocheiros desmontados, e essa força reunida às pressas repeliu o ataque edomita.

> **CARRO DE GUERRA JUDAICO**
> *Judeia e Israel não fizeram muito uso de carros como seus vizinhos, visto que grande parte de seu território era muito irregular para operações com carros, porém os reis, a começar por Davi, criaram divisões de carros de guerra, muito mais por prestígio do que por eficácia em batalha. Quando empregados em uma planície aberta, os carros podiam aniquilar as forças de infantaria do inimigo. Os carros dependiam da velocidade. Eram construídos bem leves (dois homens podiam carregá-lo) e, normalmente, comportavam dois homens – um condutor e um arqueiro, que atirava no inimigo com suas flechas.*

Embora a ameaça tivesse realmente passado, o pânico espalhou-se pelo restante do acampamento judaico. Tantos foram os soldados que fugiram para casa que Jeorão teve de dar um basta à sua campanha contra Edom e bateu em vergonhosa retirada. Edom permaneceu independente por mais duas gerações.

A RECUPERAÇÃO MILITAR DE JUDÁ

Por ocasião do reinado de Amazias, Judá estava mais forte em termos militares. Os assírios, a nova potência do Oriente Médio, ainda estavam muito distantes para representar uma ameaça direta. Na verdade, o crescente imperialismo militante da Assíria nesse período era vantajoso tanto para Judá quanto para Israel, visto que em duas campanhas o rei assírio Adad-nirari III (811-783 a.C.) enfraqueceu o forte Estado sírio de Damasco, um perigo sempre presente para ambos. Além disso, Amazias estava em paz com seu rival Estado judaico de Israel. O tempo parecia oportuno para uma campanha com vistas à reconquista do comércio e do território que Jeorão havia perdido.

Acima: A impressão de um artista moderno do Templo de Jerusalém, com o sumo sacerdote apresentando o jovem rei Joás ao exército judaico.

É difícil calcular os recursos militares de Judá nesse período. O relato bíblico do ataque de Amazias a Edom afirma que o rei conseguiu juntar 300.000 judeus, bem como um adicional de 100.000 mercenários israelitas (2 Crônicas 25). Tais números são impossíveis para um Estado pequeno e pobre como Judá. A melhor base para cálculo é um registro assírio que data de 853 a.C., e afirma que o rei Acabe tinha uma força de 10.000 homens na infantaria e 2.000 carros de guerra à sua disposição.

Um século depois, Judá pode ter conseguido chegar perto da força da infantaria israelita, mas não há evidência para sugerir que era rico o suficiente para reunir uma força comparável de carros de guerra. Amazias pode também ter empregado mercenários, visto que o uso de mercenários tinha sido comum nas guerras judaicas e israelitas desde o tempo do rei Davi. Segundo o relato em 2 Crônicas, todavia, Amazias nunca empregou seus recrutas israelitas,

AS FORÇAS EM OPOSIÇÃO

JUDAICAS (estimadas)
Cavalaria:	2.000
Infantaria:	10.000
Total:	**12.000**

EDOMITAS (estimadas)
Cavalaria:	1.000-2.000
Infantaria:	8.000
Total:	**9.000-10.000**

ISRAELITAS (estimadas)
Carros (tripulados por três):	4.500
Infantaria:	10.000
Total:	**14.500**

visto que um profeta de nome não mencionado convenceu o rei a despachá-los para casa antes da batalha.

Certamente, Judá ainda mantinha uma força de carros de guerra no século VIII a.C. Entretanto, não há evidência de que o rei tenha levado carro algum com ele na campanha de Edom, uma decisão que parece sábia à luz do fiasco anterior de Jeorão. Há evidência de que Amazias tinha uma tropa de cavalaria – o que se mostraria mais útil para uma campanha no terreno difícil de Edom. De fato, essa é a primeira vez em que se atesta a presença de cavalaria na força militar do reino de Judá.

A CAMPANHA DE EDOM

O exército de Amazias marchou na direção do sudoeste, provavelmente ladeando o Neguebe ao cruzarem as montanhas de Judá em direção ao Mar Morto. O exército edomita foi ao encontro dos judeus ao sul do Mar Morto, na localidade que a Bíblia chama de Vale do Sal. O campo de batalha ficava apenas a poucos quilômetros do oásis de Zoar, onde Jeorão tinha sido humilhado duas gerações antes. Na batalha que se seguiu, a superioridade do exército judaico foi claramente evidente.

Em sua maioria, as forças de Amazias consistiam de milícias locais; antes da campanha, o rei levantou um censo da população masculina de Judá, durante o qual é sabido que fixou em 20 anos a idade em que os jovens eram requeridos a iniciar o serviço militar. Essa força ocasional e, em grande parte, tribal foi suplementada por um forte componente profissional, incluindo a guarda pessoal do rei, as tropas das guarnições e quaisquer mercenários contratados para a ocasião. Além das vantagens de um núcleo profissional, os soldados judeus, no conjunto, foram mais bem equipados que os edomitas. A julgar pelas evidências de batalhas mais bem-atestadas, é provável que o exército de Amazias incluísse um número considerável de arqueiros e fundibulários em acréscimo à infantaria equipada com lanças, punhais e escudos. As tropas de elite também deviam vestir armaduras providas de lâminas (escamas de bronze costuradas em couro), que seriam uma raridade entre as forças edomitas. E o que é mais valioso para fins táticos: Amazias aparentemente tinha uma considerável força de cavalaria, provavelmente composta de arqueiros

À direita: Nos tempos bíblicos, assim como agora, o inóspito deserto do Neguebe oferecia uma defesa quase impenetrável ao longo da fronteira sul de Judá.

EDOM
785 a.C.

JUDÁ

CIDADE JUDAICA
FORTIFICADA

1 O exército do rei Jeorão de Judá surge na planície de Edom.

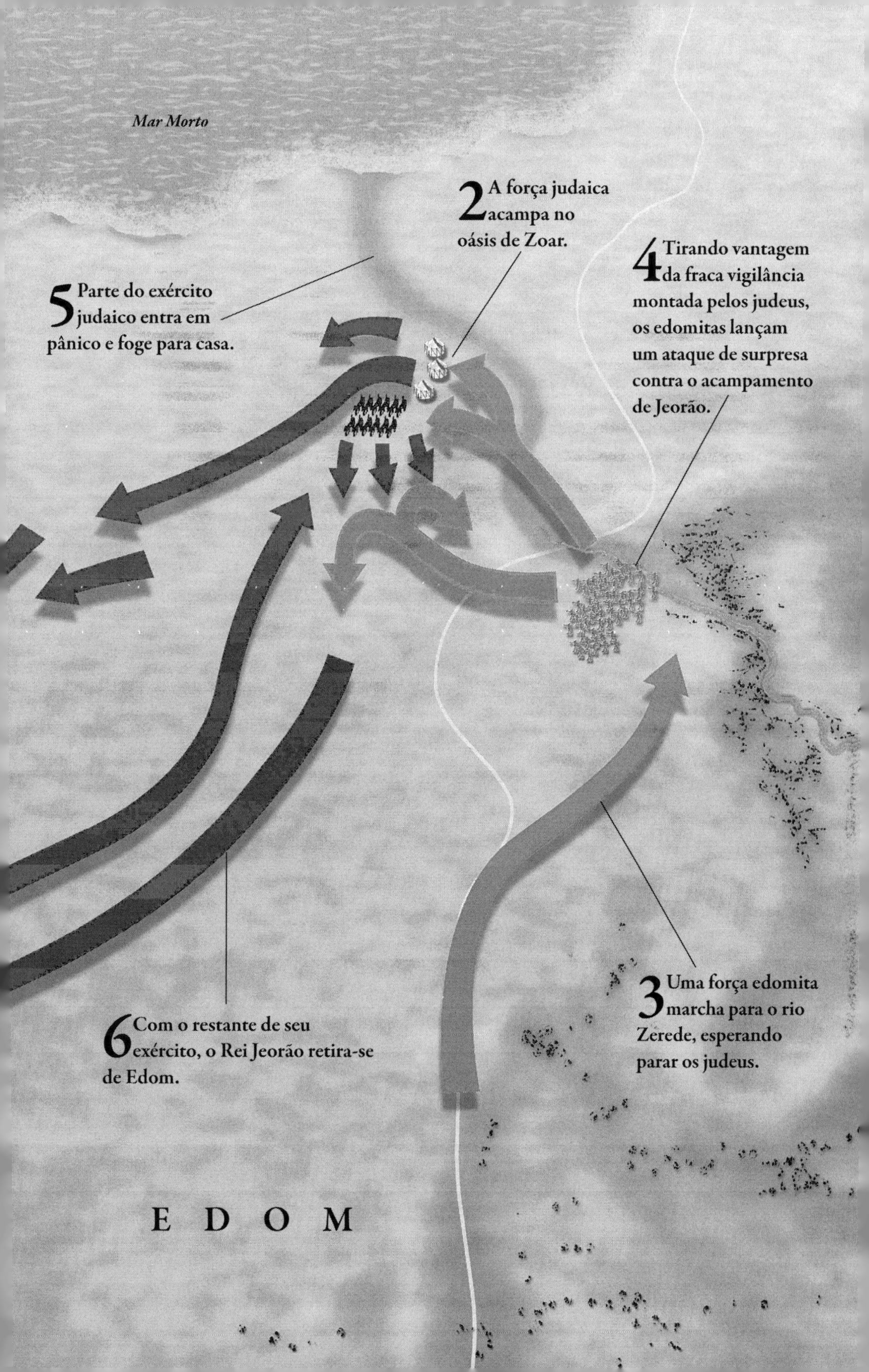

Mar Morto

2 A força judaica acampa no oásis de Zoar.

4 Tirando vantagem da fraca vigilância montada pelos judeus, os edomitas lançam um ataque de surpresa contra o acampamento de Jeorão.

5 Parte do exército judaico entra em pânico e foge para casa.

6 Com o restante de seu exército, o Rei Jeorão retira-se de Edom.

3 Uma força edomita marcha para o rio Zerede, esperando parar os judeus.

E D O M

montados, usando poderosos arcos compostos, que poderiam manobrar muito mais facilmente no terreno acidentado do que puderam os carros de Jeorão.

Do outro lado, os guerreiros edomitas parecem ter sido muito melhor equipados para incursões repentinas e combates de guerrilhas, especialmente a julgar pelo ataque noturno ao rei Jeorão. Não é provável que muitos soldados do exército edomita possuíssem armadura. Contudo, considerando o estilo de vida bastante pastoril dos edomitas nessa ocasião, é plausível que o rei edomita pudesse contar com pelo menos alguma cavalaria.

Este arqueiro montado assírio do período da campanha de Edom é, provavelmente, muito semelhante ao seu correspondente judaico. Vale observar que a sela e o estribo ainda não tinham sido inventados.

O resultado da batalha no Vale do Sal foi uma grande vitória judaica. Os relatos remanescentes não revelam como a vitória foi obtida, porém o triunfo de Amazias foi inteiramente significativo. O autor de 2 Crônicas registra que os judeus mataram 10.000 inimigos no curso do combate. E relata mais ainda, que o exército judaico também capturou outros 10.000 homens, que os judeus mataram, precipitando-os de um penhasco. Amazias conseguiu consolidar sua vitória ao mover-se imediatamente contra a fortaleza de Sela, a capital de Edom (talvez a moderna el-Sela a sudoeste de Tapila, na Jordânia), que ele tomou mediante um violento ataque. Esses sucessos permitiram que Amazias restabelecesse o domínio judaico sobre toda a região norte de Edom.

A RIXA COM ISRAEL

Os eruditos contestam a cronologia dos eventos, porém o que parece ter acontecido na sequência é que Judá se envolveu em uma guerra desnecessária com Israel. Amazias parece ter ficado envaidecido de sua vitória sobre Edom e enviou mensagens desafiadoras ao seu vizinho israelita, o rei Jeoás, talvez por acreditar erroneamente que o exército israelita estivesse preocupado demais com a guerra contra Damasco para poder responder. Mas Israel, o mais forte dos dois Estados judaicos, desfrutava de seu próprio ressurgimento militar na ocasião. O rei Jeoás tinha derrotado Damasco em três campanhas entre c.802 e 787 a.C., recuperando, no processo, algumas cidades israelitas. O relato de 2 Reis registra que, a princípio, Jeoás simplesmente exortou Amazias a que ficasse quieto e deixasse de provocar encrenca, tendo comparado a provocação de Amazias a um cardo atacando um dos cedros do Líbano (2 Reis 14:9). Entretanto, visto que Amazias continuou sua provocação, Jeoás aceitou o desafio e rapidamente reuniu um exército israelita para confrontar Judá.

Jeoás conduziu o exército israelita em uma invasão que penetrou fundo no território de Judá. Essa força encontrou o exército de Acazias, provavelmente menor, na localidade de Bete-Semes em Sefelá (a região de terras baixas e planas entre a cadeia de montanhas centrais e a planície da Filístia na costa). Nessa batalha intensa, foi a vez do exército de Judá ser derrotado. O próprio Amazias foi aprisionado, enquanto os sobreviventes de seu exército fugiram em todas as direções.

Embora os detalhes dessa batalha não tenham sobrevivido, parece que Israel deveu sua vitória acima de tudo à sua ampla força de carros de guerra. Se o rei de Israel pôde ainda reunir algo em torno de 2.000 carros, como pudera em 853 a.C., foi improvável para Amazias que ele pudesse esperar sobreviver a um encontro em campo aberto. Bete-Semes favoreceu, de fato, a guerra com carros.

Nenhum exército de Judá permaneceu em campo para oferecer qualquer oposição efetiva aos israelitas, então Jeoás se viu livre para marchar por onde quisesse. Desejando, evidentemente, ensinar uma lição a Judá, prosseguiu em direção aos contrafortes orientais, planejando derramar sua ira na cidade de Jerusalém, a capital de Amazias.

Acima: O sítio de Sela, a antiga capital de Edom. 2 Crônicas registra que 10.000 edomitas capturados foram lançados para morrer despenhadeiro abaixo, após a vitória de Amazias.

Embora Jerusalém estivesse localizada em uma posição naturalmente defensável, seus muros estavam aparentemente em mau estado de conservação, e devem ter estado grandemente desfalcados de defensores na ocasião, em virtude da catástrofe militar em Bete-Semes. Não demorou muito para as forças israelitas abrirem uma brecha no muro setentrional da cidade com um aríete. Os israelitas invadiram a cidade, saquearam os tesouros do palácio e do templo, e então derrubaram uma faixa de 183m de comprimento do muro de Jerusalém para torná-lo ainda menos defensável no futuro. Antes de se retirarem, o rei Jeoás tomou reféns, talvez em troca do infeliz rei Amazias, e retornou para sua casa no norte. Amazias logo morreu, e seu filho Azarias (Uzias) (c.786-758 a.C.) encontrou-se em uma condição próxima de vassalo de Israel.

LIÇÕES DA CAMPANHA EDOMITA

A campanha de Edom de c.785 a.C. revela quão confusa pôde estar a política no Oriente Próximo no século VIII a.C., enquanto pequenos Estados brigavam constantemente sobre questões de fronteiras, em um conjunto de circunstâncias sempre mutáveis de vassalagem e predomínio militar. Não somente Edom escapara da dominação judaica, unicamente para cair novamente debaixo de seu controle graças a uma campanha bem-sucedida, mas também a guerra aparentemente desnecessária entre Judá e Israel sugere a complexidade do jogo político e militar do período.

A campanha de Edom, especialmente casada à invasão anterior mal sucedida de Jeorão em Edom, também revela o complicado panorama da Palestina antiga. O terreno era tão variado que as costumeiras regras de guerra da época nem sempre se confirmavam. Chefes talentosos adaptaram seus exércitos às condições que esperavam encontrar, ao invés de se apoiarem demasiadamente nas normas tecnológicas do período.

À direita: O rei Adad-nirari III (810-783 a.C.) foi rei da Assíria quando Amazias governou Judá. Ele bem poderia ter acompanhado com grande interesse o esforço de Amazias para expandir o poder de Judá.

PALESTINA E SÍRIA
734-732 a.C.

ISRAEL TEVE SUA PRIMEIRA PROVA REAL DA INVENCÍVEL CAPACIDADE MILITAR DA ASSÍRIA NOS ANOS DE 734-732 a. C. QUANDO TIGLATE-PILESER III INVADIU A PALESTINA E A SÍRIA EM UM ESFORÇO PARA ESTABELECER SEU CONTROLE SOBRE A REGIÃO E SEU COMÉRCIO. A CAMPANHA MARCA O INÍCIO DO FIM DO ESTADO SETENTRIONAL DE ISRAEL.

O rei Tiglate-Pileser III da Assíria foi um forte líder que restaurou a estabilidade de seu reino e empreendeu reformas que tornaram a Assíria mais formidável do que nunca. A maior parte dos recursos da Assíria era dirigido para a guerra. Mais importante ainda foi que Tiglate-Pileser teve êxito na criação de um exército permanente de talvez 10.000 homens, além dos recrutas das tropas tradicionais das províncias. O exército permanente, que incluía muitos mercenários estrangeiros, estabeleceu um novo padrão de treinamento e de profissionalismo. Era uma força inteiramente integrada e completa, com infantaria, cavalaria, uma pequena força de carros de guerra (as forças de carros tinham gradualmente diminuído desde o século IX a.C. e foi por fim substituída pela cavalaria) e um corpo de engenheiros.

Tiglate-Pileser é também reconhecido como responsável pela introdução da armadura lamelar de bronze nas tropas assírias – uma armadura de escamas de bronze cos-

POR QUE ACONTECEU?

QUEM Um exército assírio liderado pelo rei Tiglate-Pileser III (745-727 a.C.) realizou uma campanha de três anos contra Israel, Damasco, Tiro, Asquelom e Gaza.

O QUE O exército assírio invadiu a Palestina e a Síria, conquistou cidades fortificadas, anexou território e carregou grande parte da população em seu retorno à Assíria.

ONDE Na primeira campanha, o exército do rei Tiglate-Pileser marchou descendo o litoral da Fenícia e da Filístia, tomando cidades desde Sidom a Gaza; a segunda e a terceira campanhas foram dirigidas contra Damasco; durante o curso da terceira campanha, os assírios marcharam até o norte de Israel.

QUANDO 734-732 a.C.

POR QUE Tiglate-Pileser queria controlar o acesso ao comércio Mediterrânico, e também reduzir a influência egípcia na Palestina.

RESULTADO Os assírios derrotaram Damasco e executaram seu rei. Israel sobreviveu depois que seu rei foi assassinado e seu sucessor submeteu-se a Tiglate-Pileser. Contudo, Israel de fato perdeu seus territórios tributários.

À direita: Os assírios experimentaram carros puxados por até quatro cavalos. Vale observar o jugo, que limitava seriamente a carga que cada cavalo podia puxar; a coleira para cavalo foi inventada muitos séculos depois.

turadas em uma túnica de couro. Embora nenhum relato contemporâneo registre o tamanho do exército de Tiglate-Pileser, podemos usar uma contagem do exército do rei Salmaneser III (858-824 a.C.) na batalha de Qarqar em 854 a.C. como uma base de comparação.

Salmaneser conseguiu trazer cerca de 35.000 homens para a batalha – 20.000 na infantaria, 12.000 na cavalaria e 1.200 carros de guerra. Um século depois, a força assíria de cavalaria deveria ser bem maior e a força de carros, menor, entretanto a logística provavelmente teria limitado o exército da campanha total de Tiglate-Pileser ao mesmo tamanho aproximado.

GRANDES PLANOS

Com essa multidão formidável de guerreiros a seu comando, Tiglate-Pileser pôde conceber grandes planos, que, no seu caso, significavam a conquista de novos territórios. O que a Assíria precisava, acima de tudo, era o acesso ao comércio mediterrâneo. Essa necessidade atraiu a atenção do rei para o ocidente, para os pequenos Estados da Síria, de Israel e de Judá. Porém a competição pela Palestina, essa inestimável faixa de terra entre a Ásia e a África, colocava a Assíria em competição direta com a outra grande potência do período, o Egito. Os pequenos Estados que ocupavam essa região vital vieram, assim, a tornar-se peões em um jogo crescentemente violento pelo poder na região. Os reis em questão acharam difícil aceitar tal papel limitado, e seus esforços para reter completa independência levaram à queda de vários desses Estados, inclusive de Israel.

Em sua primeira campanha ocidental de 743-738 a.C., Tiglate-Pileser esmagou o poder de Urartu, a norte de Israel. O rei então marchou em direção à costa do Mediterrâneo em uma inconfundível demonstração de seu poder. O rei Menaém de Israel (747-738 a.C.) entendeu a mensagem, pagou tributo e submeteu-se ao mando de Tiglate-Pileser, ao invés de fazer uma guerra que provavelmente conduziria à extinção de Israel.

Nem todos em Israel queriam ceder tão mansamente ao intimidador assírio, e aparentemente consideravam o comportamento de seu rei como covarde, ou o Estado assírio como muito distante para intervir regularmente nos negócios israelitas. A facção anti-Assíria subiu ao poder em 737 a.C. quando o oficial do exército Peca ben Remalias conseguiu depor e matar o filho de Menaém, Pecaías, tomando para si o trono.

SOLDADO DA INFANTARIA ASSÍRIA

A infantaria assíria consistia de duas partes. O rei empregava um núcleo de combatentes inteiramente profissional e de tempo integral; tais homens passavam a maior parte de seu tempo nos deveres da guarnição, mas podiam ser mobilizados rapidamente para campanhas. Havia também uma milícia que podia ser convocada para grandes expedições ou em tempos de necessidade. Grande parte dos soldados da infantaria assíria era equipada com capacete, escudo e lança de curto alcance, como nesta ilustração. As tropas profissionais do rei também teriam ostentado armadura corporal (incluindo a primeira bota verdadeiramente militar) e armas mais especializadas, especialmente os caros arcos compostos, que eram essenciais em uma guerra de cerco.

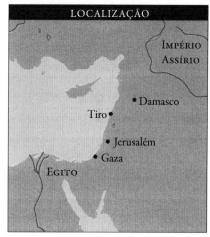

O Império Assírio, todo cercado de terras, desejava um acesso à riqueza do Mediterrâneo. O primeiro objetivo era, então, a cidade fenícia de Tiro, e depois dela a força de Tiglate-Pileser moveu-se na direção sul.

À direita: Salmaneser III (858-824 a.C.) da Assíria formou um grande exército, mas não tentou uma grande expansão. Este relevo comemora um tratado com seu vizinho a sul, a Babilônia.

O novo rei, Peca (737-732 a.C.), devia saber muito bem que Israel por si só não poderia esperar resistir a poderosa Assíria. Entretanto, quando o rei Rezim de Damasco começou a organizar uma resistência contra Tiglate-Pileser, Peca alegrou-se em juntar-se à coalizão que, por fim, incluiu Rezim de Damasco, Peca de Israel, Hirão de Tiro (969-936 a.C.), Mitinti de Asquelom e Hanum de Gaza.

PROVOCANDO O LEÃO

O primeiro fruto da aliança anti-Assíria foi um ataque que as forças combinadas de Israel e Damasco lançaram contra Judá, o menor Estado judaico, a sul de Israel. A aparente motivação por trás do ataque era obrigar o rei Jotão de Judá (750-735 a.C.) a juntar-se à coalizão anti-Assíria que eles tinham formado. Jotão, entretanto, tinha pago tributo a Tiglate-Pileser, mesmo que em sua primeira campanha ocidental o exército assírio nunca tivesse se aproximado de Judá. Jotão estava claramente relutante em repudiar seus juramentos ao rei assírio – ou a ceder às exigências de seu rival do norte.

Damasco e Israel continuaram a aumentar sua pressão, a ponto de sitiarem Jerusalém, um evento descrito em 2 Reis 16:5-9. Acaz (735-727 a.C.), sucessor de Jotão, respondeu enviando mensageiros a Tiglate-Pileser, solicitando-lhe ajuda. Os mensageiros de Acaz adocicaram a mensagem ofertando ao rei assírio um enorme suborno de ouro e prata juntados dos tesouros do palácio e do templo de Jerusalém, porém é improvável que Tiglate-Pileser precisasse de muita persuasão. Era seu interesse ter vassalos obedientes e subordinados na estrategicamente importante Palestina.

O ataque não provocado contra seu vassalo, o rei Acaz, providenciou-lhe um excelente pretexto para intervir. Por sorte, pôde derrotar e depor seus oponentes na região e, por meio disso, ganhou a gratidão do rei Acaz.

"À FILÍSTIA"

Um relato contemporâneo, a Crônica Eponímica Assíria, rotula o primeiro ano da segunda grande campanha ocidental de Tiglate-Pileser como "À Filístia". Na primavera de 734 a.C., o rei reuniu seu exército e a invadiu desde o norte, marchando ao longo da costa da Fenícia. Sua escolha da rota de invasão foi ditada pela geografia; visto que uma cadeia de montanhas e a profunda fenda do vale do Jordão limitavam o número de rotas de invasão à planície costeira.

> **AS FORÇAS EM OPOSIÇÃO**
>
> ASSÍRIA (estimadas)
>
> | | |
> |---|---|
> | Cavalaria: | 12.000 |
> | Infantaria: | 20.000 |
> | 500 carros para 4 homens: | 2.000 |
> | **Total:** | **34.000** |
>
> INIMIGOS
>
> Nenhum dos pequenos Estados aliados colocou em campo um exército contra a Assíria. Portanto, os assírios confrontaram seus inimigos fortaleza por fortaleza, cada uma contendo forças de guarnição de 1.000 a 5.000 homens.

Quando ele atingiu a Fenícia, Tiglate-Pileser seguiu subjugando as cidades-Estado independentes da Fenícia, importantes centros para o comércio no Mediterrâneo. Ele tomou Biblos, aparentemente por escalada, sem um prolongado sítio, e várias cidades menores. É plausível que o rei tenha aplicado a costumeira tática assíria do terror, destinada a intimidar os futuros inimigos com vistas à sua rendição sem combate. A julgar por outros relatos assírios do século VIII a.C., é provável que, assim que a cidade foi subjugada, os principais cidadãos de Biblos tenham sido empalados e esfolados, enquanto outros habitantes tenham sido transferidos a regiões distantes de sua terra natal, diminuindo assim a possibilidade de rebelião futura.

Os métodos assírios eram brutais, porém efetivos. Quando Tiglate-Pileser chegou a Tiro, o rei Hirão submeteu-se e pagou tributo antes que os assírios pudessem iniciar formalmente o cerco. A próxima grande cidade, Asquelom, fez o mesmo, com o rei Mitinti prestando um juramento de lealdade ao conquistador assírio. De forma similar, Tiglate-Pileser prosseguiu seu caminho para o sul, alcançando a planície da Filístia. Ao chegar a Gaza, descobriu que o rei Hanum tinha fugido para o Egito.

Contudo, Hanum mais tarde voltou para aceitar o domínio assírio. Tiglate-Pileser encerrou o avanço do ano no uádi el-Arish, na fronteira meridional da Palestina, erigindo uma estela para comemorar sua façanha.

"À DAMASCO"

O primeiro ano da campanha ocidental de Tiglate-Pileser tinha sido um notável sucesso. Ele conseguiu converter parte do território conquistado em uma província da Assíria. A intimidação também rendera outros benefícios, pois os reinos mais ao oriente como Edom, Moabe, Amom e Judá enviaram embaixadores trazendo tributo e prometendo lealdade à Assíria.

Entretanto, foi no segundo ano de campanha que a grande estratégia de Tiglate-Pileser tornou-se aparente. Seu principal objetivo era, de fato, o rei Rezim de Damasco, um vizinho

À direita: Além de deuses grandes, os assírios apreciavam a proteção de muitos outros espíritos pessoais, ou "demônios", tais como este gênio de marfim com cabeça de águia, que pode ter sido originalmente parte de um trono. Esculturas de marfim eram amplamente usadas para decorar importantes peças da mobília na antiguidade, enquanto os gênios com cabeça de águia eram divindades protetoras, portanto seriam apropriadas para dar proteção divina ao ocupante do trono. Enquanto criaturas similares são descritas nos relevos de parede assírios em Ninrode, esta escultura data do século VIII a.C. e vem de Toprakkale em Urartu, Anatólia.

muito mais próximo da Assíria, que tinha, ademais, instigado resistência à Assíria na primeira ocasião. A campanha de 734 a.C. tinha sido bem-sucedida e subjugou as outras forças da coalizão, isolando assim Damasco.

O Estado Sírio de Damasco era um cliente militar muito mais difícil que os pequenos Estados da Fenícia e da Filístia. A campanha contra o poder sírio demorou dois anos; assim, a Crônica Eponímica Assíria rotula as campanhas de 733 e 732 a.C. como "À Damasco". Damasco era um florescente centro comercial formidavelmente defendido.

As campanhas de 733 e 732 a.C. também começaram pelo norte, que era a abordagem mais fácil à região. Entretanto, dessa vez as forças assírias estacionaram por tempo suficiente para iniciar um cerco em Damasco no início de 733 a.C. Não tendo encontrado exércitos no campo para lhe fazer oposição, Tiglate-Pileser então decidiu ser seguro dividir suas forças. Tendo deixado parte do exército para manter o cerco, o rei moveu-se em direção ao sul com o restante de suas forças, dessa vez seguindo uma linha a oriente das montanhas da Judeia. Tiglate-Pileser rapidamente tomou a cidade fortificada de Janoa, após o que dividiu novamente o seu exército. O avanço oriental fez uma longa volta pelo oriente, culminando na conquista de Hesbom.

A marcha para o ocidente foi a oportunidade para punir o rei Peca de Israel por sua rebelião. Ele arremeteu pelo norte de Israel, tomando Cades e

À esquerda: O capacete típico da infantaria assíria teria sido muito semelhante a este capacete do século VII a.C., encontrado em Urartu (Turquia), feito de bronze com um desenho simples.

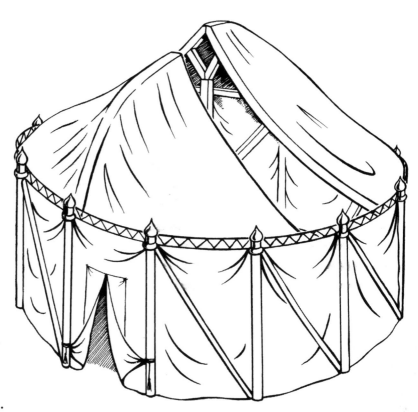

À direita: Um sinal do profissionalismo militar da Assíria era a distribuição de tendas padronizadas para as tropas no campo, como nesta ilustração copiada de um relevo da época.

Caná, e finalmente penetrou quase até a costa. No processo, os assírios assumiram o controle das regiões israelenses de Naftali e da Galileia Superior, bem como do norte da Transjordânia. A única sugestão que temos da devastação que fez na região é um registro de que teria deportado 13.520 cativos israelitas, enviando-os para o interior, onde não poderiam causar problemas e poderiam ajudar no suprimento de sua voraz máquina de guerra.

A própria Damasco não caiu senão bem adiante, no ano de 732 a.C., no terceiro ano da campanha ocidental. Nenhum detalhe do cerco está disponível, porém não há dúvida de que foi conduzido com a típica eficácia dos assírios. Eles teriam começado com uma exigência de rendição da cidade. Quando essa demanda foi recusada, todas as saídas da cidade teriam sido bloqueadas e os assírios teriam construído rampas de cerco que foram gradualmente ampliadas até tocar os muros da cidade, com os trabalhadores protegidos pelos companheiros que carregavam enormes escudos.

Quando as rampas estavam prontas, os engenheiros assírios deveriam ter feito arrastar torres de cerco e aríetes pela rampa suave. Os aríetes, protegidos como tartarugas em abrigos móveis semelhantes aos modernos tanques, deveriam então iniciar seu inexorável ataque ao trecho do muro diante deles, com suas afiadas extremidades apontadas para a argamassa entre as pedras. Pendurado em uma forte viga central e balançado repetidamente com a ajuda de cordas pesadas, a ação do aríete deveria gradualmente desgastar a argamassa até que, por fim, uma seção do muro desse passagem. Então a força de assalto empregaria escadas para abrir caminho lutando pela brecha, enquanto os arqueiros e fundibulários posicionados no alto das torres de cerco tentavam afastar do muro os inimigos defensores. Ao conseguirem entrar na cidade, a matança deveria começar, visto que uma cidade que forçara os assírios a empreender um longo e perigoso cerco não merecia qualquer clemência.

Quando Damasco caiu, o rei Rezim foi capturado. Tiglate-Pileser mandou que o executassem. Também, como sinal de desprezo, uma força dos assírios arrasou, intencionalmente, Hadara, a cidade natal de Rezim. Damasco sobreviveu; era muito valiosa como centro comercial para ser destruída. Contudo, milhares de sobreviventes damascenos teriam de ser levados ao exílio assírio.

RESULTADO

Israel pode ter atraído sobre si todo o peso da ira de Tiglate-Pileser, porém em 732 a.C., o rei Peca foi assassinado. Seu sucessor, o rei Oséias (732-724 a.C.), enviou imediatamente embaixadores, prometendo sua lealdade a Tiglate-Pileser. Somente isso salvou Israel da anexação. Assim,

Abaixo: As ruínas de Sidom, uma das cidades fenícias da costa capturadas com sucesso por Tiglate-Pileser III em sua campanha de 734 a.C. As ruínas datam de um período posterior.

embora tenha perdido grande parte de seu território – que foi transformado nas três províncias assírias de Du'ria, Magidu e Gal'aza – o reino continuou sobrevivendo, pelo menos por pouco tempo.

A campanha de Tiglate-Pileser à Palestina e à Síria provou de forma conclusiva que o pequeno Estado de Israel não poderia ter esperado competir contra o grande império do século VIII a.C. Seu exército era muito pequeno e inexperiente para fazer frente à máquina militar da Assíria, e embora suas paredes fossem fortes, os reis assírios possuíam um impressionante arsenal de cerco às suas ordens. Israel, tal como Judá ao sul, tinha apenas duas escolhas: aceitar a suserania da Assíria e ver seus reis encolhendo-se até tornarem-se pouco mais que marionetes e governadores provinciais para líderes como Tiglate-Pileser; ou trabalhar em conjunto com os outros pequenos Estados da região, na esperança de poderem formar uma coalizão forte o suficiente para afastar a Assíria de suas fronteiras. Entretanto, no caso da aliança de Rezim de Damasco e Peca de Israel, está claro que ela foi baseada em uma ilusão e não em um plano coerente de trabalho conjunto para confrontar a superpotência.

Acima: Um relevo palaciano celebrando um dos muitos cercos vitoriosos de Tiglate-Pileser III. Tais relevos são fontes vitais de informação acerca dos equipamentos assírios e de suas técnicas de combate.

Não há evidência de que os Estados da coalizão procuraram alguma vez prover um ao outro o apoio militar, ou de terem colocado em campo um exército da coalizão que tivesse alguma possibilidade de igualar-se ao exército da Assíria. Em vez disso, no final das contas, foi uma questão simples para Tiglate-Pileser acertar os seus inimigos um a um, enquanto cada membro da coalizão apertava-se por trás de seus muros, conjecturando quando chegaria a calamidade.

LAQUIS
701 a.C.

O REI SENAQUERIBE DA ASSÍRIA MARCHOU CONTRA JUDÁ PARA ELIMINAR SEU REBELDE REI EZEQUIAS. O PRIMEIRO GRANDE OBSTÁCULO EM SEU CAMINHO ERA LAQUIS, UMA PODEROSA FORTALEZA JUDAICA QUE PROTEGIA A ABORDAGEM A JERUSALÉM PELO SUDOESTE. SENAQUERIBE RESPONDEU COM UM CLÁSSICO CERCO E, POR FIM, TOMOU E SAQUEOU A CIDADE.

POR QUE ACONTECEU?

QUEM O rei Senaqueribe da Assíria (704-681 a.C.) conduziu um grande exército assírio contra a cidade judaica fortificada de Laquis, sujeita ao rei Ezequias de Judá (726-697 a.C.).

O QUE Os assírios sitiaram a fortaleza estrategicamente localizada, que protegia a principal rota de acesso a Jerusalém.

ONDE Laquis, no antigo reino de Judá, a moderna Tell ed-Duweir, a sudoeste de Jerusalém, Israel.

QUANDO 701 a.C.

POR QUE O rei Ezequias de Judá, junto com seu aliado, o rei Zidka de Asquelom, tinha se rebelado contra o domínio assírio. Na expedição que culminou no cerco de Laquis, Senaqueribe pretendia derrotar os rebeldes e consolidar seu controle na região.

RESULTADO Laquis caiu após um curto cerco assírio. Centenas de seus defensores morreram e muitos outros foram deportados da região.

Depois que os assírios destruíram o Estado setentrional de Israel em 724 a.C., Judá viu-se subordinada à força esmagadora da Assíria. O previdente rei de Judá, Ezequias, gastou anos preparando sua tentativa de independência. Ele fortificou Jerusalém e garantiu o suprimento de água, no caso de um possível cerco, mediante um ambicioso túnel para a água. Ele também melhorou as defesas das cidades por todo o reino de Judá. Na vanguarda diplomática, ele decidiu apoiar-se no Egito, rival da Assíria pelo controle da Palestina. Por volta de 701 a.C., Ezequias e seu aliado, o rei Zidka de Asquelom, estavam preparados para a rebelião, contando com a assistência do Egito contra o inigualável poder da Assíria.

À direita: Os relevos de parede que Senaqueribe encomendou para Nínive, muitos dos quais estão agora no Museu Britânico, são fonte inestimável de informação acerca das práticas militares assírias.

INVASÃO

A resposta do rei Senaqueribe da Assíria foi imediata. Por volta do fim do século VIII a.C., a Assíria crescera como um dos Estados mais militaristas jamais vistos sobre a terra: estima-se que Senaqueribe pudesse contar com o serviço de 150.000 soldados, embora muitos deles fossem necessários para os deveres contínuos nas guarnições das províncias conquistadas pela Assíria. Em uma estimativa modesta, Senaqueribe poderia facilmente ter trazido de 25.000 a 35.000 soldados para punir o pequeno reino de Judá – que provavelmente nunca pôde colocar em campo um exército com mais de 10.000 homens em qualquer tempo de sua história. No relato bíblico de sua campanha (2 Reis 18-19), os assírios zombam dos judeus por precisarem depender do Egito até mesmo para as necessidades básicas de sua cavalaria.

O exército de Senaqueribe primeiramente marchou para o sul seguindo a costa da Fenícia e da Filístia, em seguida, voltou-se para o interior para confrontar Laquis, uma grande fortaleza que defendia o caminho para as montanhas da Judeia.

As forças assírias também seriam bem mais profissionais – seu núcleo consistia de tropas pagas anualmente, sendo que muitas delas eram de mercenários estrangeiros, suplementados por recrutas das províncias. Além disso, o exército de Senaqueribe era uma força inteiramente integrada, com cavalaria e um corpo de engenheiros para apoiar uma infantaria de arqueiros, fundibulários e lanceiros. As tropas de elite, pelo menos, eram equipadas com armas primorosas e com armadura de bronze lamelar (placas de bronze costuradas sobre o couro).

O rei Ezequias nem mesmo tentou encontrar-se com o invencível exército assírio no campo. Em vez disso, ele esperava que as muitas fortalezas de Judá enfraquecessem os assírios até que desistissem e se retirassem. Isso forçou Senaqueribe a lutar uma campanha de cercos – uma tarefa que os assírios fizeram insuperavelmente bem.

Senaqueribe seguiu pela já familiar rota de invasão, entrando na Palestina pelo norte e marchando rapidamente em direção ao sul, ao longo da costa oriental do Mediterrâneo. A Fenícia e Israel já eram províncias da Assíria, graças aos violentos ataques anteriores dos assírios, assim, Senaqueribe não encontrou qualquer resistência até alcançar a planície da Filístia. Embora possamos presumir que o rei Zidka de Asquelom tenha feito o máximo para obter apoio das outras cidades-Estado da Palestina, somente dois resistiram quando Senaqueribe chegou – e a própria Asquelom se entregou sem resistência, tendo o seu rei obtido sua paz a custo de pesado tributo.

Seus infelizes aliados foram prontamente tomados de assalto, muitos dos seus habitantes foram mortos em bata-

SOLDADO DA GUARDA ASSÍRIA
O núcleo do exército de Senaqueribe consistia de soldados profissionais de atividade anual, que guardavam o rei, realizavam tarefas nas guarnições, e proviam a disciplina e o treinamento que tornaram os exércitos assírios tão formidáveis. Os membros da guarda eram supridos com um equipamento padrão, incluindo armadura corporal lamelar (pequenas lâminas amarradas juntas em fileiras paralelas), capacete, escudo e a primeira bota militar padrão na história mundial. Essas tropas de elite eram diversificadas, com grande número de arqueiros e engenheiros, bem como lanceiros. Por vários séculos, estes soldados foram o terror dos Estados do Oriente Médio.

lha ou em seus desdobramentos, ou ainda foram levados para o cativeiro no distante interior da Mesopotâmia caso possuíssem habilidades úteis ao conquistador.

A princípio, parecia que Judá poderia ser poupada. Senaqueribe destruiu várias cidades, inclusive Jope, porém foi interrompido enquanto cercava Ecrom. Uma força egípcia de socorro chegou e surpreendeu grande parte de seu exército em uma emboscada em Eltekeh (Tell esh-Shallaf, ao norte de Jabné). Não está claro o que aconteceu em seguida; os assírios podem ter derrotado os egípcios, ou talvez somente os teriam afugentado. Qualquer que seja o caso, Senaqueribe conseguiu retornar a Ecrom e capturou a cidade. Então Senaqueribe e seu exército voltaram-se para o interior, em direção a Judá.

LAQUIS

Para controlar Judá, era necessário controlar as muitas fortalezas do pequeno Estado, construídas no curso de quase dois séculos de guerra ininterrupta. O primeiro grande obstáculo que Senaqueribe enfrentrou foi Laquis, que bloqueava o principal acesso ocidental às montanhas da Judeia, a estrada Laquis-Hebrom. Sem tomar posse de Laquis, seria impossível conduzir um exército contra Jerusalém, capital de Judá.

Laquis era um obstáculo formidável. A cidade estava situada sobre um *tell* bastante íngreme, ou seja, um monte artificial formado por escombros de antigas instalações no local. A cidade era cercada por uma linha dupla de muros com parapeitos ameados e torres quadrangulares posicionadas a intervalos regulares. Todo o complexo da muralha tinha sido reconstruído em pedra maciça, substituindo os antigos muros de casamata – paredes finas de retenção preenchidas com entulho. Em Laquis, os defensores tinham também acrescentado à altura do muro armações de madeira ao longo do topo do muro. Eles tinham escudos montados sobre elas e, atrás deles, os arqueiros e os lançadores de pedra podiam abrigar-se enquanto atacavam o inimigo. Para dificultar ainda mais uma abordagem adjacente aos muros, as rampas do *tell* tinham sido alinhadas com uma ladeira, formando uma rampa íngreme de rochas cuidadosamente colocadas, que já

À esquerda: Enquanto alguns exércitos consideravam os arqueiros como soldados leves para escaramuças, os arqueiros assírios eram combatentes de vanguarda. Se ameaçados, eles podiam sacar suas espadas e lutar com elas, porém, mais frequentemente, contariam com a proteção de um escudeiro e da infantaria de apoio. As táticas assírias eram suficientemente bem-desenvolvidas, de forma que a infantaria poderia mover-se para frente a fim de proteger os arqueiros e, em seguida, voltar à posição anterior, uma vez que sua proteção não fosse mais necessária.

seriam difíceis de subir, quanto mais de atacar. Além dos muros e das rampas, havia um fosso profundo. O principal portão de Laquis estava situado junto ao canto sul da muralha. Um caminho estreito conduzia a ele, tornando impossível um ataque maciço.

O portão em si era, de fato, duplo: o portão externo, defendido por duas fortes torres, conduzia a um pátio com um muro baixo. Se um agressor conseguisse penetrar até aí, ele ainda teria que voltar-se para a direita para abordar o portão interno, que também era protegido por duas torres e conduzia a uma grande portaria. Qualquer força que conseguisse entrar na cidade ainda teria de lidar com um complexo palaciano fortificado antes que a cidade viesse a estar completamente em suas mãos.

AS FORÇAS EM OPOSIÇÃO	
ASSÍRIOS (estimadas)	
Cavalaria:	5.000
Infantaria:	30.000
Total:	**35.000**
LAQUIS (estimadas)	
População da cidade: cerca de	2.000
Total:	**2.000**

O CERCO

Antes de iniciar o cerco, Senaqueribe enviou um arauto aos portões, oferecendo condições moderadas em troca de uma rendição imediata. Afinal de contas, os cercos podiam durar semanas, ou até meses, e Senaqueribe deve ter temido segurar seu exército por muito tempo, pois poderia ficar exposto a um possível ataque egípcio, sem mencionar o mau tempo ou as doenças.

Abaixo: Esta pintura mostra um assalto assírio. Os assírios construíram uma rampa de cerco e agora assaltam a muralha com aríetes, apoiados por arqueiros. Vale notar, no primeiro plano, a empalação de prisioneiros capturados.

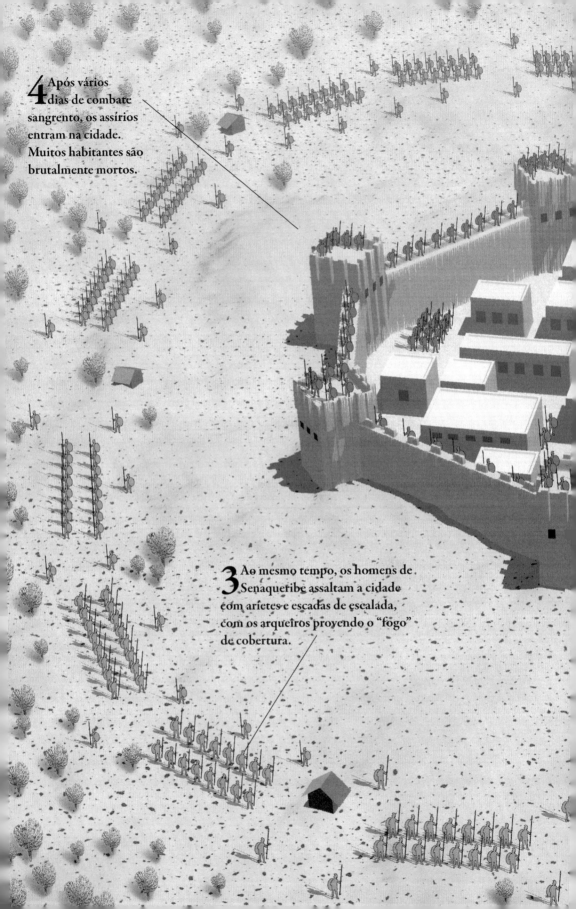

4 Após vários dias de combate sangrento, os assírios entram na cidade. Muitos habitantes são brutalmente mortos.

3 Ao mesmo tempo, os homens de Senaqueribe assaltam a cidade com aríetes e escadas de escalada, com os arqueiros provendo o "fogo" de cobertura.

LAQUIS
701 a.C.

1 O rei Senaqueribe cerca a cidade. Seus arqueiros afastam os defensores das muralhas com uma chuva de flechas.

2 Uma grande rampa de cerco é construída com terra, e uma torre/aríete de cerco é empurrada acima, através da rampa coberta com placas de pedra, para romper a muralha.

O governador real no comando de Laquis recusou sua oferta, então o cerco começou.

Senaqueribe estabeleceu seu acampamento a cerca de 960m do canto sudoeste da cidade, próximo ao portão, onde o acesso à cidade seria mais fácil para suas tropas. Graças a duas fontes excelentes, ficamos sabendo sobre o curso do cerco com detalhes surpreendentes. O próprio Senaqueribe considerou seu bem-sucedido cerco de Laquis como sendo um grande feito, e o comemorou com um painel em relevo na parede de seu palácio em Nínive (agora no Museu Britânico).

A descrição assíria do cerco foi clareada, e maiores detalhes foram acrescentados ao nosso entendimento por meio de escavações em larga escala do local na década de 1930. Embora 2 Reis e 2 Crônicas tratem da campanha de 701 a.C. de Senaqueribe, eles não incluem qualquer menção específica ao cerco de Laquis.

Acima: As ruínas da cidadela de Laquis ainda oferecem uma boa impressão da resistência da fortaleza que as tropas de Senaqueribe tiveram de assaltar.

Os engenheiros de Senaqueribe começaram a construção de uma rampa de cerco perto do acampamento assírio, edificando-a em uma ladeira mansa próxima ao canto sudoeste do muro principal de Laquis; provavelmente, eles também construíram ao mesmo tempo uma rampa, uma estrutura sólida de pedras e madeira, até o portão principal. As rampas eram construídas com uma inclinação aproximada de 30º, com um declive mais brando próximo ao topo. A rampa principal tinha cerca de 55m de comprimento e era larga o suficiente para os assírios operarem cinco aríetes contra o muro da cidade.

Os defensores, é claro, fizeram tudo o que puderam para dificultar ou interromper a construção da rampa. Catapultas ainda não tinham sido inventadas, mas os defensores deveriam ter tido um bom estoque de flechas, lanças e pedras para lançar nos trabalhadores.

Deve ter havido um alto índice de baixas entre os trabalhadores, muitos dos quais teriam sido judeus das regiões circunvizinhas, forçados ao trabalho pelos invasores. Os assírios também tomaram medidas para limitar os danos infligidos pelos defensores dos muros.

Seus próprios arqueiros atiravam nos defensores, usando poderosos arcos compostos com um alcance efetivo de aproximadamente 274m – embora o tiro para o alto contra a gravidade haveria de diminuir essa distância. Esses arqueiros eram uma parte importante e privilegiada da força assíria, como pode ser visto por sua armadura, que ia até os tornozelos, nos relevos de Nínive – que teria impedido grandemente a mobilidade, mas também muito reduziria o número de baixas.

Cada arqueiro também era protegido por um escudeiro, cujo enorme escudo (ou manto), curvando-se parcialmente sobre ele e seu arqueiro, podia desviar muitos projéteis. À medida que a rampa se aproximava da muralha, os assírios arrastaram uma ou mais torres de cerco. Uma torre de cerco, construída para atingir a altura da torre da muralha, permitiria aos arqueiros competir nas mesmas condições que os defensores.

OS ARÍETES

Quando a rampa dos assírios atingiu as muralhas de Laquis, os aríetes foram arrastados até elas. Eles não eram apenas simples toras conduzidas por um grupo de homens, mas peças complexas do equipamento de sítio. O aríete em si era um objeto de madeira maciço e longo, com uma cabeça metálica na extremidade que terminava em uma ponta aguçada. Ficava suspenso nas vigas mediante cordas, permitindo que poucos homens o puxassem para trás e o fizessem colidir na parede a cada poucos segundos.

Todo esse dispositivo era transportado dentro de um abrigo fortemente construído sobre rodas, arrastado até a muralha por detrás, ou movido para frente por equipes que puxavam cordas passadas em volta de estacas fincadas junto à muralha.

Embora o abrigo do aríete fosse construído de madeira, ele era coberto por couro cru de animais e até mesmo por placas de metal – uma precaução necessária, visto que a melhor forma de os defensores interromperem seu ataque corrosivo na muralha deles seria atear-lhe fogo. Se as tochas do inimigo ou potes de fogo conseguissem causar algum incêndio, um relevo mostra que as equipe dos aríetes incluíam até um soldado cuja tarefa seria chegar perto e derramar grandes conchas de água sobre o ponto em perigo.

Acima: Uma impressão de um artista do século XIX do rei assírio Senaqueribe (r.704-681 a.C.), baseado em esculturas em relevo da época.

À direita: Dois cortesãos assírios do relevo de um palácio em Nínive. A militarização da sociedade assíria pode ser vista no fato de, apesar de portarem joias e estarem bem enfeitados, os homens ainda carregarem espadas.

À esquerda: Neste relevo, Senaqueribe, sentado em um trono elevado e abanado por eunucos da corte, recebe a rendição de Laquis. A cabeça do rei foi desfigurada na antiguidade.

O relevo de Laquis em Nínive, bem como outras ilustrações da guerra de cerco dos assírios, mostra que era costume apontar o aríete bem para cima, atingindo a muralha o mais alto possível. Com sua ponta aguçada, a cabeça do aríete teria sido apontada o mais cuidadosamente possível em direção às juntas entre os grandes blocos de construção, desgastando a argamassa e, por fim, provocando o desmantelamento da pedra. Ao apontar mais para cima na parede, o entulho caído poderia somar-se à rampa, tornando mais fácil o eventual ataque.

Os defensores de Laquis fizeram tudo o que foi possível para procrastinar esse dia, à espera, certamente, do socorro vindo de Jerusalém ou do Egito. Eles lançaram fogo sobre os aríetes, e também tentaram interromper a sua ação, procurando prendê-los com ganchos lançados da muralha presos a longas correntes. A luta foi feroz: nas proximidades, arqueólogos descobriram um cemitério coletivo de 1.500 soldados assírios.

Contudo, por fim, os aríetes completaram seu trabalho. Alguns guerreiros assírios precipitaram-se na cidade através do rombo, enquanto outros penetraram nela escalando escadas. Centenas de homens, mulheres e crianças foram mortos, enquanto os vencedores saqueavam a cidade. O relevo de Senaqueribe também mostra o destino especial concedido aos líderes de Laquis – foram empalados, para morrer lentamente junto aos muros de sua cidade. Outros cidadãos aparecem no relevo, iniciando sua marcha em direção ao exílio assírio.

RESULTADO

Laquis tinha atrasado o exército assírio, porém, a princípio, parecia que seu sacrifício não seria suficiente para salvar Jerusalém. Enquanto Senaqueribe ainda estava em Laquis, o rei Ezequias enviou sua submissão, juntamente com pertences dos tesouros do templo e do palácio. Entretanto, após Laquis, Senaqueribe marchou para a capital e começou a preparar-se para outro cerco, dessa vez contra as formidáveis defesas de Jerusalém. Porém essas defesas nunca foram testadas.

O relato bíblico do que se seguiu é apavorante: "Naquela noite, o anjo do Senhor saiu e matou cento e oitenta e cinco mil homens no acampamento dos assírios. Quando o povo se levantou na manhã seguinte, o lugar estava repleto de cadáveres". Não é de surpreender que Senaqueribe acabou indo para casa.

É difícil determinar o que exatamente aconteceu. Os historiadores têm sugerido que o exército assírio foi atingido por uma repentina epidemia em larga escala, talvez uma peste. O exército egípcio pode também ter estado na vizinhança, tornando impraticável a realização do longo cerco que Jerusalém haveria de requerer. E há alguma evidência de que Senaqueribe teria recebido um recado inesperado de uma rebelião na Babilônia, forçando-o a retirar-se. Embora sua conquista estivesse incompleta, Senaqueribe tinha toda a razão para vangloriar-se ao retornar de sua campanha na Judeia. Ele capturou 46 fortificações, incluindo Laquis e Ecrom, as duas maiores fortalezas. Ele também se gabou de ter deportado 200.150 pessoas, muitas delas destinadas a trabalhar o resto de suas vidas para auxiliar a instituição militar da Assíria ou para lutar em futuros exércitos assírios.

Os principais inimigos de Senaqueribe, Asquelom e Judá, tinham se submetido a ele, renovando seus juramentos de lealdade e pagando pesados tributos. Parecia que a região estava agora suficientemente intimidada para que os futuros reis tentassem favorecer o Egito contra a poderosa Assíria, assim, Senaqueribe pôde voltar para casa sem qualquer apreensão.

Abaixo: Esta pintura do século XVII, do artista holandês Lambert de Hondt, descreve Senaqueribe diante de Jerusalém, obrigado a sair da cidade pela ira divina que o atingiu desde o céu.

QUEDA DE JUDÁ
588-586 a.C.

NABUCODONOSOR II, SEGUNDO MONARCA DO IMPÉRIO NEO-BABILÔNICO, ESTAVA IRRITADO COM O REBELDE REI ZEDEQUIAS DE JUDÁ. EM UMA CAMPANHA QUE DUROU DE 588 A 586 a.C., ELE CAPTUROU UMA SÉRIE DE CIDADES JUDAICAS, UMA CAMPANHA QUE CULMINOU EM UM CERCO DE 18 MESES DA CAPITAL, JERUSALÉM. APÓS SUA VITÓRIA, NABUCODONOSOR DESTRUIU O TEMPLO DE SALOMÃO E LEVOU MILHARES DE JUDEUS PARA O CATIVEIRO NA BABILÔNIA.

Quando o poderoso Império Assírio ruiu em 612 a.C., os governantes dos pequenos Estados que se esparramavam pelo Oriente Médio devem ter dado um grande suspiro de alívio, na esperança de que o fim da superpotência permitisse que seus próprios Estados recuperassem a independência. Entretanto, o sonho revelou-se uma ilusão. Quase imediatamente, a Babilônia reivindicou para si o papel de nova superpotência do mundo pós-Assíria. Assim, os pequenos Estados como Judá viram-se mais uma vez objetos de competição entre a principal potência da

POR QUE ACONTECEU?

QUEM O rei Nabucodonosor II (ou Nebucadrezar) da Babilônia (605-562 a.C.) conduziu um grande exército para punir seu vassalo rebelde, o rei Zedequias de Judá.

O QUE Os esforços de Judá para alinhar-se com o Egito contra o Império Babilônico ameaçou o controle deste sobre o Levante. Sendo assim, Nabucodonosor decidiu destruir o reino.

ONDE O reino judaico meridional de Judá (sul do Israel moderno), culminando em um cerco de Jerusalém por 18 meses.

QUANDO 588-586 a.C.

POR QUE Embora o reino setentrional de Israel tenha deixado de existir, Judá ainda esperava preservar sua autonomia. Para isso, o rei judeu Zedequias aceitou o apoio egípcio contra o seu senhor, o monarca do Império Neo-Babilônico.

RESULTADO O reino de Judá deixou de existir. Seu último rei foi cegado e levado para o exílio na Babilônia, enquanto seu território foi transformado em uma província babilônica. A capital, Jerusalém, incluindo o Templo de Salomão, foi destruída, e milhares de judeus foram escravizados.

À direita: Esta ilustração de uma Bíblia espanhola mostra o rei Zedequias de Judá levado para a Babilônia como um prisioneiro de Nabucodonosor. As armas e as armaduras são típicas do início do século XV d.C.

Mesopotâmia e o Egito, visto que Judá se situava na faixa de terra entre os impérios egípcio e babilônico.

UMA PROVÍNCIA REBELDE

O rei babilônio Nabucodonosor II era o segundo monarca do recém-ascendente Estado Neo-Babilônico (ou Caldeu). Ele gastou grande parte de seu reinado brigando com o Egito em uma luta incansável pelo controle do Oriente Médio. À medida que sua capacidade para enfrentar o Egito oscilava, os Estados que tinham passado diretamente do controle assírio para o da Babilônia esperavam recuperar novamente sua independência. A esperança foi estimulada de modo particular pela tentativa de Nabucodonosor de invasão da terra do Nilo em 601 a.C.; quando a invasão fracassou, isso encorajou a rebelião dos Estados vassalos relutantes, incluindo Judá.

Embora Nabucodonosor não pudesse derrotar o Egito, certamente possuía força armada suficiente às suas ordens para destruir um Estado vassalo insignificante como Judá – e era necessário ensinar uma lição a Judá, ou ele poderia perder o controle da Palestina, aquela faixa de terra vital que leva ao Egito. Então, em 597 a.C., Nabucodonosor conduziu pessoalmente um imenso exército babilônico contra o rebelde rei Joaquim de Judá, que deve ter esperado que o Egito derrotasse a Babilônia de forma tão decisiva que o rei não teria condições de se recuperar. Nabucodonosor pôde, provavelmente, alinhar um exército combinado de 40.000 a 50.000 homens, uma poderosa força profissional apoiada por milícias.

É muito improvável que o exército de Judá tivesse, alguma vez, mais de 10.000 homens. Visto que Judá não podia esperar alinhar um exército que pudesse lutar contra a Babilônia com seus imensos recursos, a única resposta possível de Joaquim era refugiar-se por trás das fortes muralhas de Jerusalém. Por conseguinte, Nabucodonosor marchou contra Jerusalém e colocou a cidade sob sítio. Entretanto, sua ira foi satisfeita quando Joaquim se entregou e pagou um enorme tributo (incluindo o ouro e a prata do tesouro do Templo). Joaquim foi enviado para o exílio, longe de sua terra natal, juntamente com 10.000 cidadãos proeminentes e

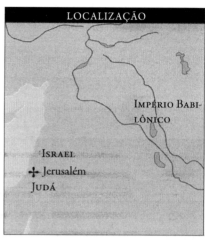

No século VI a.C., o Novo Império Babilônico tornou-se a potência dominante do Oriente Médio. Judá ficava entre ele e a outra grande potência da época, o Egito.

CARRO DE GUERRA BABILÔNICO (SÉCULO VI A.C.)
O século VI a.C. foi o último tempo em que os carros tiveram um papel importante nas guerras do Oriente Próximo. Na ocasião da queda de Judá, os carros babilônicos tinham se tornado muito pesados, com capacidade para quatro homens de uma vez. Tamanho peso requeria quatro cavalos para puxá-lo efetivamente, visto que o jugo de cavalo em uso na ocasião tendia a apertar a respiração dos cavalos. Os carros babilônicos tinham um cocheiro e um arqueiro como nos carros anteriores, mas também tinham espaço para um escudeiro e um quarto homem com uma lança de curto alcance, sugerindo que os carros eram lançados contra as formações do inimigo, ao invés de circularem ao redor delas como tinham feito nos séculos anteriores.

Acima: Uma impressão artística da escalada babilônica, que conseguiu capturar Jerusalém em 586 a.C. Na realidade, a cidade foi tomada somente depois que os aríetes babilônicos romperam a muralha.

AS FORÇAS EM OPOSIÇÃO

BABILÔNIOS (estimadas)
Todo o exército de campo babilônico, inclusive os equipamentos de sítio e os destacamentos de cavalaria.

Total: 40.000 – 50.000

JUDEUS (estimadas)
A população de Jerusalém, aumentada por refugiados das regiões conquistadas por Nabucodonor: 40.000
A população de outras cidades: 1.000 – 5.000

Total: cerca de 45.000

---

artífices úteis. De qualquer modo, Judá pelo menos continuou a existir como um Estado.

Nabucodonosor substituiu Joaquim no trono judaico por Zedequias, um vassalo supostamente mais subserviente, o qual, todavia, continuou a sonhar em escapar do domínio babilônico. O faraó egípcio Psamético II (594-588 a.C.) parece ter encorajado Zedequias em seus pensamentos de rebelião, sem dúvida na expectativa de enfraquecer o Estado Babilônio sem desgastar suas próprias tropas. Zedequias parece ter começado a planejar uma segunda revolta tão cedo quanto 593 a.C. Ele negociou com os Estados sírios que estavam sob a hegemonia babilônica (Edom, Moabe e Amom), bem como com as principais cidades-Estado da Fenícia, Tiro e Sidom. Em 588 a.C., os planos de Zedequias estavam prontos e ele declarou sua independência da Babilônia.

Nabucodonosor não voltou sua atenção imediatamente para seu vassalo rebelde. Quando assim o fez, em 588 a.C., deixou claro, por suas ações, acreditar que o tempo se esgotara para tratar com brandura. Mais uma vez, marchou para Judá com um imenso exército, novamente uma força altamente profissional que pode ter atingido a casa dos 50.000 homens.

Com certeza, Zedequias nem sequer tentou encontrar-se com o irado monarca babilônio no campo. Em vez disso, confiou nas fortes muralhas de suas cidades, e na promessa de ajuda militar por parte do faraó Apriés (Hofra, na Bíblia) do Egito (589-570 a.C.).

Nabucodonosor invadiu a Palestina pelo norte na primavera de 588 a.C., uma rota circular, no entanto mais fácil que procurar atravessar pela fenda do vale do Jordão ou por sobre as montanhas da Judeia. Suas tropas marcharam pela planície costeira, apossando-se das cidades da Fenícia antes de se dirigirem para as províncias que, anteriormente, tinham constituído o Estado de Israel. Muitas cidades nem sequer esboçaram resistência contra força tão esmagadora.

Cades, Megido e Afeca tentaram resistir aos babilônios, porém sofreram rápida destruição como pagamento por sua resistência, embora tivessem resistido corajosamente. O exército de Nabucodonosor possuía uma força tão irresistível que podia atacar muitos pontos de uma fortificação ao mesmo tempo, tomando cidades por escalada ao invés de precisar esperar um prolongado cerco. Evidência do horror suscitado pela aproximação de Nabucodonosor tem sido encontrada nas escavações da cidade judaica de Laquis, na forma de uma carta de um comandante posto avançado, relatando que ele não mais podia ver sinais luminosos vindo do norte. Em fins de 588 a.C., Nabucodonosor conseguiu mover-se para o seu principal objetivo, Jerusalém.

JERUSALÉM

Jerusalém era a capital de Judá e o maior centro cosmopolita da região, com uma população regional de 20.000 pessoas. Esse número teria sido aumentado, em 588 a.C., por refugiados que tinham es-

À direita: O belicoso Nabucodonosor II é também famoso como o criador de uma das sete maravilhas do mundo antigo, os jardins suspensos da Babilônia, formados para a esposa de Nabucodonosor, que nascera nas montanhas.

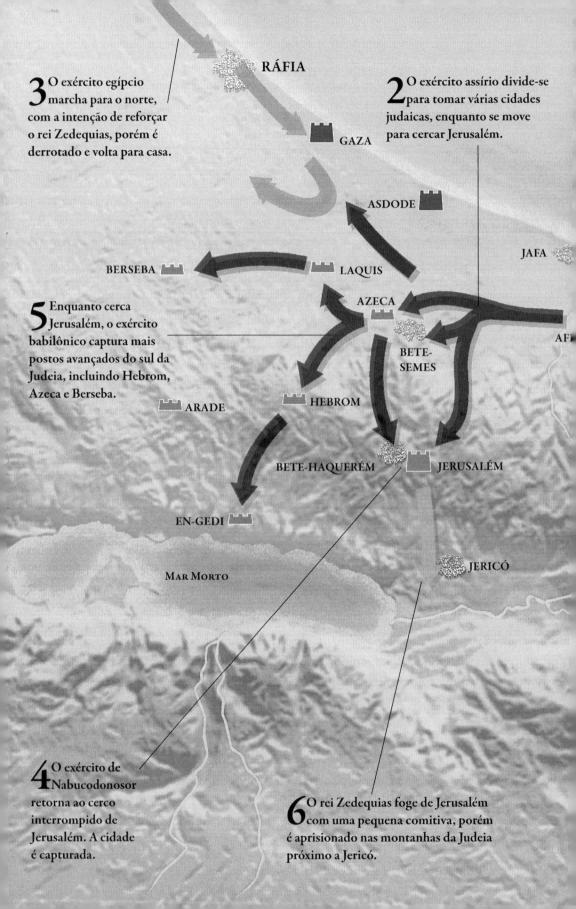

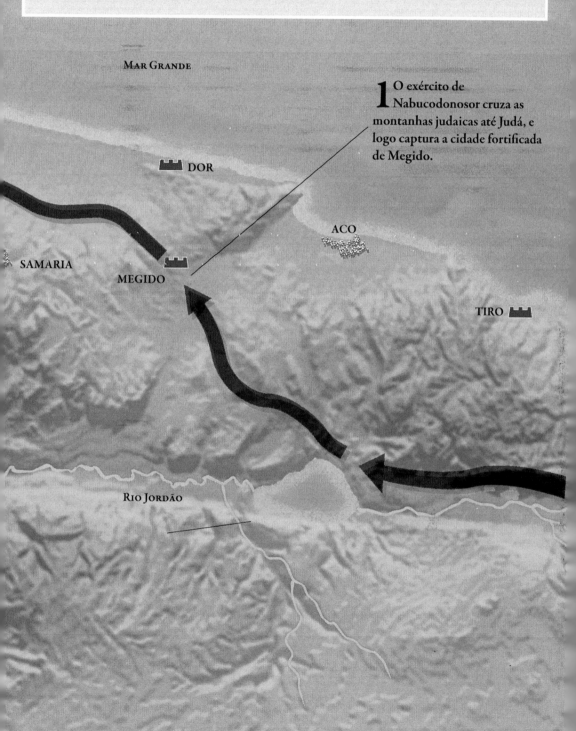

Acima: A Destruição de Jerusalém, do pintor italiano Ercole de'Roberti (c.1450-1496). Este tipo de tema histórico abrangente era popular entre os artistas da Renascença.

capado do caminho do exército em marcha de Nabucodonosor, talvez chegando até a duplicar a população de Jerusalém durante o cerco e, assim, ocasionando enorme pressão sobre os estoques de comida da cidade. Embora Nabucodonosor já tivesse anteriormente intimidado a cidade com vista à rendição, o rei Zedequias determinou a resistência dessa vez, provavelmente ciente de que poderia esperar pouca misericórdia, visto que Judá tinha se rebelado pela segunda vez. Ele deve ter esperado que Jerusalém conseguisse resistir ao cerco babilônico até a chegada de socorro do Egito.

Tal expectativa era razoável. Jerusalém, abrigada nas terras altas da Judeia, estava situada em um cenário quase inexpugnável. Um século antes, o rei Ezequias (726-697 a.C.) tinha restaurado as muralhas da cidade, acrescentando torres para ajudar na defesa. Ele também construiu um segundo muro no lado externo do primeiro, uma defesa maciça de 6m de largura, construída com grandes blocos de pedra, a qual seria improvável que cedesse facilmente aos aríetes babilônicos. Ezequias, que naquela época esperava o ataque da Assíria, tinha também suprido Jerusalém ao garantir o fornecimento de água para a cidade com um sólido projeto de engenharia que existe até hoje. Ele fez cavar um túnel do interior da cidade até a fonte de Giom, fora dos muros da cidade, uma distância de 533m e, então, tapou completamente

À esquerda: Um aríete babilônico de cerco, coberto com placas protetoras de metal. O aríete era empurrado por trás até a muralha; em seguida, era balançado repetidamente contra a argamassa de assentamento.

a fonte, tornando-a inacessível por outros meios.

Assim, em um cerco, os habitantes de Jerusalém podiam contar com um suprimento contínuo de água pura. As fortificações de Ezequias tinham mostrado seu valor em 701 a.C., quando o assírio Senaqueribe cercara a cidade e fracassara em tomá-la. Nesse ano, Senaqueribe interrompera rapidamente o cerco, provavelmente porque recebera notícias de uma rebelião na Babilônia (embora o relato bíblico sugira uma epidemia em larga escala entre suas tropas). No ambiente político em rápida mutação do antigo Oriente Próximo, o rei Zedequias deve ter tido expectativas razoáveis de que Nabucodonosor não teria condições de estabelecer um cerco prolongado.

O CERCO

O cerco teve início no meio da estação chuvosa, em 10 de Janeiro de 587 a.C. Nabucodonosor começou tentando uma circunvalação,

Acima: Esta famosa estátua do século XII, do profeta Jeremias, forma o pilar central de um portal da igreja da abadia de Moissac, na França.

certamente na expectativa de, pela fome, trazer os habitantes recalcitrantes à submissão. Tal decisão também sugere que ele e seus engenheiros babilônios de cerco reconheciam que seria difícil penetrar as defesas de Jerusalém.

A princípio, a postura audaciosa de Zedequias parecia estar funcionando. Nabucodonosor foi forçado a interromper o cerco quando faraó Apriés, de fato, cruzou a fronteira egípcia com uma grande força expedicionária para socorrer seu aliado sitiado. Nabucodonosor retirou seu exército e, junto com ele, marchou em direção ao sul para encontrar Apriés, em vez de se deixar encurralar contra as muralhas de Jerusalém. Os dois exércitos entraram em conflito a norte de Gaza. Para a infelicidade de Zedequias, o exército Babilônico saiu vitorioso. Nabucodonosor logo retornou a Jerusalém para retomar o cerco. Dessa vez, Judá não mais podia esperar salvação de fora de suas fronteiras.

Acima: Alguns dos feitos de engenharia mais impressionantes do antigo Israel, o poço e o túnel de Ezequias, que leva à Fonte Giom de Jerusalém, ainda estão intactos hoje.

Nossa melhor fonte para o cerco é o profeta Jeremias que, durante o sítio, esteve encarcerado em Jerusalém por ter profetizado a queda iminente da cidade. O quadro que ele descreve do cerco, nos livros bíblicos de Jeremias e Lamentações, é horroroso. Jeremias conta que o exército babilônico construiu rampas de cerco – ladeiras longas, levemente inclinadas, construídas de pedra e madeira, sobre as quais os sitiadores puderam fazer rolar suas máquinas de cerco. Embora nenhum relato as mencione especificamente, o arsenal babilônico teria incluído torres de cerco, projetadas para atingir a altura das muralhas da cidade e, assim, permitir que os agressores atirassem flechas e arremessassem pedras contra os defensores – se foi esse o caso, eles puderam livrar-se de muitos defensores da muralha para permitir que os operadores dos aríetes trabalhassem incólumes.

A principal arma de cerco, contudo, era o próprio aríete. Este era um tronco maciço de árvore todo cintado de bronze ou ferro e com uma pontiaguda cabeça de ferro. Ele era suspenso por uma estrutura para que pudesse balançar e atingir repetidamente um ponto fraco na muralha. Nabucodonosor haveria de ter muitas máquinas desse tipo à sua disposição. A tarefa dos que estavam cercados era, evidentemente, impedir o trabalho do aríete de todos os modos possíveis, quer matando os seus operadores, quer queimando o próprio aríete ou cortando as cordas com as quais o aríete ficava suspenso, usando facas presas a varas compridas.

O FIM

Atribui-se a duração do cerco de 18 meses tanto à impressionante série de defesas de Jerusalém quanto à habilidade de seus defensores. Por fim, todavia, os defensores se enfraqueceram à medida que a fome e a doença se espalharam pela cidade. Ambos os livros de Jeremias e de Lamentações mencionam a fome, em particular Lamentações 4:10, que descreve mães famintas cozendo e comendo seus próprios filhos. As doenças teriam se espalhado mais rapidamente por estar a cidade apinhada de refugiados, muitos dos quais viviam provavelmente em cabanas nas ruas e nos átrios do Templo.

Finalmente, a 9 de Julho de 586 a.C., os babilônios conseguiram abrir uma brecha no lado norte da muralha. Mesmo depois de penetrarem as muralhas e de lutarem de rua em rua, alguns defensores de Jerusalém conseguiram refugiar-se no Templo de Salomão, um complexo solidamente fortificado.

Ali resistiram por outras três semanas, até 4 de Agosto. Três dias depois, em 7 de Agosto (o nono dia do mês judaico de Av), Nabucodonosor ordenou a completa destruição do Templo, juntamente com o resto de Jerusalém.

RESULTADO

Quando as tropas de Nabucodonor romperam a muralha, o rei Zedequias e sua comitiva tentaram fugir. Eles seguiram para o leste, rumo às montanhas da Judeia, aparentemente um esforço para escapar da perseguição. Entretanto, uma patrulha babilônica os prendeu antes que alcançassem o rio Jordão, levando-os de volta a Nabucodonosor na cidade de Ribla, mais a norte, onde ele estabelecera seu quartel-general.

Nabucodonosor infligiu uma horrível vingança ao homem que considerou ser um vassalo desleal e perjuro. Primeiramente, mandou matar os filhos de Zedequias diante dos olhos do pai. Então, o próprio Zedequias teve seus olhos furados e, depois disso, foram-lhe postas correntes e ele foi enviado ao cativeiro na Babilônia.

Nabucodonosor também agiu no sentido de dissolver o Estado judaico, assegurando, dessa forma, que não haveria mais rebeliões. Seguindo a prática padrão dos babilônios e assírios, ordenou a deportação dos judeus para a Babilônia. Não há consenso a respeito de quantos judeus foram levados para esse "cativeiro babilônico", porém o fato de 40.000 de seus descendentes retornarem 70 anos depois sugere um grande número inicial.

Contudo, Nabucodonosor não era incompassível. Ele parece ter deixado o povo da lavoura, que deveria compor, evidentemente, a grande maioria da população, na posse tranquila de sua terra. Os que foram deportados eram os homens importantes (com suas famílias) que poderiam incitar novas resistências ao domínio babilônico, bem como artífices habilidosos e guerreiros de uso imediato ao rei da Babilônia. Um governador babilônio recebeu autoridade sobre a região e, por enquanto, o Estado judaico independente deixou de existir.

À direita: Uma impressão artística dos judeus afligidos durante o "Cativeiro Babilônico dos Judeus", lamentando a perda de sua terra natal.

CERCO DE TIRO
332 a.C.

A CIDADE FENÍCIA DE TIRO ERA UMA DAS MAIS BEM-FORTIFICADAS DE TODOS OS TEMPOS. NO ENTANTO, SUBJUGÁ-LA ERA VITAL PARA OS PLANOS DE ALEXANDRE, O GRANDE, DE CONQUISTAR O IMPÉRIO PERSA. O MAIS DESAFIADOR DENTRE OS MAIS DE 20 CERCOS REALIZADOS POR ALEXANDRE, O CERCO DE SETE MESES E A CONQUISTA FINAL DE TIRO REVELAM AS HABILIDADES MILITARES DOS MACEDÔNIOS NO SEU MELHOR.

Em 334 a.C., o rei macedônio Alexandre, o Grande, iniciou sua invasão do poderoso Império Persa que, nesse período, controlava a Fenícia e a Palestina. Em seu primeiro encontro com os persas, derrotou um exército de campo em Granico. Entretanto, em vez de partir imediatamente terra adentro para atacar a parte central do território imperial persa, Alexandre começou, em seguida, uma ousada estratégia para garantir sua linha de suprimentos antes de empreender a marcha ao interior da Ásia.

POR QUE ACONTECEU?

QUEM O exército macedônico e grego de Alexandre, o Grande (356-323 a.C.), com cerca de 30.000 homens, auxiliado por uma frota aliada fornecida por várias cidades fenícias e por Chipre, contra Tiro, a principal cidade fenícia sujeita à Pérsia, com uma população de aproximadamente 50.000.

O QUE O cerco macedônico de Tiro, que resistiu a Alexandre em seu esforço para controlar a faixa costeira oriental do Mediterrâneo.

ONDE Tiro (moderna Sur, sul do Líbano), naquela época uma ilha de aproximadamente 4,4km de circunferência, afastada da costa fenícia cerca de 800m.

QUANDO Janeiro a agosto de 332 a.C.

POR QUE Era impossível para Alexandre conquistar a Pérsia sem o controle do mar. Ele não tinha uma força naval suficiente para enfrentar a frota persa; então passou a eliminar a ameaça tomando os portos marítimos dominados pela Pérsia na costa oriental do Mediterrâneo, inclusive Tiro.

RESULTADO Após alguns meses de resistência crescentemente desesperada, Alexandre tomou Tiro, matando a maioria da população masculina e escravizando as mulheres e as crianças.

À direita: Alexandre e sua Cavalaria Acompanhante cruzam o rio Granico. Embora mais famoso por suas batalhas de campo, alguns historiadores consideram os cercos de Alexandre como a verdadeira marca de sua inteligência militar.

Alexandre não possuía suficiente poder marítimo para desafiar a frota fenícia, controlada pelos persas; e embora alguns de seus aliados gregos, como Atenas, fossem potências navais, Alexandre não confiava em sua lealdade. Sua única opção para ganhar o Mediterrâneo oriental dos hostis persas era, portanto, um plano para capturar as bases navais fenícias ao longo da costa mediterrânica, tornando impossível para seus navios operar contra os interesses macedônicos.

Assim, após Granico, Alexandre partiu para o sul, ao longo da costa mediterrânica da Anatólia e, então, da Fenícia. Insatisfeitas sob o domínio da Pérsia, muitas cidades fenícias abriram seus portões ao conquistador macedônio. Tiro, entretanto, era inimiga mordaz de sua parceira fenícia, a cidade de Sidom, assim, quando Sidom seguiu Alexandre, os tírios decidiram resistir.

A posição de Tiro no meio da faixa costeira oriental do Mediterrâneo favorecia-lhe o controle das viagens marítimas na região, tornando sua conquista essencial ao sucesso de Alexandre na Pérsia.

A FORTALEZA PERFEITA

Os tírios tinham todo o direito de estar confiantes em sua habilidade para resistir a Alexandre. Havia grande expectativa de que o rei persa Dario III chegasse em breve com uma força bem maior do que aquela que se reunira em Granico, um exército que varreria os presunçosos bárbaros. (Na verdade, Dario nunca apareceu; seu fracasso em responder no devido tempo à ameaça de Alexandre permanece um mistério.)

Mesmo sem Dario, os homens da cidade sentiram que teriam pouco a temer. Tiro estava situada em uma ilha a 800m da costa continental. Além de solidamente fortificada em todo o seu contorno, as muralhas de Tiro do lado continental possuíam a surpreendente altura de 46m, elevando-se a partir da orla marítima de maneira que nenhum agressor poderia ter um ponto de apoio para daí lançar um ataque. Havia catapultas montadas em toda a volta das muralhas. Mesmo a fome prolongada dos defensores parecia improvável, visto que dois bons portos, um a norte e outro a sul da ilha, tornavam o suprimento da cidade por mar um negócio fácil. Uma potente frota de aproximadamente 80 navios, a maioria trirremes, era suficiente para manter abertos os canais de navegação.

Os tírios também deveriam saber que sua cidade resistira a sítios lançados pelas maiores potências militares das eras passadas. Os assírios haviam fracassado na

DEFESAS DE CERCO
Nos cercos antigos, a vantagem estava do lado dos defensores. Uma artilharia que pudesse derrubar muralhas ainda não tinha sido inventada, e os projéteis acelerados pela gravidade ajudavam os defensores a dispersar os inimigos, os quais tentavam trazer um aríete até a muralha. Entretanto, os defensores eram vulneráveis a projéteis inimigos atirados pelos arcos ou pelas primitivas catapultas, quer do chão, quer das torres de cerco. Contra estes projéteis, foram montados de forma defensiva grandes escudos ou telas sobre as muralhas.

Acima: O dique de Alexandre, um caminho artificial, foi gradualmente construído até Tiro, possibilitando aos macedônios trazer duas grandes torres de cerco contra as muralhas da cidade-ilha.

tentativa de tomar Tiro no século VII a.C. Os babilônios, sucessores do poder dos assírios no Levante, tinham também sitiado a ilha fortaleza – por surpreendentes 13 anos – mas, por fim, desistiram da tentativa. Parecia muito provável que Tiro seria a rocha sobre a qual Alexandre arruinaria o seu exército. Na verdade, Dario pode ter contado com a habilidade de Tiro para resistir aos macedônios enquanto ele reunia, lentamente, o seu exército.

MOVIMENTOS INICIAIS

O cerco de Alexandre começou em janeiro de 332 a.C. A necessidade militar mais premente era encontrar um modo de se aproximar das muralhas da cidade-ilha. Portanto, Alexandre quase imediatamente começou a construção de um dique, uma estrada que partia do continente e gradualmente crescia em direção à cidade na ilha. Os principais planejadores foram, provavelmente, os dois maiores engenheiros de cerco de Alexandre, Carias e Diades, que se beneficiaram dos principais avanços na guerra de cerco dos gregos durante o reinado do pai de Alexandre, o rei Filipe II (382-336 a.C.). A construção do dique apresentava vários desafios.

Embora não requeira técnica, a magnitude da tarefa carecia de maiores recursos humanos. O trabalho manual era impopular entre os soldados de Alexandre, porém ele tratou pessoalmente da questão ao compelir grandes

AS FORÇAS EM OPOSIÇÃO

MACEDÔNIOS (estimadas)
Infantaria macedônica e grega:	30.000
Trirremes fenícios e cipriotas:	200
Marinheiros e remadores:	40.000
Total:	**70.200**

TÍRIOS (estimadas)
Homens com idade militar:	15.000
Outros civis:	15.000
Tripulação dos trirremes tírios:	20.000
População total da cidade:	**50.000**

quantidades de habitantes locais a labutarem em equipes de trabalho ao lado dos soldados. Ele também dirigiu os homens pessoalmente, e distribuiu grandes presentes para encorajar seus soldados. As pedras estavam prontamente disponíveis nas ruínas da antiga Tiro, no litoral, e as florestas do Líbano, nas proximidades, proviam árvores. A princípio, o trabalho prosseguiu rapidamente, pois a água próxima ao continente era rasa, entretanto, mais perto de Tiro, chegava a 5m de profundidade.

À medida que o dique crescia na direção de Tiro, os soldados tírios atacavam os trabalhadores, empregando catapultas de torção montadas sobre os muros da cidade enquanto também se aproximavam do dique com seus navios, para atingir os trabalhadores com suas flechas e projéteis de pequenas catapultas de bordo. Alexandre respondeu à ameaça do molestamento naval erigindo uma paliçada para proteger suas equipes de trabalho. Ele também construiu duas torres de cerco no final do dique. Elas possuíam 46m de altura, talvez as maiores torres de cerco jamais construídas, medida necessária para que as catapultas de atirar flechas nelas colocadas pudessem atingir as catapultas e seus operadores nas altas muralhas de Tiro.

As torres de cerco, revestidas de couro cru, eram impenetráveis aos meios ordinários para queimá-las. Assim, os engenhosos tírios elaboraram um plano mais abrangente para destruí-las. Eles modificaram um barco de transporte de cavalaria, encheram-no com combustíveis, incluindo enxofre e piche; caldeirões contendo mais materiais inflamáveis eram amarrados nos botalós do navio. A tripulação carregava o peso na popa para que a proa pudesse avançar mais sobre a terra. Trirremes tírios, então, rebocavam o navio incendiário até o final do dique, desatracando no último momento possível; a tripulação de transporte dava início aos incêndios e, em seguida, nadava para se salvar.

O navio teve êxito e conseguiu incendiar ambas as torres macedônicas. Enquanto as torres queimavam, soldados tírios em pequenos botes destruíam as paliçadas que Alexandre levantara para ajudar na proteção dos trabalhadores e incendiavam grande parte do maquinário pequeno de cerco de Alexandre. Logo em seguida, o mar aberto fez submergir grande parte do dique. Claramente, os tírios ganharam o primeiro assalto.

CERCO DESDE O MAR

O ataque ao dique expôs a fraqueza primordial da posição de Alexandre – ele precisava de navios, sem os quais a frota tíria poderia fustigar seus homens à vontade, e Tiro poderia ser reabastecida pelo mar. Felizmente para o rei macedônio, nesse ponto, a rendição de outras bases navais fenícias aos macedônios rendeu dividendos. Uma frota de 80 trirremes chegara a Sidom, descobrira que a cidade agora apoiava Alexandre e seguiu seu exemplo ao aceitar o mando deste.

À direita: O rei Filipe II da Macedônia (359-336 a.C.), pai de Alexandre, foi o criador do exército macedônico que Alexandre usou com resultados tão magníficos. Esta moeda de ouro de Tarso é um símbolo do amplo alcance de Filipe.

1 A cidade-ilha de Tiro era cercada de todos os lados por altas muralhas, descritas como possuindo mais de 50m de altura em alguns trechos. Tudo isso somado à quantidade de navios tírios que defendiam os mares ao redor da cidade, e ainda a própria inacessibilidade da ilha em si, tornava a tentativa de cerco de Tiro um empreendimento assustador.

TIRO

5 Assim que o dique alcançou a ilha, as catapultas macedônicas começaram o bombardeio das muralhas e seus defensores. A elas se juntaram as catapultas dos navios de Alexandre. Os tírios defenderam ferozmente sua cidade, porém, uma vez rompidas suas muralhas a sul do dique, eles não puderam barrar a entrada dos soldados macedônios e Tiro veio a cair.

3 À medida que se completava o dique de Alexandre, ele construiu duas imensas torres de cerco e as levou para o final do dique a fim de proteger os trabalhadores. Os tírios enviaram um navio incendiário contra essas torres e as destruíram.

2 Em 332 a.C., o exército de Alexandre apareceu na margem oposta a Tiro e pediu a rendição pacífica da cidade. Ao recusarem eles a proposta, Alexandre iniciou a construção de um dique de 500 a 600m de extensão, entre a margem e a ilha. Ele também bloqueou a ilha com sua frota.

4 À proporção que os tírios começaram a sofrer devido ao bloqueio de Alexandre, enviaram suas frotas para atacar os navios macedônios, gregos e fenícios, porém não conseguiram derrotar as embarcações de Alexandre e foram basicamente destruídos no confronto.

CERCO DE TIRO
332 a.C.

Acima: Embora a frota de Alexandre consistisse em grande parte de trirremes, ele também usou birremes, que são mais leves e manobráveis, impelidos por dois bancos de remadores, como nesta ilustração.

A frota cipriota também logo apareceu para dar sua contribuição ao comando de Alexandre. Entre eles, as duas frotas proveram ao rei macedônio mais de 200 trirremes, mais do que suficiente para pôr fim às atividades da frota tíria. A nova frota de Alexandre prontamente derrotou os tírios em uma batalha naval e, em seguida, passou a bloquear ambos os portos tírios. Os navios tírios confinados no porto ao norte (o Porto de Sidom) fizeram uma tentativa corajosa para romper o bloqueio naval. Eles encobriram seu plano levantando velas de navio na embocadura do porto, e tentaram irromper com três quinquerremes, três quadrirremes e sete trirremes. Seu ataque inesperado surpreendeu os marinheiros cipriotas, afundou vários navios e levou outros para as margens. Os danos foram limitados, contudo, porque Alexandre conduziu rapidamente a esquadra em volta do porto sul e derrotou os tírios.

Entrementes, Alexandre e seus engenheiros começaram a construção de um novo dique, seguindo uma linha um pouco mais ao norte e também alargando a estrada para cerca de 61m para maior estabilidade contra as tempestades. Os vestígios desse segundo dique ainda podem ser vistos, formando a base do istmo que liga permanentemente a atual Sur, Líbano, ao continente. As novas torres de cerco protegeram a obra e, dessa vez, os navios-patrulhas dos novos aliados dos macedônios tornaram impossível outro ataque naval. Alexandre também começou a testar as muralhas marítimas de Tiro com aríetes flutuantes: ele usou navios amarrados um ao outro para prover plataformas estáveis aos aríetes, esses navios-plataformas ancoravam junto a uma parte da muralha usando âncoras ao seu redor.

Mergulhadores tírios conseguiram cortar os cabos das âncoras dos navios, fazendo com que vários encalhassem. Entretanto, Alexandre passou a usar correntes na ancoragem e o ataque continuou. A nova frota de Alexandre deu provas de sua utilidade ao retirar os grandes blocos de pedra que os tírios lançaram ao mar diante de suas muralhas para manter os navios afastados.

O ATAQUE

À medida que avançava o verão, o cerco cresceu rapidamente em intensidade, com os tírios lutando por sua cidade com desespero sempre crescente. Os tírios capturaram alguns homens de Alexandre e os deixaram expostos sobre as muralhas, antes de executá-los e lançar seus corpos ao mar. Eles também mataram alguns mensageiros macedônios, o que pode explicar a violência da vingança de Alexandre contra a cidade.

Os tírios também criaram uma defesa bastante inovadora quando os macedônios se aproximaram de suas muralhas. O historiador Diodoro Sículo conta que Alexandre, contrariamente à prática normal antiga, usou catapultas lança-pedras de torção tão grandes que eram capazes de danificar muralhas – e que os tírios responderam colocando amortecedores em suas muralhas.

À direita: A catapulta de torção, inventada em 399 a.C., foi descrita em antigas fontes gregas como sendo uma máquina na qual um dardo ou um projétil era colocado junto a uma espessa corda de arco amarrada nas extremidades de dois braços de madeira presos em fendas de cordas feitas com tendões firmemente trançados (daqui o nome "catapulta de torção"). Todo o aparato era montado sobre uma resistente base de madeira, com uma haste segurando um esticador e um mecanismo de gatilho.

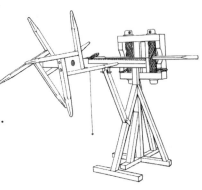

Menos provável é sua história de que os tírios teriam colocado rapidamente rocas mecânicas sobre as muralhas para desviar os dardos das catapultas macedônicas.

Uma primeira tentativa para entrar na cidade pelas pontes montadas nas torres de cerco falhou. Os tírios tinham adicionado torres de madeira de 4,5m de altura às muralhas, dessa forma puderam manter uma vantagem de altura sobre as torres de cerco. Eles também tinham construído uma segunda muralha 2m por trás da muralha externa, e enchido o vão com pedras e lama. Quando os macedônios lançaram seu ataque a partir do dique, os defensores tírios usaram tridentes para espetar e retirar os escudos dos agressores, e lançaram redes e areia aquecida sobre eles. Como a areia ardente dentro da armadura era insuportável, o ataque foi logo interrompido.

No início de agosto, os aríetes montados em navios descobriram um ponto fraco no lado sul da cidade. A tripulação conseguiu abrir uma brecha na muralha entre o porto sul e o dique. Alexandre teve de esperar dois dias em decorrência do mau tempo, porém, tão logo puderam operar no mar, ele enviou navios com máquinas de cerco para alargar a brecha.

Quando tudo estava preparado, Alexandre lançou um ataque maciço em todas as frentes. Ele próprio liderou o ataque pela brecha, usando, para isso, dois navios de transporte carregados com sua melhor infantaria. O assalto foi coordenado com o ataque de navios por toda a ilha de Tiro, com grandes ataques de frotas em ambos

À esquerda: As torres de cerco gregas eram impressionantes feitos de engenharia. Protegidas contra o fogo por couro cru de animais ou por placas de metal, elas possibilitavam aos agressores ficar no mesmo nível das muralhas da cidade, negando aos defensores a vantagem da altura.

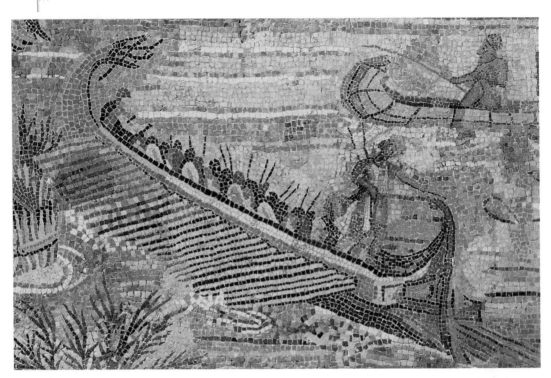

Acima: Este piso de mosaico romano, datado do século II a.C., dá uma boa impressão da elegância de um trirreme na água.

Acima: As ruínas de Tiro. Depois que Alexandre conquistou a cidade, ela foi logo reconstruída e manteve sua importância como um porto marítimo nos tempos romanos.

os portos e com uma nova tentativa de escalada pelo dique. Os tírios não possuíam tantos defensores para lutar em tantas frentes ao mesmo tempo. A força de Alexandre abriu seu caminho pela brecha, as frotas entraram em ambos os portos e começaram a lutar rua a rua, e a principal força macedônica conseguiu, em seguida, entrar na cidade pelo dique.

RESULTADO

Embora Alexandre fosse notável por sua clemência para com os inimigos derrotados, fez de Tiro um exemplo. Em parte, essa era a antiga prática típica de guerra: se uma cidade se recusasse a se render e tivesse de ser tomada pela força, o exército vencedor tinha o direito amplamente reconhecido de matar, saquear e pilhar de forma indiscriminada.

Não era incomum que todos os defensores homens fossem mortos, principalmente se os defensores fossem membros de outra raça. Alexandre poderia ter sido mais generoso, porém os próprios tírios não tinham feito um "jogo limpo". Em particular, eles tinham matado não apenas prisioneiros macedônios como também mensageiros.

Assim, Tiro foi queimada, e sabe-se que o ataque custou a vida de aproximadamente 8.000 tírios. Havia cerca de 2.000 homens adultos sobreviventes e Alexandre agora ordenou sua crucificação. Ele ainda se mostrou surpreendentemente complacente, pelos padrões da época, ao poupar todos aqueles que buscaram refúgio no templo de Melcarte, a quem Alexandre identificava com o deus grego Hércules.

Dentre os sobreviventes estava o rei de Tiro, que foi tratado com dignidade. Durante o cerco, os tírios tinham decidido enviar suas mulheres e crianças para sua colônia de Cartago, no norte da África – uma decisão tomada tarde demais. Alexandre tomou controle do mar antes que ela fosse implementada e aqueles não-combatentes que sobreviveram ao ataque acabaram, então, sendo vendidos como escravos.

Os macedônios tinham perdido sete valiosos meses com o cerco de Tiro, porém a letargia do rei da Pérsia evitou que essa demora fosse catastrófica para Alexandre. E ainda, ele perdeu apenas cerca de 400 soldados, um sinal de quão cuidadoso era para, sempre que possível, proteger seus homens.

Em troca, o jovem rei macedônio obteve o controle do Mediterrâneo oriental, ganhando, assim, um ponto de apoio na Fenícia e na Palestina (que haveriam de permanecer nas mãos dos gregos por cerca de dois séculos). Talvez ele tenha sido o maior comandante de cerco de todos os tempos.

À esquerda: Alexandre em lombo de cavalo, do "Sarcófago de Alexandre" (c.310 a.C.). Vale notar os chifres de carneiro, um sinal da divindade de Alexandre como filho do deus egípcio Amon.

EMAÚS
165 a.C.

QUANDO A EXPEDIÇÃO PUNITIVA SELÊUCIDA ENVIADA PELO CHANCELER LÍSIAS MARCHOU NA JUDEIA NA PRIMAVERA DE 165 a.C., A REVOLTA JUDAICA CONTRA O REGIME HELENISTA DE ANTÍOCO IV EPIFÂNIO ESTAVA EM SEU TERCEIRO ANO. POR MAIS DE UM SÉCULO, OS HABITANTES DA JUDEIA TINHAM VIVIDO COM UM ALTO GRAU DE LIBERDADE RELIGIOSA, PRIMEIRO COMO PARTE DO IMPÉRIO PTOLOMAICO BASEADO NO EGITO, E ENTÃO COMO SÚDITOS DO GOVERNO SELÊUCIDA APÓS A PROVÍNCIA TER SIDO TOMADA À FORÇA EM 198 a.C.

Sob Antíoco IV Epifânio (174-164 a.C.), a visão pragmática de que a crescente influência de Roma estaria apresentando uma ameaça à segurança selêucida requeria que a Judeia servisse como para-choque contra a invasão romana através do Egito. Na verdade, Antíoco invadira o Egito e fora forçado a retirar-se sob a ameaça de guerra com Roma. Quando seu exército marchou de volta para Antioquia, o amargurado rei atacou Jerusalém.

O historiador Flávio Josefo registrou o que aconteceu em seguida:

POR QUE ACONTECEU?

QUEM O exército rebelde de Judas Macabeu contra o exército selêucida de Ptolomeu, Górgias e Nicanor.

O QUE A expedição punitiva do governo selêucida foi derrotada e posta para correr quando Judas Macabeu adaptou seu plano de batalha original para explorar a vulnerabilidade do inimigo.

ONDE Emaús próximo aos contrafortes da Judeia, a pouca distância do mar Mediterrâneo a oeste, e de Jerusalém a leste.

QUANDO 165 a.C.

POR QUE O governo selêucida procurou abafar a problemática revolta dos judeus liderada por Judas Macabeu.

RESULTADO Os rebeldes judeus continuaram colecionando vitórias contra os selêucidas, numérica e tecnologicamente superiores, derrotando-os novamente em Bete-Zur um ano mais tarde, entrando em Jerusalém e reconsagrando seu Templo.

À direita: Tendo sido incumbida da missão de "helenizar" a Judeia, uma expedição de soldados selêucidas se prepara para atravessar um córrego enquanto o seu líder aponta o caminho em direção à fortaleza dos rebeldes judeus.

Entretanto, Antíoco não estava satisfeito com sua conquista inesperada da cidade, ou com a pilhagem dela, ou com a grande matança que fez ali; porém, vencido por suas violentas paixões, e recordando-se do que sofrera durante o cerco, ele compeliu os judeus a dissolver as leis de seu país, a manter incircuncisos os seus filhos e a sacrificar carne de porco sobre o altar.

Dessa forma, Antíoco iniciou uma campanha para "helenizar" a Judeia, proibindo as práticas judaicas religiosas e culturais, e procurando substituí-las com os deuses e costumes de sua própria tradição grega. Soldados selêucidas massacraram vários judeus e, novamente, saquearam a cidade de Jerusalém. Eles estabeleceram uma guarnição na cidade e perseguiram a população. A centelha que inflamou a revolta judaica foi a pilhagem e a profanação do Templo.

Quando Matatias, um sacerdote judeu, foi trazido perante o povo pelos selêucidas, e ordenaram-lhe que abatesse um porco como sacrifício e então comesse sua carne, a justa indignação do sacerdote transbordou. Ele matou um oficial selêucida e dirigiu seu povo para as montanhas. Embora excedidos em número por um exército bem-treinado e bem-equipado, os rebeldes judeus permaneceram furtivos, aumentando em número e treinando com as poucas armas que tinham. Dentro de um ano, Matatias veio a morrer; entretanto havia apontado seu terceiro filho, Judas, como líder da rebelião que continuava. Judas estava destinado a tornar-se um dos maiores guerreiros da história judaica, porém as perspectivas para o sucesso pareciam muitíssimo remotas.

Os judeus viviam já há um bom tempo sob o domínio grego, ou selêucida, contudo a crescente ameaça da invasão romana do Egito impeliu Antíoco a criar uma região de contenção contra o inimigo potencial.

O MARTELO

Judas Macabeu foi compelido a resistir aos selêucidas por causa de sua fé em Deus, e a insurreição judaica pode ser vista como uma das primeiras guerras por liberdade religiosa na história registrada. O sobrenome Macabeu provém da palavra aramaica *maqqaba*, que significa "o martelo". O nome foi bem merecido, pois Judas comandou um bando outrora rústico de patriotas contra um número esmagador de soldados profissionais.

Em mais de uma ocasião, Judas Macabeu provou ser ele próprio um tático inovador, recusando confrontar o inimigo selêucida a menos que as condições fossem favoráveis. Ele reconheceu que suas forças não poderiam vencer um confronto direto. Os historiadores Chaim Herzog e Mordechai Gichon descrevem a realidade por ele enfrentada:

HOPLITA SELÊUCIDA
Armado com um tradicional escudo circular e uma espada curta ao estilo grego, este hoplita selêucida é típico daqueles que procuraram manter sob controle os judeus rebeldes que seguiam Judas Macabeu. Seu capacete com crista encaixa-se firmemente e provê proteção para o pescoço, enquanto sua cota de malhas de ferro é fixada sobre uma túnica de tecido. Embora os soldados nas fileiras selêucidas fossem bem-treinados, eles ainda não tinham enfrentado um inimigo como este, que queria lutar uma guerra de guerrilha apenas sob as circunstâncias mais favoráveis. Os rebeldes repetidamente empregaram táticas que neutralizaram o número superior e o armamento mais pesado dos selêucidas.

Acima: Esta pintura, intitulada a Generosidade de Matatias, descreve de forma extravagante a morte de um soldado selêucida pelo idoso sacerdote, um ato que deu início à revolta judaica e ao surgimento de seu filho, Judas Macabeu, à proeminência.

Armados com implementos agrícolas de natureza primitiva e com armas caseiras como a clava e a funda, o pequeno grupo de Judas preparou-se para combater um moderno exército grego. Os selêucidas eram bem-treinados, bem-organizados e experientes em batalha. Suas fileiras eram compostas de infantaria pesada e leve, cavalaria pesada e leve, carros de guerra, unidades de elefantes e unidades de "artilharia" operando balistas (máquinas para arremessar grandes pedras), sem mencionar as várias unidades de serviço. Suas armas incluíam espadas, dardos, lanças, arcos, fundas, balistas, e aríetes.

Judas concluiu que o emprego de táticas de guerrilha melhor serviria aos seus propósitos. Sua filosofia geral era atacar os selêucidas nos confins dos vales, onde eles seriam incapazes de utilizar as grandes e pesadas falanges, as quais consistiam de soldados ostentando lanças com escudos fechados para prover a máxima proteção, avançando com firmeza e aniquilando o inimigo à sua frente. O elemento surpresa, a emboscada, e o bate-e-corre eram as principais táticas, o que

AS FORÇAS EM OPOSIÇÃO

REBELDES JUDEUS (estimadas)
Infantaria:	6.000
Total:	**6.000**

SELÊUCIDAS (estimadas)
Infantaria:	20.000
(40.000 em 1 Macabeus; metade desse número em 2 Macabeus)	
Cavalaria:	7.000
Total:	**27.000**

não somente obrigava o inimigo a tomar o cuidado de não operar muito longe das bases de suprimento, mas também corroía o moral e a eficiência combativa dos selêucidas. Judas era também um visionário, capaz de estimular o fervor religioso e o espírito nacionalista entre o povo.

Os habitantes da Judeia tornaram-se os olhos e os ouvidos dos rebeldes judeus, coletando dados de inteligência que permitiam a Judas colocar armadilhas para as patrulhas selêucidas, ameaçar linhas de suprimento e obter armas melhores para o crescente número de combatentes. Eles também providenciavam o sustento para os rebeldes que se escondiam nas montanhas da Judeia, quase sem deixar rastro.

NAHAL EL-HARAMIAH

Logo ficou evidente que essa agitação na Judeia não podia ser tolerada. Antíoco IV determinou que seu comandante militar em Samaria, Apolônio, lidasse com os judeus arrogantes. Apolônio juntou uma força de aproximadamente 2.000 soldados, superando em número os rebeldes em mais de três por um. Com um efetivo de apenas 600 homens sob seu comando, Judas estava determinado a ditar o curso da campanha. Ele seguiu o avanço selêucida e escolheu o terreno mais favorável para atacar o inimigo.

A rota de avanço escolhida por Apolônio alcançou o vale de Nahal El-Haramiah, a poucos quilômetros a leste da cidade de Gofna. Judas concluiu que, ali, as vantagens dos selêucidas nos números e no armamento superior poderiam ser neutralizadas. Ele dividiu sua força em quatro grupos, com o objetivo de surpreender os selêucidas no estreito vale, fechando as rotas de fuga e também atacando das montanhas, de ambos os flancos.

Continuando em direção ao sul, as tropas selêucidas entraram no vale de Nahal El-Haramiah no final da tarde, marchando em fileiras de quatro, divididos em duas longas colunas de 1.000 soldados, com Apolônio encabeçando a segunda coluna. Ao sinal de Judas, os elementos que conduziam a primeira coluna receberam um ataque frontal do sul. Desconhecendo, no momento, a situação à sua frente, os soldados que vinham em seguida continuaram a marchar em direção ao vale, que logo ficou entupido de soldados selêucidas. Primeiro do leste e então do oeste, os rebeldes judeus atacaram a multidão de inimigos.

Apolônio foi morto logo no início do combate e o próprio Judas liderou o quarto grupo de rebeldes no lado norte, selando os selêucidas no curral de matança de Nahal El-Haramiah. A força invasora foi liquidada e Judas reivindicou a espada de Apolônio, que haveria de usar nos futuros combates para inspirar seus guerreiros.

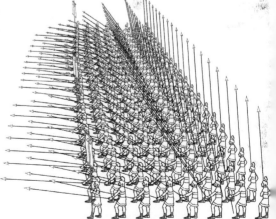

À direita: A falange selêucida era uma formidável formação militar e podia esmagar a maior parte dos inimigos frontalmente; entretanto, ela era vulnerável ao ataque pelos flancos. Judas Macabeu reconheceu este fato e o usou vantajosamente a seu favor, neutralizando a força superior de seus inimigos.

5 Pensando que Górgias já tivesse atacado os israelitas nas montanhas, na estrada para Jerusalém, as forças selêucidas no acampamento retiram-se em pânico.

GEZER

EMAÚS

2 Avisado de antemão que os selêucidas planejam um ataque noturno, Judas ordena que se acendam as fogueiras do acampamento e retira o corpo principal de seu exército, deixando apenas uma retaguarda.

3 Górgias ataca o acampamento israelita e segue a retaguarda à medida que esta recua para Jerusalém, porém é molestado pelos israelitas a cada passo do caminho.

4 Tendo dividido suas forças em quatro unidades de 1.500 homens, Judas ataca o acampamento selêucida desde o sudoeste, atingindo as falanges do inimigo pelo seu flanco vulnerável.

MISPA

JERUSALÉM

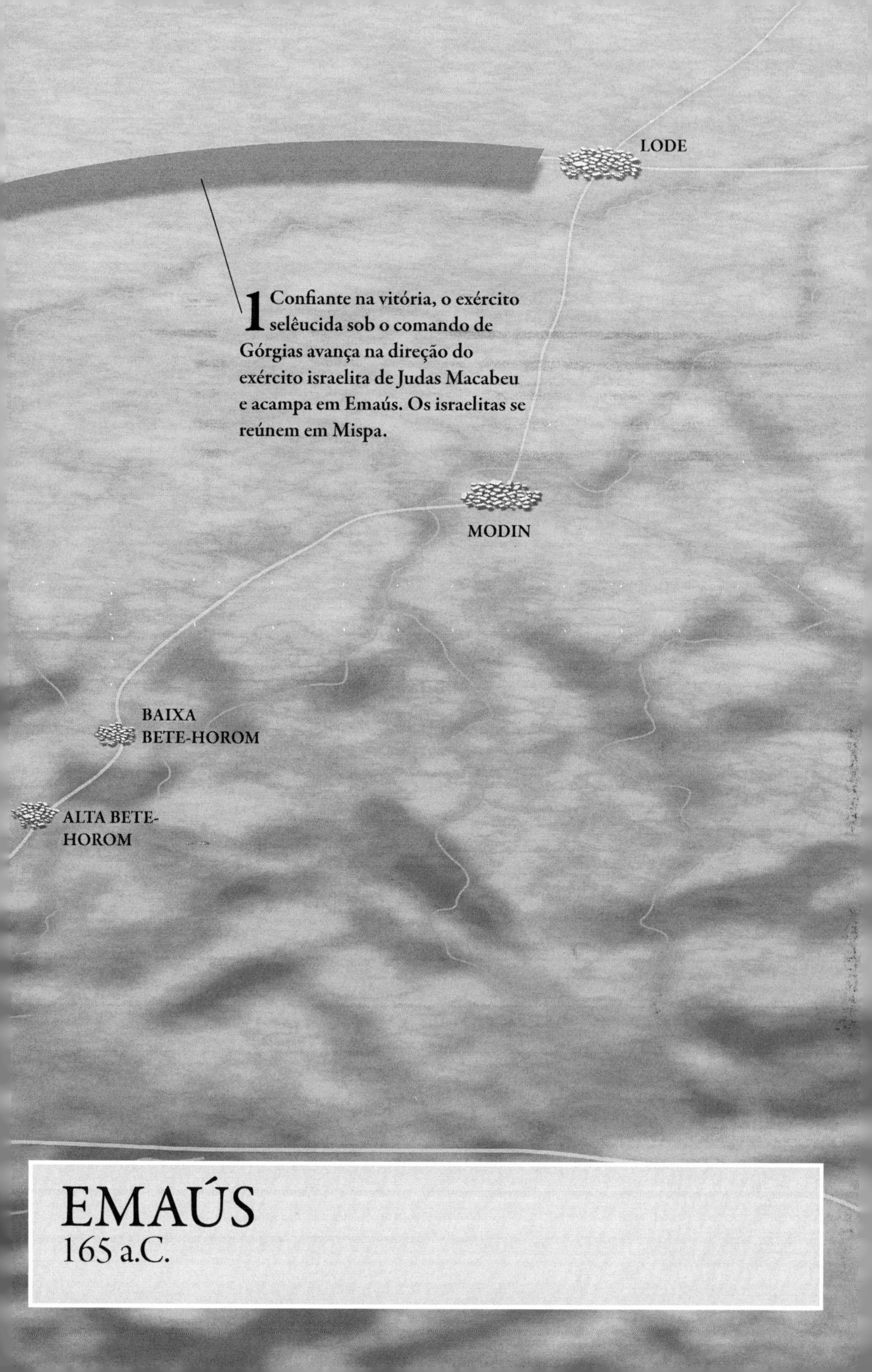

LODE

1 Confiante na vitória, o exército selêucida sob o comando de Górgias avança na direção do exército israelita de Judas Macabeu e acampa em Emaús. Os israelitas se reúnem em Mispa.

MODIN

BAIXA BETE-HOROM

ALTA BETE-HOROM

EMAÚS
165 a.C.

O impacto imediato da batalha foi legitimar, ainda mais, Judas Macabeu como o líder militar e político dessa luta pela liberdade religiosa. Sua estratégia de guerra contra os selêucidas foi também ratificada e tornou-se um modelo para aqueles que, nos milênios futuros, viriam a usar da guerrilha para lutar contra um inimigo superior.

BETE-HOROM

Quando as notícias da derrota total de Apolônio chegaram a Antíoco IV, o rei deu ordens a outro general para subjugar a rebelião na Judeia. Seron, um comandante politicamente motivado que liderou uma força duas vezes o tamanho do exército selêucida destruído em Nahal El-Haramiah, comentou: "Vou conquistar renome e cobrir-me de glória no reino, enfrentando Judas e os que estão com ele, esses desprezadores das ordens do rei". (1 Macabeus 3:14)

Seron aparentemente aprendeu uma importante lição com a sorte que teve Apolônio. Suas tropas marcharam ao longo da costa do Mar Mediterrâneo por uma grande distância, para evitarem ser surpreendidos em um espaço limitado. Seu objetivo era juntar-se à guarnição selêucida em Jerusalém e, então, esmagar os rebeldes. Procurando evitar uma possível emboscada, Seron também manteve um grande intervalo entre as suas colunas ao atravessar o território.

Abaixo: Nesta pintura, datada aproximadamente do século XVII, Judas Macabeu e os rebeldes judeus combatem as forças selêucidas sob o comando de Górgias, um oficial de Lísias, na batalha de Emaús.

Com essa respeitável formação do inimigo a menos de um dia de marcha de Jerusalém, Judas fez descer os seus homens da região montanhosa próxima a Gofna, dividiu suas forças novamente e preparou uma emboscada. Como esplêndido orador que era, Judas dirigiu-se aos seus soldados na véspera da batalha para robustecer a determinação deles:

Ao verem aquele exército que marchava contra eles, seus homens lhe disseram: "Como poderemos nós, tão poucos, enfrentar multidão tão grande e poderosa? Além disso, estamos extenuados, pois nada comemos hoje". Mas Judas respondeu: "É bem fácil que muitos venham a cair nas mãos de poucos. Pois não há diferença, para o Céu, em salvar com muitos ou com poucos. A vitória na guerra não depende da numerosidade do exército: é do Céu que vem a força. Eles vêm contra nós cheios de grande insolência e de iniquidade para nos destruir, a nós, nossas mulheres e nossos filhos, e para nos despojar. Nós, porém, combateremos por nossas vidas e por nossas leis. Ele mesmo os esmagará diante de nós; quanto a vós, não os temais". (1 Macabeus 3:17-22)

Em virtude da rota de avanço de Seron, Judas foi forçado a arranjar uma garganta estreita em Bete-Horom como o seu local para a batalha. O plano era quase idêntico àquele que levou à destruição dos selêucidas em Nahal El-Haramiah – barrar a rota de fuga do inimigo pela garganta e atacar com vigor em ambos os flancos. Dessa vez, Seron foi morto à frente de suas tropas, 800 soldados selêucidas morreram e os rebeldes perseguiram os sobreviventes apavorados pela descida da garganta em Bete-Horom até à planície.

AINDA OUTRA EXPEDIÇÃO PUNITIVA

Antíoco IV enfureceu-se violentamente quando ouviu a respeito do fracasso de Seron. Seus planos para uma ofensiva em direção à Pérsia com vistas à arrecadação de tributos para seu tesouro esvaziado foram adiados até que decidisse como lidaria com a situação na Judeia, que estava, obviamente, saindo de controle. O rei designou Lísias como regente em sua ausência e colocou um numeroso exército sob seu comando antes de partir para o leste. Lísias, por sua vez, recebeu uma ordem expressa de Antíoco. Flávio Josefo registra que Lísias deveria "subjugar a Judeia, escravizar seus habitantes, destruir completamente Jerusalém e abolir toda a nação".

Com uma clara compreensão de sua responsabilidade, Lísias nomeou três comandantes – Ptolomeu, Nicanor e Górgias – e ordenou-lhes que fossem para a Judeia e acabassem com a rebelião judaica. Em comparação com as forças empregadas nas expedições selêucidas anteriores, esse exército era imenso. Segundo o livro de 1 Macabeus, ele possuía 40.000 homens na infantaria e 7.000 na cavalaria. Embora esse número fosse reduzido para 20.000 em 2 Macabeus, era ainda um

À esquerda: Esta ilustração do século XVII de Judas Macabeu descreve o líder guerreiro em roupas e armadura mais típicas do período em que foram desenhadas.

inimigo formidável – contra o qual Judá poderia reunir somente cerca de 6.000. Além disso, esses generais selêucidas passaram longe das montanhas e avançaram ao longo da costa, estabelecendo, por fim, uma base de operações em Emaús, próximo ao vale de Aijalom.

Os comandantes selêucidas estavam confiantes de que poderiam juntar-se a reforços do sul e de Jerusalém, ampliar sua influência por toda a região e por fim à revolta. Por convite dos comandantes ou pela palavra de viajantes, comerciantes de escravos ficaram sabendo da batalha que estava para acontecer:

Quando os comerciantes da região ouviram o que lhes fora dito, tomaram sua prata e seu ouro em grande quantidade, pegaram grilhões e foram ao acampamento para comprar os israelitas como escravos. E forças da Síria e da terra dos filisteus juntaram-se a eles. (1 Macabeus 3:41)

JUDAS PREPARA-SE PARA A BATALHA

Enquanto isso, Judas pôs-se em ação, reunindo sua força em Mispa, a nordeste de Jerusalém, muito perto do acampamento inimigo em Emaús. Ele organizou seu exército em unidades que variavam de tamanho, desde 1.000 a pelotões pequenos de 10, e designou capitães e oficiais menores para comandá-los. Ele dispôs seus 6.000 homens em divisões com 1.500 cada, comandadas por ele próprio e seus três irmãos, Jônatas, Simão e Joanã.

Os relatórios do serviço de inteligência confirmaram que o exército selêucida havia acampado em Emaús; então o exército judaico avançou para o sudoeste de Mispa. Judas foi também avisado que Górgias planejara empregar táticas semelhantes às suas e atacar os rebeldes sob a coberta da noite. "Ele naturalmente presumiu que Judas não esperaria um ataque selêucida à noite", sugerem Herzog e Gichon, "pois os selêucidas não estavam acostumados a lutar de noite. Portanto, Górgias moveu-se para as montanhas à frente de 5.000 soldados de infantaria e 1.000 de cavalaria".

À esquerda: O rei Antíoco IV Epífanes, determinado a exigir vingança pela dispendiosa rebelião judaica contra seu Império Selêucida, entra em Jerusalém. Nesta versão, o monarca parece estar massacrando cidadãos inocentes pelo caminho.

Munido de informações secretas cruciais a respeito dos planos de batalha do inimigo, Judas respondeu de maneira correspondente. Ordenou que suas tropas deixassem acesas as fogueiras no acampamento, claramente visíveis aos selêucidas, e retirou-se com todo o seu exército, exceto por uma pequena retaguarda de 200 homens.

EMAÚS

Górgias atacou o acampamento judaico evacuado e caiu na armadilha, crendo que a retaguarda, que se afastava pelo vale em direção a Jerusalém, fosse todo o exército de Judas. Enquanto perseguiam a retaguarda, os selêucidas foram atacados por pequenos destacamentos, que os agrediam implacavelmente na escuridão. Nessa hora, Judas dividira novamente seu exército, enviando 1.500 soldados na direção norte para entrar na batalha assim que o observassem atacando o acampamento inimigo em Emaús com 3.000 homens.

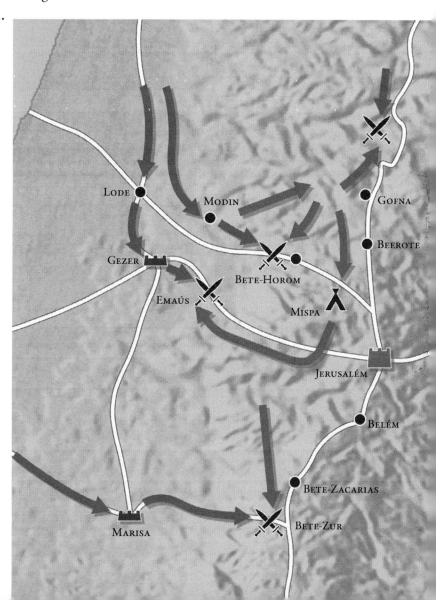

À direita: Este mapa ilustra as campanhas promovidas por Judas Macabeu de 167 a 164 a.C. Quando o governador selêucida, Apolônio, primeiramente invadiu Judá pelo norte (1), o exército macabeu recuou para as montanhas em torno de Gofna, de onde eles emboscaram o exército selêucida que avançava. Entretanto, um segundo exército selêucida sob o comando do general Seron avançou pelo caminho da costa e dirigiu-se para o interior (2), onde foram emboscados e derrotados em 165 a.C. na localidade de Bete-Horom. Um terceiro exército selêucida, sob o comando dos generais Nicanor e Górgias, marchou até Gezer (3) e encontrou o exército macabeu em Emaús, onde novamente foram derrotados pela tática superior de Judas Macabeu. Um quarto exército selêucida, sob o comando de Lísias, aproxima-se pelo sul (4), porém mais uma vez foi derrotado em Bete-Zur em 164 a.C.

Nesse ponto, entretanto, o plano de Judas deu um pouco errado. Ele se dirigiu para o acampamento selêucida, porém encontrou ali uma tremenda força de 18.000 homens prontos para guerrear. Contudo, rapidamente ele se adaptou à situação tática à sua frente. A falange inimiga estava voltada para o sul, enquanto sua própria força estava em seu flanco ocidental e a força do norte do outro lado do acampamento. Judas dividiu seus 3.000 soldados em três unidades iguais, uma para atacar a cavalaria e as outras duas para penetrar a falange por onde ela era mais vulnerável. Enquanto isso, como uma tropa de choque, a força do norte atacou o acampamento de Emaús a partir desse lado.

Judas, dessa forma, tinha literalmente dividido e conquistado. As tropas selêucidas no acampamento não estavam alertas, crendo que Górgias já tivesse enfrentado os rebeldes judeus nas montanhas. Eles entraram em pânico. Judas rompeu a falange. Górgias estava muito distante para consertar rapidamente a situação.

A falange selêucida desintegrou-se e seus soldados fugiram para o acampamento, contribuindo para a desordem das tropas confusas e dos mercadores de escravos que tinham sido pegos de surpresa:

Os gentios foram esmagados e fugiram para a planície, e todos os que estavam na retaguarda caíram sob a espada. Perseguiram-nos até Gazara, e às planícies da Iduméia, de Azoto e de Jâmnia; e dentre eles, 3.000 tombaram. (1 Macabeus 4:14-16)

O livro de 1 Macabeus continua relatando que Judas manteve firme controle de suas forças, estimulando-os a completar a derrota dos selêucidas antes de parar para juntar os despojos.

Embora a força sob o comando de Górgias continuava apresentando uma ameaça, parece que Judas não precisava ter se preocupado. Quando Górgias e o que restou de seus 6.000 soldados alcançaram a visão de seu próprio acampamento em chamas, fugiram, eles também, em pânico em direção à costa do Mediterrâneo.

O TEMPLO PURIFICADO

Pela terceira vez, Judas Macabeu liderara um exército de rebeldes judeus em uma vitória contra a opressão do regime selêucida. Como resultado da vitória de Emaús, o exército cresceu consideravelmente. Um ano depois, em Bete-Zur, o próprio Lísias confrontou Judas e os rebeldes no campo de batalha. O resultado foi outra derrota.

Após a vitória em Bete-Zur, o exército judaico entrou triunfalmente em Jerusalém. Judas ordenou que o templo fosse purificado e restaurado à sua antiga condição santa. Segundo a tradição judaica, era possível abastecer de óleo a luz cerimonial somente para um dia, porém, miraculosamente, ela continuou a queimar por oito dias. Nos tempos modernos, os judeus recordam esse evento como o Hanucá, o Festival das Luzes.

O grande período de revolta, agitação e conflito armado, entretanto, não chegou ao fim. Mais tarde, Judas foi morto durante a batalha de Elasa, quando grande parte de seu exército fugiu do campo e ele continuou resistindo contra uma maioria esmagadora. A liberdade do povo judeu para adorar como preferia não estaria, por algum tempo, assegurada em definitivo.

EMAÚS 163

Abaixo: Nesta ilustração medieval, Baquides e seu exército de 20.000 homens na infantaria e 2.000 na cavalaria encontra-se com Judas Macabeu e os rebeldes judeus em Elasa. Judas foi morto em batalha e seu exército fugiu da luta.

BETE-ZUR
164 a.C.

SERÁ QUE A HABILIDADE MILITAR HELENÍSTICA SERIA SUFICIENTE PARA VENCER A IMPETUOSIDADE DO RESSURGENTE NACIONALISMO HEBRAICO SOB NOVA LIDERANÇA? OS DESTINOS DE UMA RELIGIÃO E DE UM IMPÉRIO ESTAVAM EM JOGO QUANDO UM VICE-REI DESLOCOU-SE PARA ABAFAR UMA REVOLTA INESPERADAMENTE BEM-SUCEDIDA.

POR QUE ACONTECEU?

QUEM Lísias, um general do abalado Império Selêucida, enfrenta Judas "O Martelo" Macabeu e seus seguidores.

O QUE Com equipamento capturado de um exército selêucida massacrado, Judas Macabeu e 10.000 seguidores resolutos aguardavam o avanço de 20.000 na infantaria e 4.000 na cavalaria, na estrada para Jerusalém.

ONDE Uma área estreita no meio de dois morros adjacentes, separada por vales e ravinas, proporcionou a Macabeu o lugar perfeito para uma emboscada em larga escala enquanto os selêucidas marchavam ainda em coluna.

QUANDO 164 a.C.

POR QUE O último bastião do controle selêucida era a fortaleza de Acra, assomando ao Templo em Jerusalém. Com ela, cairia a reivindicação de Antíoco IV de domínio da Palestina.

RESULTADO Lísias tinha a força e a habilidade para vencer os rebeldes em uma batalha formal. Entretanto, Judas sobrepujou Lísias taticamente, abrindo caminho para a reconquista de Jerusalém e a reconsagração do Templo.

Alexandre, o Grande, tinha conquistado e dominado como ninguém antes dele – e muitos dos seus generais que passaram a dominar partes de seu império alimentavam ambições semelhantes, que passaram aos seus descendentes. Antíoco III, "o Grande", tinha chegado bem próximo de conseguir o que muitos, desde Alexandre, não conseguiram, ao enfraquecer o Egito e conquistar grande parte da Ásia Menor. Entretanto, foi interrompido na Europa após um desastroso conflito com as legiões romanas em Magnésia em 190 a.C. e com a frota de Rodes perto de Side em 191 a.C.

Seu filho, Antíoco IV Epifânio ("Deus Manifestado"), que fora mantido refém em Roma, foi mandado

À direita: Deus e seu pai instam com Judas ben Matatias para que prossiga, nesta descrição da inspiração do campeão do nacionalismo judaico, em sua luta pela preservação de sua fé e povo contra o mando e a cultura helenística, quase universais. De uma gravura colorida em madeira de Julius Schnorr von Carolsfeld (1794-1874); 2 Macabeus 15:15-16.

de volta por seus senhores romanos, para governar e dar nova vida ao estremecido Império Selêucida. O Império ainda tinha dinheiro, que podia ser usado para comprar mercenários, aos quais Antíoco equipou à maneira romana e partiu para tentar, mais uma vez, conquistar o Egito. Um legado romano, então, ordenou que voltasse à Síria e, assim, um humilhado e frustrado Antíoco tratou de fortalecer seu império antes que ele ruísse completamente.

O PESO DE UM SONHO

Desde Alexandre, os Ptolomeus no Egito tinham dominado sobre a terra de Israel e, no geral, tinham se contentado em taxar a volátil região a partir de uma distância segura, preservando as rotas de comércio até a Ásia e chegando até mesmo ao ponto de conceder presentes para a decoração do Templo em Jerusalém. Antíoco III, que chegou a conquistar a região, pagou por sacrifícios no Templo em seu favor.

Visto que a capital é o interesse maior, o mais astuto dos generais selêucidas, o vice-rei Lísias, dirigiu-se diretamente para Jerusalém e seu Templo. Os estreitos caminhos nas montanhas ofereciam a Macabeu muitíssimas oportunidades para uma emboscada bem-sucedida.

Antíoco IV não apreciava a sabedoria da diplomacia de seu pai e, como sempre, a importância estratégica da terra de Israel chamou mais atenção do que o seu tamanho ou população pareciam justificar. Antíoco desejava uma estrada desimpedida na direção do Egito. Divergências sectárias mantinham Jerusalém em um estado de semi-instabilidade, e a recusa obstinada do povo judeu em aceitar a cultura grega com suas instituições provocou sua ira e seus atos de repressão, ajudando a estabelecer sua reputação como Epifânio, "o Insano".

Os esforços de Antíoco IV para erradicar a cultura judaica deram ocasião a massacres em Jerusalém, e à pilhagem e profanação do Templo. Uma nova fortaleza, a Acra, assomava por sobre o Templo e uma guarnição ficava estacionada permanentemente na cidade ocupada para impor práticas culturais repugnantes – as normas helenizadas do resto do Império – sobre o povo judeu.

O SURGIMENTO DOS MACABEUS

A determinação de Antíoco para forçar os judeus à conformação aos seus desejos causou ira, agitação e assassinato até que, finalmente, surgiu um novo líder judeu. Judas ben Matatias era um homem de fé tradicional, com fortes qualidades de liderança e uma impressionante habilidade militar. Há algum debate sobre o significado preciso do epíteto "Macabeu" que lhe foi concedido, porém não há dúvida de que significa força e determinação.

HOPLITA SELÊUCIDA
Tentando combinar modelos diferentes, o equipamento deste hoplita selêucida mostra o resultado da derrota de Antíoco III e a fascinação de seu filho pela técnica militar romana que tinha derrotado a falange helenística. O tradicional escudo pequeno do falangista foi substituído por uma imitação circular do scutum romano, porém seu uso é prejudicado pela adesão continuada à longa sarissa macedônia, que tinha ganho um império para Alexandre. Com essa combinação desigual, os soldados do Império Selêucida estariam em uma desconfortável posição em termos táticos e figurativos quando abordados nas emboscadas dos dedicados seguidores do Macabeu.

À direita: A Palavra e a Vontade de Deus vêm a Matatias, o sacerdote judeu que matou um oficial selêucida que forçava o sacrifício e o consumo de um porco. Seu filho Judas se mostraria um sucessor determinado e inteligente, e um general cujo senso de tática e de terreno encorajou a rebelião que seu pai iniciara, através de uma década de intensa guerra (de uma litografia francesa do século XIX).

Em 167 a.C., Antíoco enviou um exército sob o comando de Apolônio, governador da cidade de Samaria, para esmagar Macabeu e os milhares que a ele se juntaram nas montanhas. Nem Apolônio nem seu exército sobreviveram ao conflito, um combate no qual Macabeu rapidamente estabeleceu a tática que é sua marca registrada: excelente uso do terreno por suas tropas leves e irregulares; arremetendo, deliberadamente, contra o comandante inimigo para neutralizá-lo e assim privar suas forças de liderança. Segundo a Bíblia, Macabeu apoderou-se da espada de Apolônio morto e a usou em batalhas posteriores.

Mais dois exércitos e mais dois generais fracassaram sob circunstâncias semelhantes em Bete-Horom, no ano seguinte, e em Emaús, em 165 a.C. Com cada batalha bem-sucedida, a rebelião aumentava em números e adquiria mais equipamento, grande parte dele tomado do inimigo morto ou em fuga. Em 165 a.C., a pressão dos rebeldes sobre a guarnição e a cidade de Jerusalém tinha ficado tão intensa que um novo general e um novo exército foram enviados para socorrer a fortaleza sitiada.

RESPOSTA IMPERIAL

O novo general não era nenhum governador no comando de uma pequena força local. Antíoco IV constituíra Lísias vice-rei sobre todos os territórios do Eufrates à fronteira do Egito, e lhe dera a autoridade para confiscar a propriedade dos rebeldes e distribuí-la entre os súditos ainda leais ao Império Selêucida. O principal objetivo de Lísias era o

AS FORÇAS EM OPOSIÇÃO	
SELÊUCIDAS (estimadas)	
Infantaria:	20.000
Cavalaria:	4.000
Total:	**24.000**
MACABEIAS (estimadas)	
Infantaria:	10.000
Espias a cavalo:	desconhecido
Total:	**10.000**

mesmo de sempre ao reprimir a revolta judaica: Jerusalém. Com o acesso à capital garantido e o Templo nas mãos dos gentios, a credibilidade de Macabeu como um líder seria, quem sabe, fatalmente prejudicada, enquanto a pacificação da área estaria sobre controle.

A estratégia de Lísias não requer grande análise, porém a seriedade com a qual buscou implementá-la e os poderes que ele tinha para assim fazer fizeram dele o líder selêucida mais formidável que Macabeu teve de enfrentar.

Estimativas modernas calculam o tamanho do exército de Lísias em 20.000 homens na infantaria e 4.000 na cavalaria – aproximadamente o mesmo tamanho da força derrotada em Emaús. Entretanto, Lísias aprendera com os erros daqueles que foram antes dele e procurou evitar os desfiladeiros nas montanhas onde os rebeldes poderiam emboscar e matar destacamentos em busca de provisões ou batedores. Ele sabia, também, evitar encostas íngremes que poderiam extenuar os carregadores vestidos com suas armaduras e deixá-los expostos a flechadas e pedradas, sem expectativa de retaliação. O exército de Lísias seguiu pela estrada da costa desde a Síria, afastando-se dela para o interior apenas através de território amigo para chegar à cidade de Marisa, que ainda estava sujeita ao mando selêucida, para abastecer-se de novas provisões antes da aproximação final de Jerusalém pelo sul.

Entretanto, havia ainda um gargalo no caminho: uma área estreita com barrancos e desfiladeiros de ambos os lados, onde tropas poderiam se ocultar e onde um grande exército teria dificuldades para se dispor em uma formação apropriada de combate. Enquanto isso, próximo à antiga fortificação fronteiriça de Bete-Zur, Macabeu reunira suas forças e planejava suas operações táticas.

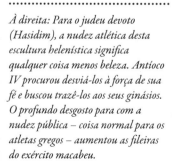

À direita: Para o judeu devoto (Hasidim), a nudez atlética desta escultura helenística significa qualquer coisa menos beleza. Antíoco IV procurou desviá-los à força de sua fé e buscou trazê-los aos seus ginásios. O profundo desgosto para com a nudez pública – coisa normal para os atletas gregos – aumentou as fileiras do exército macabeu.

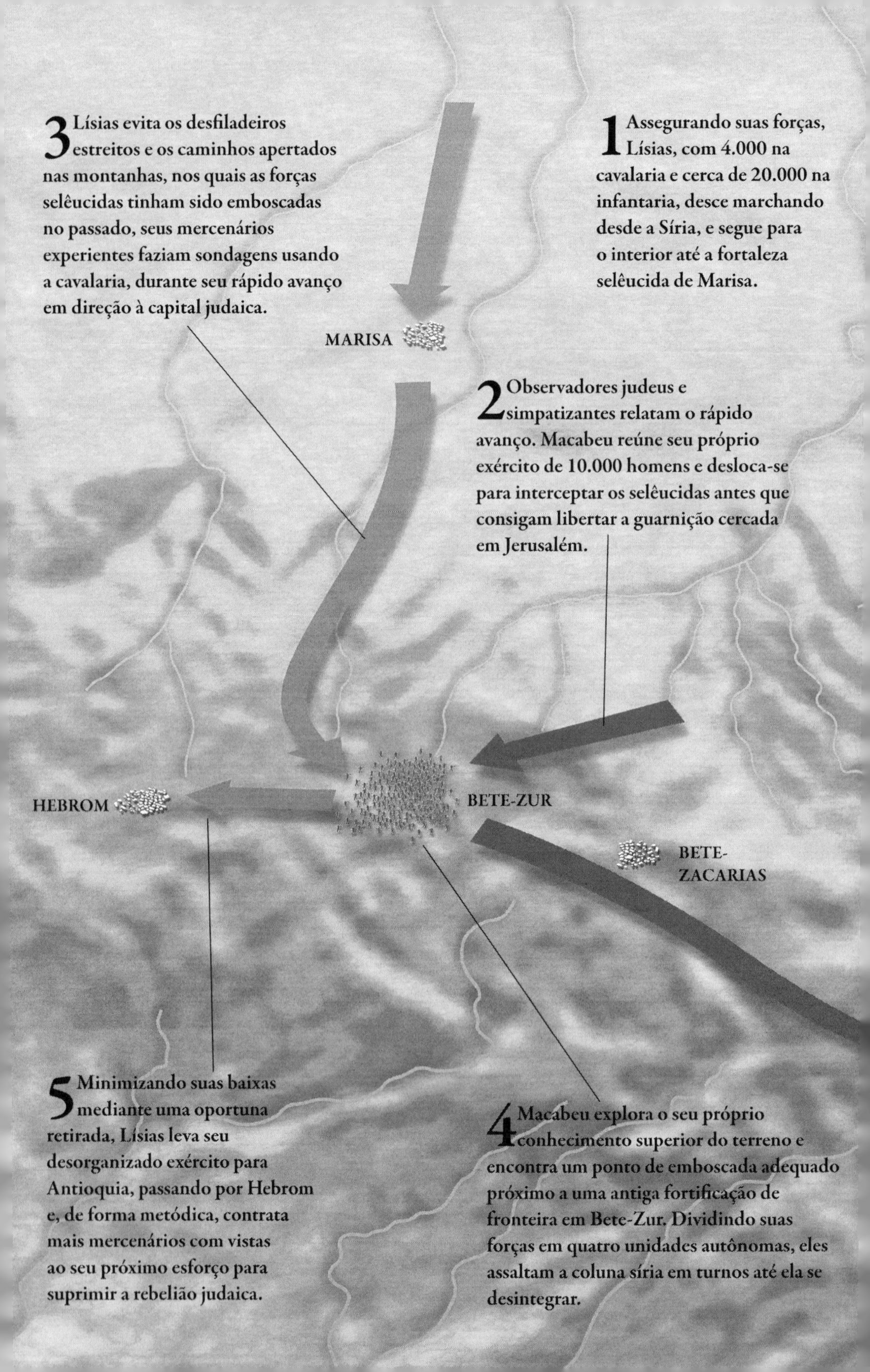

3 Lísias evita os desfiladeiros estreitos e os caminhos apertados nas montanhas, nos quais as forças selêucidas tinham sido emboscadas no passado, seus mercenários experientes faziam sondagens usando a cavalaria, durante seu rápido avanço em direção à capital judaica.

1 Assegurando suas forças, Lísias, com 4.000 na cavalaria e cerca de 20.000 na infantaria, desce marchando desde a Síria, e segue para o interior até a fortaleza selêucida de Marisa.

MARISA

2 Observadores judeus e simpatizantes relatam o rápido avanço. Macabeu reúne seu próprio exército de 10.000 homens e desloca-se para interceptar os selêucidas antes que consigam libertar a guarnição cercada em Jerusalém.

HEBROM

BETE-ZUR

BETE-ZACARIAS

5 Minimizando suas baixas mediante uma oportuna retirada, Lísias leva seu desorganizado exército para Antioquia, passando por Hebrom e, de forma metódica, contrata mais mercenários com vistas ao seu próximo esforço para suprimir a rebelião judaica.

4 Macabeu explora o seu próprio conhecimento superior do terreno e encontra um ponto de emboscada adequado próximo a uma antiga fortificação de fronteira em Bete-Zur. Dividindo suas forças em quatro unidades autônomas, eles assaltam a coluna síria em turnos até ela se desintegrar.

BETE-ZUR
164 a.C.

LODE

GEZER

6 Macabeu e seu vitorioso exército tiram proveito do estímulo de sua vitória em uma rápida marcha para Jerusalém, forçando os remanescentes da guarnição selêucida ali a se resguardarem na fortaleza de Acra. Macabeu e seus homens consolidam sua posição de vitoriosos purificando e reconsagrando o Templo.

GOFNA

JERUSALÉM

O SISTEMA DE ALEXANDRE

O sistema militar ideal de todos os reinos helenistas era aquele criado por Alexandre, o Grande. Todavia, com o passar do tempo, o modelo de Alexandre fora adaptado para adequar-se às exigências de um mundo em rápida transformação. Além disso, ninguém no século II a.C. tinha experimentado diretamente o modelo original. A maciça falange de Alexandre, de longas lanças e macedônios nacionais altamente treinados era coisa do passado.

Também não mais existiam as grandes formações de cavalaria que protegiam os flancos do conquistador e que, em mais de uma ocasião, realmente ganharam batalhas flanqueando a linha do inimigo ou explorando fraquezas em brechas abertas.

O que Lísias tinha ao seu dispor eram mercenários, contratados onde quer que o Império Selêucida os pudesse encontrar, e recrutas nativos que eram imprestáveis, ou por falta de experiência militar ou por estarem profundamente esgotados pelo infindável ciclo de guerras empreendidas na tentativa de ressuscitar o sonho de Alexandre. Enquanto Lísias estivera preparando seu exército, os rebeldes também puderam consolidar e treinar suas próprias forças, garantindo recursos de um número crescente de territórios libertados. Embora a premente necessidade de libertar a guarnição de Acra lhe fora um constante estímulo à ação, Lísias bem sabia que a pressa na preparação para a batalha inevitavelmente haveria de refletir-se em fracassos no próprio campo de batalha.

A falange selêucida empregada por Antíoco III contra os romanos em Magnésia tinha corrigido muitos defeitos no modelo original de Alexandre. Uma série marcada de retângulos isolados de piqueiros ligados a formações de tropas mais leves permitia maior flexibilidade. O predomínio de tais *thureophoroi* (um tipo de soldado de infantaria carregando um grande escudo oval) e de *chalkaspides* vestidos de armadura (piqueiros de falange) reflete a substituição dos macedônios nacionais de Alexandre por *condottieri* (mercenários) localmente recrutados.

Todavia, mercenários alquebrados não podiam recolher nem soldo nem pilhagem. A própria presença deles como tropas encouraçadas enfraquecia consideravelmente o poder da falange porque os soldados regulares sabiam que essas tropas haveriam de se romper sob a pressão da batalha, deixando brechas nas formações principais para que os legionários romanos mais levemente equipados – ou os irregulares soldados judeus – explorassem. Com uma cavalaria reduzida para proteger os seus lados ou para impelir um exército abatido, a máquina militar que tinha destruído o Império Persa estava inesperadamente muito mais vulnerável.

À esquerda: Os melhores e mais brilhantes – e os mais ricos – da juventude do Império Selêucida, o prestigioso braço desde os dias de Alexandre, conduziriam uma sarissa encurtada e uma armadura não adulterada pela prática romana. Estes cavaleiros operavam a partir de um método testado e aprovado para explorar uma brecha na linha do inimigo e massacrar sobreviventes em fuga.

Lísias e suas forças tinham de vencer outro impedimento, o qual não tem recebido a devida atenção em outros relatos da batalha. O exército selêucida dessa época estava tentando adaptar-se à decisão de Antíoco para imitar os equipamentos e as táticas romanas, por conta do quanto ambos os aspectos tinham sido bem-sucedidos contra o exército de seu próprio pai. Até Antíoco III enfrentar os romanos, ele havia prevalecido contra toda oposição em terra.

Infelizmente, os soldados de Antíoco IV não tinham familiaridade com os escudos e espadas de estilo romano que lhes foram dados, e não se poderia esperar que qualquer quantidade de treinamento por apenas uma década os colocasse em condições de se igualarem à habilidade do exército romano, ou ao seu profissionalismo que, em breve, faria dos romanos os donos do mundo mediterrânico.

Também é legítimo dizer que os elefantes, um dos mais celebrados elementos da guerra helenística posterior, não apareceram nessa batalha. Eles apresentavam dificuldades logísticas na linha de batalha e, nesse ponto, Lísias entendeu que poderia se virar sem eles. Igualmente, as celebradas catapultas da antiguidade helenística não devem ter aparecido em Bete-Zur. A artilharia de longo alcance da época era pesada e desajeitada para incluir na bateria. Em qualquer tipo de batalha repentina ela não seria usada e, assim, seria ineficaz desde o primeiro ataque. No campo de batalha, armas mais leves seriam menos úteis do que o mesmo número de homens empregados como arqueiros ou fundibulários e, com Jerusalém ainda sob o controle selêucida, Lísias não sentiu necessidade de sobrecarregar seu avanço com equipamentos de cerco.

UM EXÉRCITO DISCIPLINADO

Judas Macabeu tinha bem menos recursos, porém, muitas vantagens enormes que, no final, se mostrariam decisivas. Primeiro de tudo, ele e seus homens possuíam um conhecimento completo e inestimável de seu terreno nativo. Nenhum destacamento de batedores em um rápido reconhecimento poderia esperar igualar-se à familiaridade de décadas dos israelitas com os caminhos, cavernas, fontes e barrancos no entorno de sua capital. Portanto o reconhecimento do exército que se aproxima era muito mais fácil para os judeus do que para as forças selêucidas. O sujeito calado junto ao poço poderia ser nada mais do que um lavrador local insatisfeito; ou ele poderia, na primeira oportunidade, ir para as montanhas a fim de prover Macabeu com um relatório completo do que esperar e em quanto tempo.

Havia também a questão da experiência, uma área na qual poderia se esperar que os mercenários profissionais de Lísias tivessem uma vantagem maior. Contudo, com quatro exércitos selêucidas desbaratados e dissipados até o momento na revolta, é questionável quantos veteranos,

À direita: Casuais, porém úteis, observadores montados, tais como estes, não poderiam se equiparar aos seus correspondentes selêucidas, entretanto seriam tremendamente bons para acompanhar a aproximação do exército e relatar os seus movimentos a Judas Macabeu. Sua falta de equipamento formal, exceto uma lança, possibilitaria com facilidade seu desaparecimento em meio à população civil, de onde Macabeu os tirara.

mesmo dos mais experimentados, desejavam enfrentar oponentes empobrecidos, que estavam motivados por profunda fé religiosa a lutar até o final em um território que já tinha sido inteiramente pilhado nas repressões anteriores de Antíoco.

Na ocasião em que Lísias e seu exército se aproximavam de Bete-Zur, o núcleo do exército de Macabeu tinha estado no campo e sob seu comando por no mínimo dois anos. Era tal a disciplina de suas tropas que ele pôde, repetidamente, dividir suas forças e ainda coordenar os seus ataques. Em Emaús, no ano anterior, ele fora capaz de interromper a perseguição e a pilhagem dos selêucidas em retirada, e fazer com que suas tropas retornassem à boa ordem, com os despojos da batalha brilhando perante eles.

Acima: Cavaleiros de fato, senão na verdade, Judas Macabeu e seus quatro irmãos infligem a justiça de Deus sobre seus inimigos selêucidas nesta xilogravura do século XVI que ilustra sua luta para preservar sua fé.

Nos longos meses em que passaram no campo, os rebeldes tinham posto para correr vários exércitos do tipo que agora enfrentavam, e tomaram grande quantidade de armaduras e outros equipamentos, inclusive a própria espada do comandante inimigo.

Disciplina, fé religiosa e confiança em seu líder deram aos rebeldes uma grande vantagem nesta e em outras batalhas. Judas Macabeu haveria de explorar ao máximo esses fatores e o terreno de seu solo nativo.

A BATALHA

Como um comandante, Macabeu era inteligente o suficiente para evitar o pecado fundamental da ação previsível. Em uma batalha anterior, ele atacara o exército selêucida acampado, assim, não haveria qualquer repetição dessa tática em Bete-Zur.

As fontes históricas mais antigas dão conta de um exército judaico composto de 10.000 homens na infantaria, mas não mencionam qualquer cavalaria. Não se sabe quantos soldados o próprio Macabeu tinha sob sua mão, embora o número tenha sido ditado pela topografia na ocasião da batalha.

À esquerda: Os tormentos dos condenados manifestam-se na pessoa de Antíoco IV – "o Louco", como até seu próprio povo o conheceu. Os esforços do rei selêucida para suprimir a fé e o povo da Judeia causaram-lhe mais tormentos que os vermes que aparecem devorando-lhe a carne nesta xilogravura da Renascença.

Macabeu dividiu suas forças e posicionou-as em áreas diferentes, prontas para uma emboscada de múltiplos estágios, escondidas nas proximidades do bivaque de Lísias. Eles surpreenderiam os selêucidas em seu estado mais sonolento e desorganizado, no início da marcha ao romper da manhã. Como o som propagava-se facilmente nos desfiladeiros da estreita garganta em volta da estrada, o barulho do primeiro ataque sob o comando pessoal de Macabeu seria o sinal suficiente para os outros começarem seu ataque.

Soldados de qualquer época estão acostumados a resistir a um inimigo diretamente à sua frente com formações e táticas estabelecidas, deixando suas costas e lados para serem protegidos por seus companheiros. O ataque inicial de Macabeu na parte frontal da coluna teria parado imediatamente a marcha do exército de Lísias, causando desordem em seu suave movimento, desde a vanguarda até a retaguarda. A falange helenística carecia de tempo e espaço para posicionar-se e a repentina ferocidade do ataque judaico não concedeu qualquer conforto à coluna selêucida.

As fontes indicam que o exército selêucida entrou rapidamente em colapso à medida que as unidades judaicas atacavam individualmente, aumentando a desordem logo no início. Um dos instintos humanos mais básicos é recuar ao último lugar seguro conhecido – neste caso, o acampamento selêucida, que Macabeu deixara em paz durante a noite. Visto que os soldados em debandada corriam em pânico de volta ao acampamento – ou, mais precisamente, ao pouco dele que ainda não tinha sido embalado em preparação para a marcha – deve ter sido impossível estabelecer uma linha defensiva ali.

Além disso, embora a prática romana de fortificar até mesmo o acampamento diário ao longo da marcha fosse grandemente admirada no mundo helenista, não há registro para sugerir que Antíoco IV tivesse adotado essa prática útil.

As habilidades de Lísias como comandante e, realmente, o profissionalismo de seu exército, transparecem no fato de suas baixas serem, segundo os relatos mais antigos, de apenas 5.000. Soldados correndo sem suas armas e armaduras pelo menos têm a vantagem da velocidade sobre soldados com armadura, perseguindo-os a pé. Sem cavalaria ou número suficiente para encurralar os dispersos selêucidas, foi um feito considerável para Macabeu infligir tamanha perda sobre o inimigo em retirada.

RESULTADO

Lísias reagrupou suas forças na base selêucida de Antioquia e começou a contratação de mais mercenários, demonstrando prontidão para, no próximo esforço, suplantar a rebelião. Aquilo que restou da guarnição selêucida dentro de Acra pôde apenas observar, nas semanas seguintes, enquanto Macabeu e seus seguidores removiam do templo todos os vestígios de estrangeiros e renovavam os antigos rituais de sua fé.

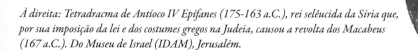

À direita: Tetradracma de Antíoco IV Epífanes (175-163 a.C.), rei selêucida da Síria que, por sua imposição da lei e dos costumes gregos na Judeia, causou a revolta dos Macabeus (167 a.C.). Do Museu de Israel (IDAM), Jerusalém.

BETE-ZACARIAS
162 a.C.

APENAS UMA ÚNICA FORTALEZA RESTOU PARA OS SENHORES SELÊUCIDAS, AQUELA QUE CONTEMPLAVA O PRÓPRIO TEMPLO DE JERUSALÉM. COM A CONFIANÇA NASCIDA DE MÚLTIPLAS VITÓRIAS, JUDAS MACABEU VIU SUAS ESPERANÇAS E SEU EXÉRCITO ESMAGADOS SOB OS PÉS DE BEEMOTES.

Chega o tempo, na história de qualquer nova nação, em que ela deve defender seu território e derrotar qualquer agressor em uma batalha decisiva em campo aberto. Na revolução americana, George Washington compreendeu muito bem o fato básico da existência nacional ao arriscar batalha aberta de forma repetida por todos os desastres de Nova York, Brandywine e Germantown na Pensilvânia, e continuou assim até obter as vitórias decisivas de Saratoga e Yorktown.

Muitos séculos antes, Judas Macabeu, pai de seu país, fora forçado a tomar semelhante posicionamento. Em cinco ocasiões, por emboscada, ataque noturno e furtivo, Macabeu tinha enfrentado, combatido e vencido os

POR QUE ACONTECEU?

QUEM Judas Macabeus e seus rebeldes tinham derrotado o general selêucida Lísias dois anos antes; entretanto, Lísias estava mais que preparado para um segundo encontro.

O QUE Para ter êxito em seu supremo objetivo de restabelecer Israel como um poder independente, Judas Macabeu sabia que teria de derrotar Lísias em uma batalha intensa.

ONDE A cidadela em Bete-Zur, a última defesa externa de Jerusalém.

QUANDO 162 a.C., em seguida à morte do rei Antíoco IV (175-164 a.C.).

POR QUE Ou Israel defenderia sua capital ou cairia como nação – e Judas Macabeu tinha fé suficiente em suas próprias habilidades e em seu exército para arriscar um combate até o fim.

RESULTADO Uma das armas mais temidas no arsenal helenístico – os elefantes – esmagou o exército judaico e quase destruiu completamente o ressurgente Israel.

À direita: O combate armado em formação próxima era uma tradição para os gregos há mais de três séculos, como ilustrado neste vaso ateniense do século V a.C. Se os flancos da formação pudessem ser protegidos, a falange grega ou helenística constituía-se em uma ameaça que nenhum general ou exército poderia desconsiderar.

exércitos do Império Selêucida, reduzindo sua presença em Jerusalém a uma guarnição isolada em uma colina da qual se contemplava o Templo central da fé judaica e da existência nacional israelita. O general Lísias, um vice-rei do Império Selêucida, tinha batido em retirada dois anos antes, na emboscada de Macabeu em Bete-Zur. Nessa ocasião, os rebeldes judeus contaram com as tropas para repelir os invasores selêucidas, porém seria preciso uma batalha de aniquilação ou, pelo menos, uma esmagadora derrota para forçar um império tão poderoso a abandonar seu desejo de reclamar Israel para seu rei.

UMA REIVINDICAÇÃO À EXISTÊNCIA

Por ora, o tempo estava do lado de Macabeu e seus seguidores. Antíoco IV havia morrido após uma malsucedida campanha para angariar dinheiro entre as cidades da antiga Pérsia que, como Israel, estavam se tornando mais e mais refratárias ao controle greco-macedônico. Lísias tinha retornado à capital imperial de Antioquia para restaurar a ordem após a morte do rei e para declarar o filho, deixado ao seu próprio cuidado, o novo monarca do Império – Antíoco V Eupator.

Enquanto isso, Macabeu se ocupava na fortificação da cidade na elevação da qual se avistava o local de sua vitória em Bete-Zur, e na construção de artilharia e outros equipamentos para subjugar a guarnição selêucida de Acra. Entretanto, quanto mais firmemente os rebeldes reivindicavam para si Jerusalém e a independência de sua nação, maior era sua obrigação de controlar a antiga capital. O próximo ataque de Lísias teria o mesmo objetivo do último: a tomada de Jerusalém. Todavia, dessa vez ele podia estar certo que haveria de enfrentar uma defesa ainda mais determinada.

UM AVANÇO MACIÇO

Lísias era um general inteligente, conhecido por honrar seus inimigos. É razoável imaginar que ele bem preferiria abandonar o custoso esforço de subjugar uma rebelião fortemente estabelecida se as questões envolvidas não o obrigassem a agir de outra forma. Todavia, como tutor do próximo imperador selêucida, ele sabia que Israel precisava ser pacificado, de modo final e decisivo. Para manter no trono Antíoco V, seu tutelado, Lísias tinha de esmagar completamente a revolta. Por outro

> **ELEFANTE SELÊUCIDA**
> *Em sua segunda tentativa para conquistar a capital judaica, Lísias levou consigo a suprema manifestação do elefante de guerra no mundo mediterrânico. Uma pesada armadura protegia os flancos e o corpo do animal das flechas e lanças arremessadas, enquanto uma pequena torre de madeira nas costas do elefante protegia arqueiros e lançadores de dardos enquanto eles devolviam o "fogo" e observavam os movimentos do inimigo. Ele estava pronto para o combate na linha de batalha ou de casa em casa, e era raro o cavalo ou o soldado da infantaria que podia contemplar, sem tremer, esse tremendo "rolo compressor" vindo sobre si. Houve um homem assim no exército macabeu.*

No último baluarte antes das fortificações da própria Jerusalém, Judas Macabeu e seu exército procuraram a vitória em uma planejada batalha contra a coluna selêucida que se aproximava. A cidade fortificada de Bete-Zacarias seria o prêmio do vencedor.

Acima: Uma emboscada nos desfiladeiros tinha funcionado dois anos antes para Macabeu na batalha de Bete-Zur, entretanto o cauteloso Lísias tinha flanqueadores e observadores em prontidão no momento em que seu exército surgiu e encontrou as forças judaicas alinhadas no declive diante do posto avançado em Bete-Zacarias (de uma ilustração do século XIX).

lado, Macabeu sabia que ele tinha de subjugar a Acra e controlar Jerusalém. Esses imperativos conflitantes dos dois líderes opostos tornaram inevitável uma batalha maciça e elaborada.

Macabeu lutaria com todos os seus recursos para proteger o Templo restaurado e para manter o continuado cerco ao posto avançado. Um bom número de soldados e substanciais volumes de equipamentos foram também dedicados à manutenção da nova fortaleza em Bete-Zur. Com os judeus fixados em dois pontos estratégicos, Lísias aproveitou todos os seus recursos imperiais para atacar com toda a força que poderia reunir.

Em sua marcha, Lísias estaria acompanhado de um comboio de cerco com artilharia e equipamentos para abertura de brechas para investir contra os muros de Bete-Zur e as formidáveis defesas de Jerusalém, tal como reconstruídas por Macabeu e seus seguidores. Todavia, com território para defender, os rebeldes teriam de manter suas posições

AS FORÇAS EM OPOSIÇÃO

SELÊUCIDAS (estimadas)

Infantaria:	34.000
Cavalaria:	16.000
Elefantes:	32
Total:	**50.032**

MACABEUS (estimadas)

Infantaria:	40.000
Cavalaria:	desconhecida
Total:	**40.000**

diante do violento ataque que estava por vir. Entretanto, com o tempo saberiam que as catapultas de torção com a capacidade de arremessar pedras de 27kg poderiam romper qualquer defesa. E diferentemente de Bete-Zur, Lísias tinha outra força especial para empregar – os seus elefantes.

A BESTA QUE FAZ O CHÃO TREMER

No ano de 168 a.C., Antíoco IV fez, por todo um mês, uma representação pomposa e propagandística, talvez com o propósito de convencer a si mesmo, bem como a seus rivais e súditos, de que o Império Selêucida ainda era uma potência a ser reconhecida. Entre as unidades mostradas estava uma corporação de 32 elefantes, puxando carros ou vestidos em trajes completos de batalha, unidade esta que os romanos tinham proibido expressamente ao seu pai, após a derrota selêucida em Magnésia em 191 a.C.

Os elefantes eram um legado de Alexandre, o Grande, embora o conquistador nunca, de fato, os tenha empregado. Entretanto, seus sucessores conheciam bem as enormes dificuldades que o exército de Alexandre enfrentou ao tentar vencer os elefantes lançados contra as falanges pelo indiano Rajah Porus no rio Hidaspes em 326 a.C. Tendo eles próprios que enfrentar tais falanges em batalhas, todos os sucessores de Alexandre buscaram avidamente ter os seus próprios elefantes.

Foi assim que 32 elefantes, provavelmente indianos, importados da Pérsia ou criados pelos militares selêucidas, acompanharam Lísias em sua marcha. Os animais tinham experiência de combate, em função de seu longo emprego pelos selêucidas em guerras contra o Egito e contra Roma. Mesmo as unidades de elefantes de Rajah Porus não tinham sido suficientemente adaptadas em termos bélicos para resistir às falanges e à cavalaria de Alexandre e, por fim, entraram em pânico e fugiram em debandada pelas linhas indianas em Hidaspes.

Elefantes e cornacas acostumados à batalha teriam bem menos probabilidade de perder o controle. Entretanto, havia dois métodos adicionais para manter os animais sob controle. Cada cornaca cartaginês levava um martelo e um formão, e tinha ordens para usá-los no corte

À direita: "Tão terrível quanto um exército com bandeiras", o espetáculo do exército selêucida em seu avanço estava à altura do perigo que representava para a linha judaica, que aguardava, pela primeira vez na revolta, em uma formação defensiva. Nem o ataque da noite anterior nem o terreno foram suficientes para desorganizar o impressionante poder da força trazida por Lísias contra os rebeldes. De uma xilogravura de Gustave Doré.

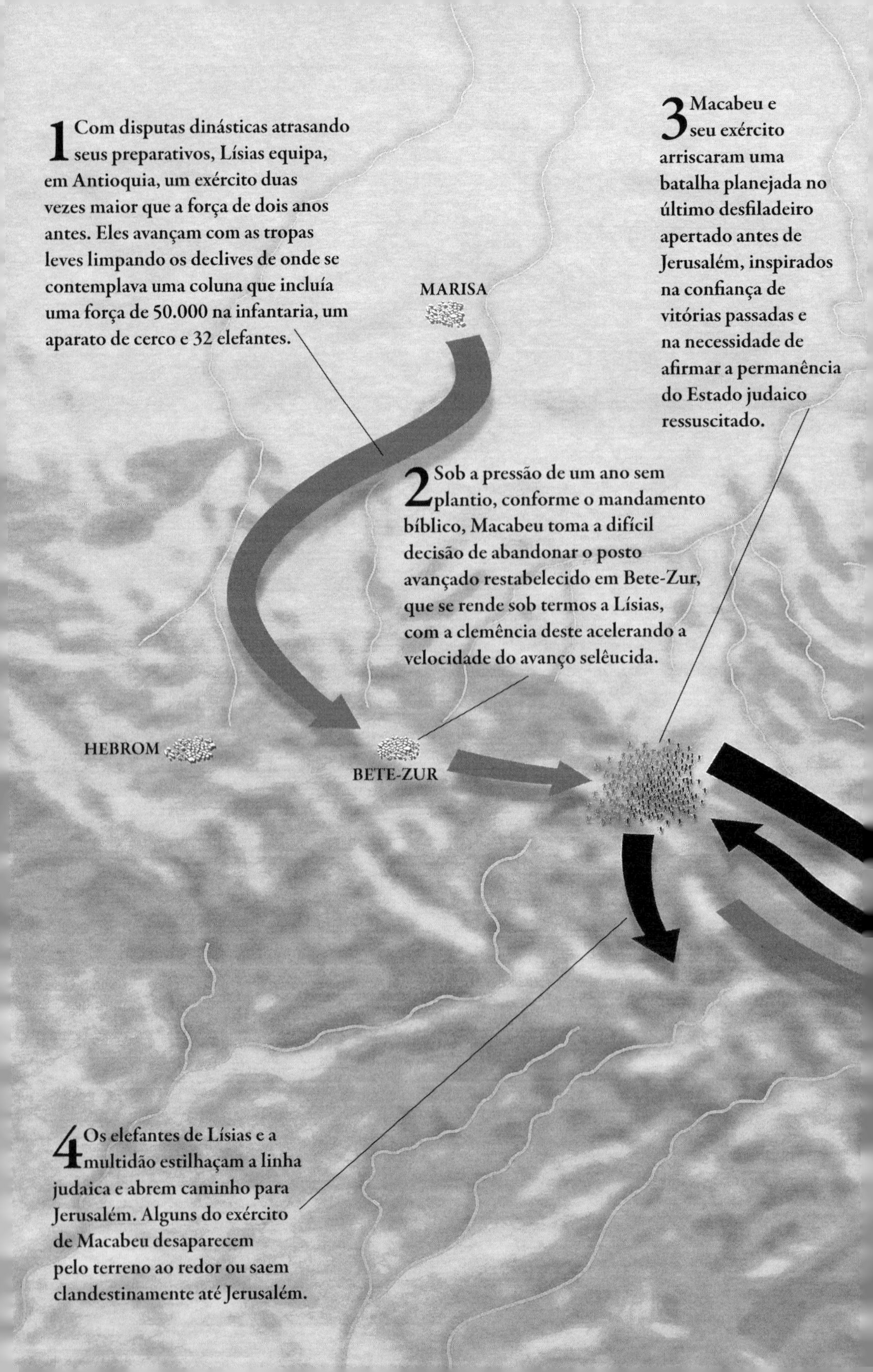

1 Com disputas dinásticas atrasando seus preparativos, Lísias equipa, em Antioquia, um exército duas vezes maior que a força de dois anos antes. Eles avançam com as tropas leves limpando os declives de onde se contemplava uma coluna que incluía uma força de 50.000 na infantaria, um aparato de cerco e 32 elefantes.

2 Sob a pressão de um ano sem plantio, conforme o mandamento bíblico, Macabeu toma a difícil decisão de abandonar o posto avançado restabelecido em Bete-Zur, que se rende sob termos a Lísias, com a clemência deste acelerando a velocidade do avanço selêucida.

3 Macabeu e seu exército arriscaram uma batalha planejada no último desfiladeiro apertado antes de Jerusalém, inspirados na confiança de vitórias passadas e na necessidade de afirmar a permanência do Estado judaico ressuscitado.

4 Os elefantes de Lísias e a multidão estilhaçam a linha judaica e abrem caminho para Jerusalém. Alguns do exército de Macabeu desaparecem pelo terreno ao redor ou saem clandestinamente até Jerusalém.

MARISA

HEBROM

BETE-ZUR

BETE-ZACARIAS
162 a.C.

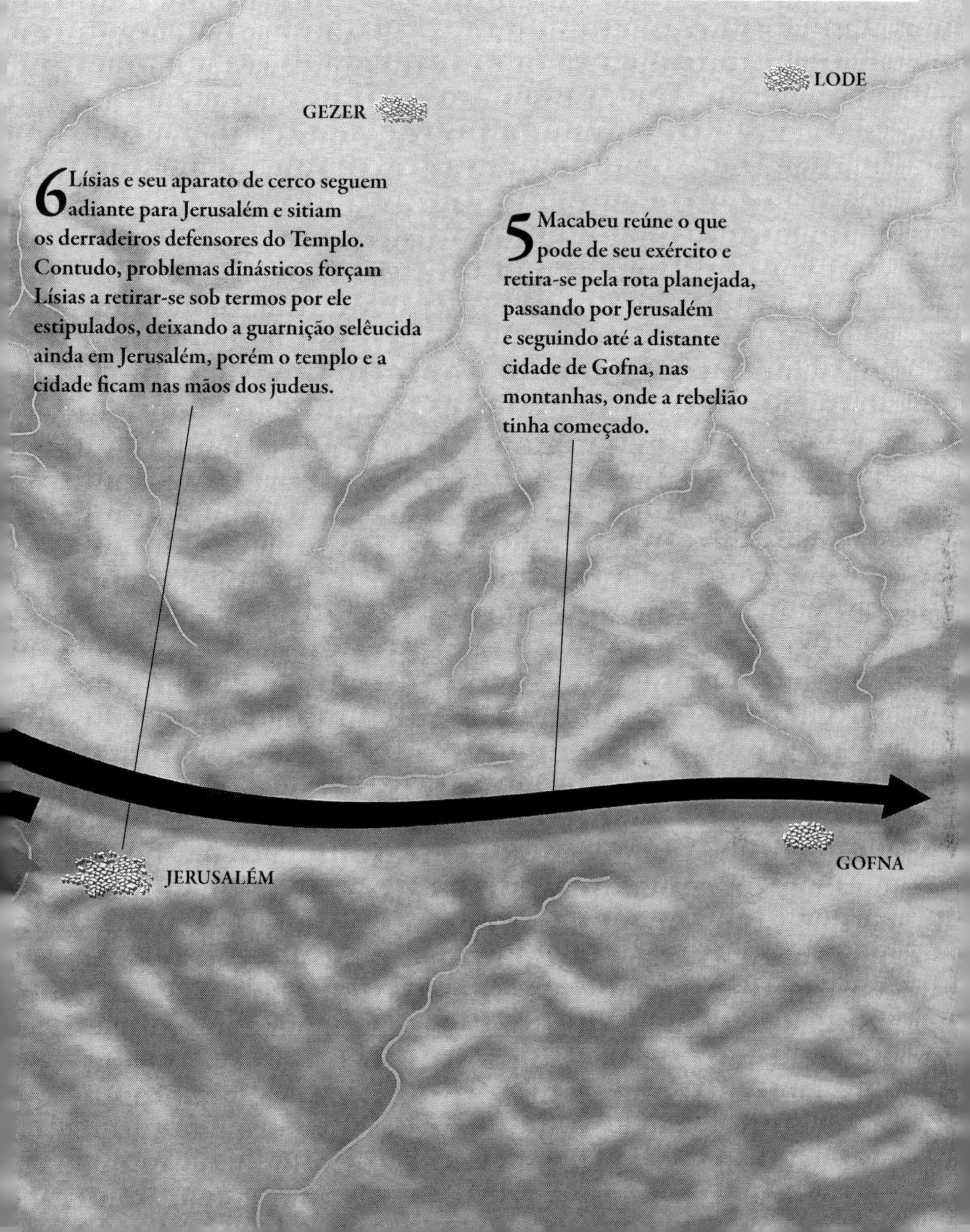

LODE

GEZER

6 Lísias e seu aparato de cerco seguem adiante para Jerusalém e sitiam os derradeiros defensores do Templo. Contudo, problemas dinásticos forçam Lísias a retirar-se sob termos por ele estipulados, deixando a guarnição selêucida ainda em Jerusalém, porém o templo e a cidade ficam nas mãos dos judeus.

5 Macabeu reúne o que pode de seu exército e retira-se pela rota planejada, passando por Jerusalém e seguindo até a distante cidade de Gofna, nas montanhas, onde a rebelião tinha começado.

JERUSALÉM

GOFNA

da coluna espinhal de seu animal caso ele se tornasse uma desvantagem na batalha. Também entre os suprimentos no comboio de cerco de Lísias estava "o suco de uvas e de amoras", bebida forte para ser dada aos elefantes um pouco antes da batalha, uma vez que os elefantes embriagados são notáveis por sua excepcional ferocidade. Ptolomeu IV do Egito tinha planejado usar elefantes bêbados para matar judeus no hipódromo de Alexandria. Em Bete-Zacarias, seriam judeus no campo.

VEÍCULOS BLINDADOS DE COMBATE

Os elefantes nas guerras antigas são frequentemente equiparados aos modernos veículos blindados de combate (VBCs). Essa comparação não é inteiramente correta nem incorreta na compreensão de seu emprego, pelo menos nessa ocasião. O tanque em batalha lança projéteis nas fileiras do inimigo, move-se com rapidez e destrói obstáculos. Lísias equipou suas unidades de elefantes para fazer as três coisas.

No dorso de cada animal erguia-se uma forte *howdah* (uma carruagem ornada) feita de madeira, presa com firmeza no local por arreios resistentes. Posicionados dentro de cada *howdah* estavam, normalmente, um ou dois arqueiros e um piqueiro, o último para ferir qualquer agressor que o próprio animal não matasse com sua tromba ou suas patas dianteiras. Um elefante podia matar até mesmo um soldado com armadura ao levantá-lo com sua tromba e esmagá-lo contra a própria testa; ou da mesma forma em que mata um tigre na selva – arremessando sua vítima contra o chão diante de si e ajoelhando-se sobre ela. Espetar com suas presas era outra opção, e há descrições mostrando elefantes com pontas de metal nas extremidades delas, para tornar o ataque ainda mais violento e, inevitavelmente, letal.

A um passo rápido, um elefante pode atingir 22 km/h – aproximadamente a velocidade de um homem correndo com sua armadura. Os elefantes de Lísias usavam a armadura mais pesada, que fortalece a comparação com os modernos VBCs. Josefo refere-se aos "peitorais" (tóraces) usados pelos animais, enquanto a referência bíblica parece indicar que havia "ornamentos" sobre os animais, presumivelmente para proteger seus pés e tendões vulneráveis.

É sabido que cavalos não-acostumados a elefantes se espantam e fogem diante da estranheza da visão e do odor dos pesados paquidermes. Com as cavalarias macedônias e romanas, isso resultou em mais de um desastre militar. Embora Macabeu e seus rebeldes não possuíssem cavalaria que recebesse menção, os elefantes podiam também realizar outra tarefa: a remoção de obstáculos pesados. E de fato há descrições de elefantes pondo abaixo muros e pontos fortes da infantaria durante o combate casa-a-casa em Bete-Sura e Jerusalém.

À esquerda: Múltiplos dardos e um escudo leve eram as marcas dos escaramuçadores que Lísias expeliu dos flancos de seu exército e de seus elefantes para proteger suas formações de outras emboscadas desastrosas.

A tática empregada por Lísias ao deslocar-se para combater Macabeu e suas forças faz lembrar outra analogia moderna. Comandantes modernos de cavalaria têm aprendido mediante amargas experiências a circundar seus tanques com infantaria: os tanques suplementam o poder de fogo da infantaria e exterminam os pontos de obstrução do inimigo, enquanto a infantaria protege o tanque de ataques muito próximos.

Lísias, aparentemente, compreendeu esse princípio, pois todos os relatos mencionam que ele dividiu os elefantes entre as subdivisões da falange, cada um com um grande número de infantaria ao seu redor e uma unidade menor de soldados portando armadura um pouco mais pesada imediatamente próximos à besta. Unidades de cavalaria ficavam próximas para proteger os elefantes e para explorar qualquer rompimento causado pelos animais na linha judaica. Entretanto, nenhuma preparação de Lísias seria suficiente para fazer com que seus elefantes saíssem incólumes da batalha.

DE VOLTA AOS MUROS

Todos os relatos da batalha são também concordantes em que a força de Lísias consistia em muito mais do que apenas armas pesadas e o núcleo de elefantes. À medida que sua imensa coluna de cerca de 50.000 homens movia-se em direção a Bete-Zur, tropas mais leves apareceram sobre os altos com vistas para o vale central, onde Macabeu o tinha emboscado dois anos antes.

Um teste da perícia de um grande comandante é sua habilidade para tomar decisões difíceis rapidamente. Lísias apreciava o valor da ostentação militar, e todos os relatos registram o medo que se difundiu por todas as fileiras do exército macabeano à medida que a descomunal coluna de Lísias, e seus monstros acompanhantes, chegavam cada vez mais perto.

Diante do avanço, ele planejara resistir, entretanto Macabeu tomou a difícil decisão de recuar, cerca de 10 km ao norte, vale acima em direção ao desfiladeiro ainda mais estreito de Bete-

À direita: Sob uma investida da cavalaria selêucida, Judas Macabeu perece, muito orgulhoso para retroceder, cerca de quatro anos depois de sua retirada tática em Bete-Zacarias. Assim como ele sucedera seu pai, os irmãos sobreviventes haveriam de sucedê-lo na liderança da revolta, até o sucesso final.

Zacarias. Nesse lugar, pensava ele, não haveria como o peso dos elefantes e as forças em seu apoio caírem sobre seu exército, que estaria lutando defensivamente pela primeira vez. Ao recuar, ele poderia ganhar tempo para mais preparação e para negar a Lísias um campo de batalha familiar, porém, ao fazer isso, ele tinha de sacrificar a posição e a guarnição de Bete-Zur, que Lísias subjugou de modo sistemático e científico. Nisso ele foi ajudado pela prática religiosa judaica.

Muito cedo na revolta, as forças macabeanas aprenderam a lutar em dia de Sábado após sua piedade ter-se mostrado fatal no curso do conflito. Entretanto, o ano do ataque de Lísias era aquele, entre sete, no qual a Lei mosaica ordenava que os campos ficassem sem cultivo. Como resultado, a comida em Bete-Zur e em Jerusalém era pouca. Lísias usou isso para vantagem sua e, não obstante, era sábio o suficiente para apreciar o valor da misericórdia ao permitir a rendição de um inimigo. A guarnição de Bete-Zur entregou-se rapidamente após acordo.

Mais uma vez, a coluna selêucida continuou sua marcha. Os elefantes, que haviam liderado o avanço, deixaram sua linha e formaram uma coluna à medida que eles e o restante do exército selêucida moviam-se lentamente em direção ao terreno mais alto de Bete-Zacarias, onde Macabeu e seu exército aguardavam. Jerusalém propriamente dita estava apenas a 11 km adiante vale acima.

A situação era claramente desesperada – tão desesperada, de fato, que Eleazar, irmão mais novo de Macabeu, foi levado a tomar uma decisão impetuosa. Os acessórios do elefante guia eram particularmente suntuosos, e não seria de todo irracional esperar que Lísias ou mesmo o jovem Antíoco V pudesse estar empoleirado na *howdah* na própria vanguarda. Embora não esperasse que corpo do elefante morto fosse bloquear o avanço dos outros, sem dúvida, Eleazar lembrou-se do sucesso de Macabeu no "ataque de decapitação" em cima de Apolônio cinco anos antes. A espada do general selêucida morto estava brilhando na bainha de seu irmão para lembrá-lo disso.

Assim, Eleazar irrompeu pela linha e correu rapidamente até ficar embaixo da barriga do elefante em movimento, o único lugar onde a infantaria ao redor e o próprio animal teriam dificuldade de pegá-lo. A ferida que Eleazar in-

À esquerda: A barriga do animal foi fatal tanto para Eleazar quanto para o elefante que ele feriu em um esforço desesperado para lançar o exército selêucida em confusão, ao abater o que pensava ser o elefante que trazia Lísias e o jovem Antíoco V. Ferido mortalmente, o animal caiu sobre o irmão mais novo de Judas Macabeu e o esmagou, entretanto o comando selêucida estava em outra parte – e saiu vitorioso.

fligiu ao elefante foi fatal a ambos, pois o animal, ao morrer, caiu sobre o seu matador. Entretanto, a glória imortal foi o único benefício da manobra de Eleazar, pois Lísias não foi tolo a ponto de colocar seu rei e causa em uma posição de perigo tão óbvia.

RETIRADA PACÍFICA

Os judeus suportaram por pouco tempo – o bastante para, segundo os relatos, infligir 600 baixas sobre os agressores. Então eles racharam e foi após a derrocada de sua linha que outra grande qualidade de Judas Macabeu tornou-se manifesta. O exército que mantivera a ordem na vitória encontrou suficiente ordem no recuo para uma retirada controlada até a fortificação.

Macabeu deixara para si mesmo uma rota de fuga, caso a batalha intensa que ele próprio procurara se voltasse contra ele. A batalha estava perdida, mas enquanto o exército durasse, a guerra também poderia durar – mesmo ao custo da capital e do Templo. A liderança revela-se na escolha da melhor vantagem na adversidade.

Em vez de retirar-se para Jerusalém, Macabeu conduziu seu exército pela cidade e deixou o quanto pôde de suas forças nas fortificações reconstruídas. Então ele conduziu o restante de suas tropas por outros 24 km para o norte, até a cidade alta de Gofna, o berço de sua revolta. Ele estava claramente preparando-se para começar de novo, não para capitular.

Lísias conduziu sua coluna e cercou Jerusalém, preparando seu formidável aparato de cerco mais uma vez enquanto conquistava a cidade baixa. As fortificações do Monte do Templo resistiam com suprimentos minguando enquanto Lísias libertava sua própria guarnição na fortaleza de Acra. Prudentemente, ele permitiu que o ritual e os sacrifícios dentro do próprio Templo continuassem durante o cerco, abafando assim uma das principais chamas da rebelião.

A sabedoria e o respeito durante a campanha trouxeram-lhe uma última recompensa. Notícias chegaram do norte acerca de Filipe, rival de Lísias, que estaria dirigindo-se para tomar a capital imperial em Antioquia. Um acordo foi oferecido e aceito, e o exército selêucida retirou-se de volta para a Síria.

Foi somente após as mortes de Lísias e de Antíoco V, mais tarde naquele mesmo ano – nas mãos de um pretendente bem-sucedido, Demétrio – que as perseguições aos judeus e sua rebelião tiveram nova retomada.

À direita: Esta fotografia mostra uma parte do muro do ancoradouro em Selêucia Pieria, com o Monte Casius ao fundo. O porto foi construído por Selêuco I Nicator em 300 a.C. Está situado próximo à foz do rio Orontes, e funcionava como o porto marítimo comercial e naval de Antioquia. Selêucia era de grande importância estratégica na luta entre os selêucidas e os ptolomeus: a cidade passou para outras mãos várias vezes até 219 a.C., quando o selêucida Antíoco III ("o Grande") a capturou.

JERUSALÉM
63 a.C.

DISPUTAS ENTRE FACÇÕES JUDAICAS ERAM COMUNS. EM 64 a.C., OS PRÍNCIPES JUDEUS ARISTÓBULO E HIRCANO ESTAVAM EM CONFLITO, E ISSO LEVOU-OS AO DESASTRE QUANDO OS ROMANOS, SOB POMPEU, DECIDIRAM SE ENVOLVER.

POR QUE ACONTECEU?

QUEM Um exército romano sob o comando de Gnaeus Pompeius Magnus (Pompeu) (106-48 a.C) contra as forças judaicas leais a Aristóbulo (104-103 a.C.).

O QUE As forças de Pompeu gradualmente consumiram as defesas em torno do Templo e, então, lançaram um assalto bem-sucedido.

ONDE A cidade de Jerusalém na Judeia.

QUANDO 63 a.C.

POR QUE Pompeu tinha amplos poderes para pôr fim a uma ameaça a Roma, e decidiu que havia motivos suficientes para intervir em Jerusalém.

RESULTADO As forças de Pompeu saíram-se bem e capturaram o Templo. Então ele instalou um sumo sacerdote de sua preferência.

A carreira de Gnaeus Pompeius Magnus, melhor conhecido por Pompeu, foi extremamente bem-sucedida. Tal como muitos políticos romanos, seu destino político baseava-se, em grande parte, nos sucessos como comandante militar, e ele estava sempre disposto a iniciar uma campanha com a intenção de alavancar sua carreira.

Pompeu apoiava Lúcio Cornélio Sulla (c.138-78 a.C.), que naquela época era Ditador romano: monarca absoluto de tudo o que era romano. Pompeu dera apoio a Sulla em suas lutas para chegar ao poder e tinha sido recompensado a contento. Entre outros prêmios, recebeu em casamento a mão da enteada de Sulla, Emília Escaura (c.100-82 a.C.), o que requereu que Emília e Pompeu se divorciassem de seus próprios cônjuges.

Pompeu saiu em campanha em nome de Sulla, e com grande sucesso, na Sicília e no norte da África (81-82 a.C.). Apesar de algumas fissuras no relacionamento com

À direita: Uma representação clássica da eleição de Gnaeus Pompeius Magnus ao posto de Cônsul. O cortejo triunfal indica a popularidade da decisão, embora Pompeu fosse um tanto jovem para o ofício.

Sulla e do crescente temor do ascendente jovem general entre a alta liderança em Roma, Pompeu era indispensável. Sulla ainda tentava reprimir os apoiadores de Caio Mário (157-86 a.C.), contra quem lutara por muitos anos. Depois que outros tinham fracassado, Pompeu foi à Hispânia para encerrar o trabalho. Isso exigiu seis anos, porém ele não somente pacificou a província como também criou a base de uma província estável.

Pompeu tinha, de fato, pedido para ser enviado à Hispânia em pelo menos uma ocasião, porém era muito jovem para ter a dignidade de Procônsul, que era requerida para comandar o exército de que necessitaria. Aqueles em elevadas posições na hierarquia de Roma estavam relutantes em dobrar as regras por várias razões, poucas delas relacionadas ao respeito pela lei ou ao precedente. Se Pompeu viesse a se tornar Procônsul em uma idade tão precoce, o que ele desejaria em seguida? Ele não era o tipo de ficar satisfeito a não ser que tivesse ido o mais longe possível, e as implicações disso preocupavam seus superiores. Entretanto, as forças de Mário na Hispânia tinham de ser subjugadas e parecia que Pompeu pensava poder ter sucesso onde outros fracassaram.

Os acontecimentos provaram que ele estava certo. Ele se beneficiou da traição entre os soldados do inimigo, quando um subordinado menos qualificado assassinou o habilidoso general de Mário e assumiu o controle de suas forças. Pompeu conseguiu derrotar seus inimigos e mostrou considerável habilidade na consolidação do controle romano sobre a província.

Tendo completado a pacificação da Hispânia, Pompeu retornou à Itália, justamente a tempo para esmagar um exército rebelde que fugia após ter sido derrotado por Marcos Licínio Crasso (c.115-53 a.C.). Pompeu pôde reivindicar a glória por ter, com sucesso, desbaratado a revolta dos escravos insuflada por Espártaco, o que consolidou ainda mais sua própria reputação e deixou Crasso bastante aborrecido.

Com esse registro de sucesso militar, Pompeu era a escolha lógica para a tarefa de eliminar a atividade de pi-

LEGIONÁRIO ROMANO
Este é um legionário distintamente típico do século I, forçado a carregar seu equipamento consigo na marcha. Ele está armado com um único pilum, embora a maioria dos legionários carregasse dois para a batalha. Também é visível o seu gladius, em uma bainha suspensa de seu ombro esquerdo. No outro lado do quadril, está um pequeno punhal para emergências. Seu escudo é um scutum de madeira, construído de placas cruzadas presas com ferro, e com uma saliência de ferro que podia ser usada para socar os oponentes. O lado externo do scutum era recoberto em couro. Para proteção, este legionário usa um capacete de bronze com peças flexíveis para a face. Ele usa uma couraça protetora com um debrum em couro para proteger seu pescoço. Suas sandálias são feitas em couro com tachas nas solas. Entre os equipamentos carregados, estariam ferramentas para trincheira, um rolo de dormir, uma capa e implementos para cozinhar, além de rações para vários dias no campo.

LOCALIZAÇÃO

Israel fica longe de Roma, na distante extremidade do Império. Após uma campanha bem-sucedida no norte, Pompeu foi para o sul e tirou partido da situação política local para sua vantagem.

À direita: A cheiroballistra, *que apareceu primeiramente no século I d.C. Esta arma lançadora de dardos tinha uma estrutura mais robusta, porém a maior inovação era que sua cabeça era construída agora quase completamente de metal. As molas eram revestidas por cilindros de bronze para protegê-las das intempéries e do fogo inimigo, o que dava à máquina uma vida mais longa. Ela era uma peça de artilharia bastante precisa, e era apontada com a ajuda do arco de visão no meio das duas molas.* Cheiroballistra *eram montadas nas torres de cerco para manter os defensores com as cabeças abaixadas enquanto as máquinas de cerco eram empurradas para junto das muralhas.*

ratas baseada nas proximidades da Cilícia. Foi-lhe concedida grande liberdade de ação a fim de completar a tarefa, juntamente com o comando autônomo de uma força considerável pelo período de três anos. É possível que o fato de ele ser enviado para as fronteiras com um prestigioso, mas demorado, trabalho para fazer fosse visto como um modo útil de se verem livre desse jovem ambicioso.

Nesse caso, Pompeu gastou apenas três meses para pacificar a Cilícia e dispersar os piratas sobreviventes. Com uma força militar à sua disposição pelo restante do comando de três anos, Pompeu saiu em busca de algo para fazer com ela. Seguindo a legítima tradição romana, ele se pôs a conquistar novas terras e a acrescentá-las àquelas já controladas por Roma.

Primeiramente, Pompeu dirigiu-se ao norte através do que hoje é a Turquia e anexou a província do Ponto em nome de Roma. Então se voltou para o oriente e conquistou várias tribos armênias em um percurso que o levou quase até ao Mar Cáspio por volta do final de 65 a.C. Ainda com algum tempo de sobra, Pompeu, então, marchou em direção sul até a Síria e a anexou como província romana.

Isso colocou o exército de Pompeu em posição de intervir no conflito judaico que se tinha desenvolvido. A morte da rainha judia Salomé Alexandra (139-67 a.C.) deixou dois príncipes disputando o poder. Aristóbulo II, apoiado pelos Saduceus, controlava o Templo de Jerusalém, mas estava mais ou menos sitiado dentro dele por Hircano II (sumo sacerdote de 76-40 a.C.), que contava com o apoio dos Fariseus bem como de aliados estrangeiros que incluíam um xeique árabe de Petra.

AS FORÇAS EM OPOSIÇÃO
ROMANOS
Um número desconhecido de infantaria regular

JUDEUS
Um número desconhecido da população da cidade

POMPEU E A POLÍTICA JUDAICA

Os dois príncipes judeus pediram a mediação romana para sua disputa, e assim o fez igualmente um terceiro grupo que não desejava rei algum, mas antes preferia estabelecer uma república teocrática. Nessa época, Pompeu estava envolvido em uma campanha menor contra tribos locais, porém viu uma oportunidade de beneficiar-se com a situação.

Sendo o suborno um instrumento de Estado nessa ocasião, não havia nada de incomum quanto à grande quantia de prata enviada por Aristóbulo a Marcos Emílio Escauro, representante de Pompeu na Síria. Em troca dessa doação, ele forçou os aliados árabes de Hircano a abandonar sua aliança e a retornar para sua casa em Petra. Aristóbulo enviou um suborno ainda maior a Pompeu quando este chegou à região, ganhando o seu favor, pelo menos por ora.

Pompeu ouviu as delegações em Damasco e insistiu que os dois príncipes viessem pessoalmente se encontrar com ele. Deste modo, ele estabeleceu um nível de dominação sobre eles. Entretanto, Pompeu não controlou a disputa imediatamente. Ele decidiu tratar primeiramente com as tribos nabateias.

Apesar de ter subornado com sucesso os romanos, Aristóbulo preferiu resguardar-se e protegeu-se na fortaleza de Alexandrium. Pompeu não gostou e ordenou que partisse, forçando Aristóbulo a abandonar a fortaleza. Ele, então, voltou para Jerusalém, sendo que Pompeu também se dirigia para lá, via Jericó.

Não está claro se ele ainda confiava ou não na amizade dos romanos, porém, de qualquer forma, Aristóbulo enviou mensagens a Pompeu, acusando Emílio de ter extorquido dinheiro ao invés de esse dinheiro lhe ter sido oferecido como um suborno legítimo. Pompeu investigou pessoalmente o caso e, ao chegar a Jerusalém, decidiu apoiar Hircano. Não se sabe se entrou dinheiro nessa questão, porém, dada à política da época, isso é inteiramente possível.

Aristóbulo foi preso. Entretanto, seus seguidores ainda controlavam o Templo e a disputa continuou. Pompeu, tendo decidido que era necessário algo mais que mediação, trouxe uma parte de suas forças para Jerusalém. Eles puderam movimentar-se livremente com o apoio da facção de Hircano e logo estavam em posição de cercar o Monte do Templo.

PREPARAÇÕES

Hircano e seus novos aliados romanos estavam no controle da cidade baixa de Jerusalém e do território ao redor, mas os Saduceus estavam firmemente fortificados no Templo e em seu ambiente imediato. Eles tinham destruído a ponte entre a cidade e o Templo, dificultando o acesso. Um ataque pelo sul ou pelo leste estava mais ou menos descartado devido aos vales profundos e às encostas íngremes. Pompeu teria de atacar pelo norte e, ao feitio metódico e típico dos romanos, pôs-se a preparar o ataque.

À direita: Uma estátua de Pompeius Magno. O título Magno ("o Grande") foi provavelmente concedido por Sull como um insulto irônico, embora mais tarde Pompeu o tenha merecido plenamente.

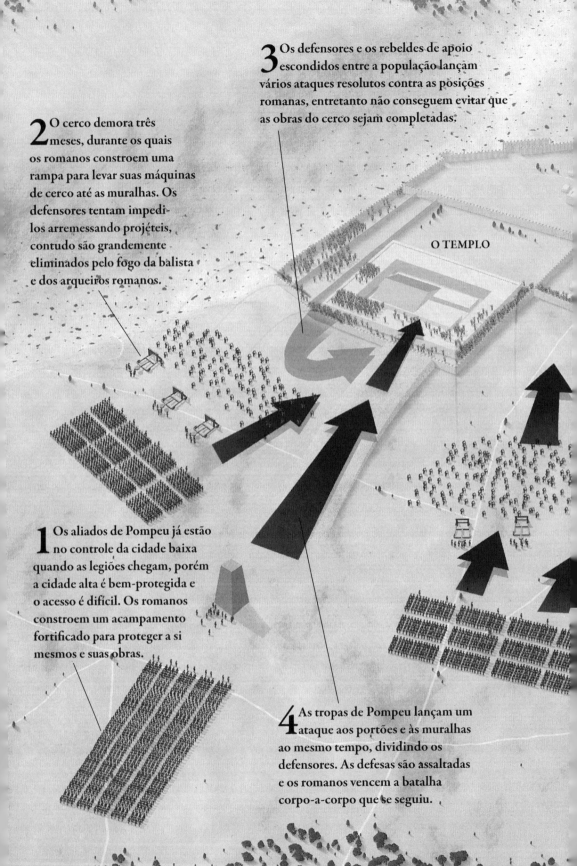

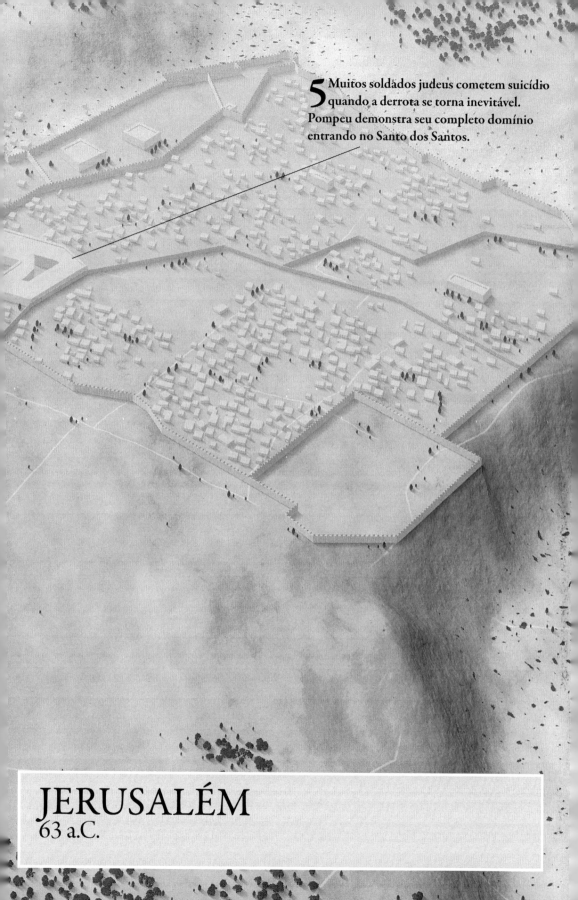

Os romanos eram tremendamente bem-organizados e empreenderam a redução da fortaleza com a lógica característica. Máquinas de cerco foram trazidas para dar cobertura às obras de engenharia que fossem requeridas e mantinham uma constante chuva de pedras e de lanças que enfraqueciam os defensores e, mais importante, impedia que eles interferissem efetivamente nos preparativos para o ataque.

Sob a cobertura desse bombardeio, os legionários empreendiam a construção de uma rampa que haveria de permitir que suas torres de cerco fossem empurradas até as muralhas dos defensores. Esta era uma tática comum nos cercos da época e representavam um imenso investimento de tempo e de mão de obra. Contudo, uma vez acabada, a rampa e as torres forneceriam fácil acesso às muralhas. Se isso tudo fosse completado, o sucesso do ataque estava mais ou menos garantido.

A rampa era uma importante obra de engenharia de campo e tinha de ser construída a despeito da oposição dos defensores. Entretanto, os legionários romanos estavam acostumados ao trabalho de fortificação. Em sua marcha, tinham de construir cada noite um acampamento fortificado, assim o trabalho duro não lhes era estranho nem estava abaixo de sua dignidade. O trabalho era liderado por experientes oficiais ou por sapadores habilidosos e era realizado por soldados disciplinados.

Acima: As sobras de um altar original do Templo em Jerusalém. Pompeu encontrou rolos e altares no Santo dos Santos, mas nenhuma estátua ou imagem de Deus. Para um romano, isso parecia muito estranho.

O CERCO

Protegidos por sua artilharia e pela armadura corporal, os romanos construíram uma rampa de terra, entulho e qualquer material que estivesse à mão. Os judeus contra-atacavam com armas de arremesso e saíam para atacar os trabalhadores de tempos em tempos, embora eles fossem extremamente relutantes em lutar aos Sábados.

Detalhes das forças defensivas são difíceis de obter, mas é provável que houvesse um pequeno núcleo de soldados treinados leais a Aristóbulo auxiliados por um grande número de tropas irregulares. Entre estes, estariam voluntários civis, guardas do templo e fanáticos religiosos que se juntaram em prol da causa da defesa de seu lugar santo contra os invasores estrangeiros.

Acima: A formação Testudo (Tartaruga) tinha suas limitações (ela podia ser vagarosa e difícil para manobrar), contudo propiciava excelente proteção contra o "fogo" de projéteis durante uma abordagem ou enquanto se preparavam para um assalto.

O cerco perdurou por três meses. Há poucos registros do que esteve acontecendo fora da área do Templo, porém é provável que uma parte significativa da população da cidade estivesse ofendida pela presença dos romanos em volta do Monte do Templo. Instigados pelos Saduceus e pela influência política de Aristóbulo, ataques repentinos aos romanos durante o cerco eram prováveis. Entretanto, as forças de Pompeu eram bastante hábeis para prover sua própria segurança, e os bem-equipados, vigorosos e experimentados legionários teriam tido pouca dificuldade para rechaçar os ataques de bandos de irregulares armados, sem importar quão fanáticos ou determinados pudessem estar.

O ASSALTO ROMANO

O cerco continuou sem interrupções até Pompeu estar certo de que seus preparativos estivessem completos. Com os defensores não demonstrando qualquer sinal de vontade de rendição, o ataque foi ordenado para um dia de Sábado.

Algumas fontes afirmam que os judeus não estavam defendendo as muralhas no dia do assalto, porém parece improvável que não houvesse ninguém de serviço enquanto os romanos se apron-

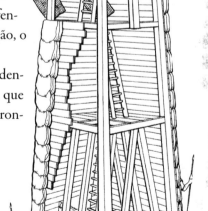

À direita: Uma completa torre de cerco, com aríete e rampa de assalto. As rodas pequenas não podiam se mover bem sobre terreno acidentado, assim, uma "rampa" ou uma "barragem" era construída para permitir o acesso das torres ao seu alvo. Os romanos começaram a usar torres de cerco a partir de 200 a.C., inicialmente com base em desenhos helenísticos do período. O pragmatismo romano acrescentou detalhes como o aríete. A rampa de desembarque podia tanto ser baixada por cordas e roldanas, ou empurrada manualmente para frente pelas tropas de assalto.

tavam para o ataque. Registros da própria invasão são difíceis de se obter, porém o padrão é conhecido a partir de outras operações romanas.

Cobertos pelo intenso "tiroteio" de sua artilharia e das tropas auxiliares de projéteis, as colunas de ataque fizeram sua arremetida. Os portões foram atacados por aríetes trazidos de Tiro, enquanto a infantaria arremetia pela rampa e pelo muro. O ataque em múltiplas frentes divide os defensores e torna difícil o reforço de uma área ameaçada.

Muitos exércitos antigos favoreciam a lança ou outras armas de difícil manejo, que eram úteis em formações de massa, porém não eram tão efetivas na luta corpo-a-corpo de um assalto. Mas não era assim com os legionários romanos. Alguns atiravam suas *pilas* (lanças) ao avançar pela muralha, porém, no momento do contato, as suas espadas curtas é que eram as armas decisivas. O gládio era leve e maneável, capaz de cortar e de perfurar; uma arma ideal para um assalto à muralha.

O *scutum*, o escudo do legionário, o protegia de projéteis e de golpes enquanto avançava no assalto, mas era mais que isso. O longo treinamento ensinou os legionários a usar seus escudos como um obstáculo móvel, reduzindo o equilíbrio contra um determinado homem ao apresentar o que equivalia a uma parede para o assaltante à sua direita enquanto o legionário atacava aqueles à sua esquerda com sua espada. O escudo podia também ser usado para colidir com o inimigo, forçando-o a recuar contra seus companheiros e impedindo seus movimentos. Um defensor que se encontrasse apertado contra o homem atrás de si podia ser rapidamente liquidado com um golpe de uma espada.

Os legionários estavam também melhor guarnecidos de armaduras que seus oponentes, entre outras vantagens. Eram disciplinados e confiantes na vitória, tendo vindo de uma campanha bem-sucedida para o norte. Os romanos eram também bem-liderados, por comandantes que estavam preparados para entrar em combate com o inimigo, além de representarem um admirável exemplo. O primeiro homem sobre a muralha foi Fausto Cornélio Sulla (78-47 a.C.), filho do próprio Ditador.

À direita: Esta descrição Neo-Clássica do assalto a Jerusalém sobrepõe diversas incorreções. Um exemplo é o das espadas; elas são mais parecidas com a espada de folha larga do que com o gládio romano.

O assalto foi sangrento e mais ou menos unilateral. Quando a derrota tornou-se óbvia, muitos judeus defensores cometeram suicídio para não ver seu Templo profanado pelos romanos. Alguns relatos dão conta de 12.000 baixas entre os judeus durante a luta, incluindo muitos sacerdotes. Sendo isso acurado ou não, o Templo logo caiu nas mãos de Pompeu e suas tropas.

Pompeu entrou no Santo dos Santos com seus oficiais, o que era um grave insulto para os judeus. Entretanto, por respeito à santidade do Templo, ordenou que nada fosse removido ou danificado. Pompeu inclinava-se para a visão de longo prazo, para assegurar que a conquista de hoje se tornasse uma província romana estável nos anos vindouros. É possível que tivesse considerado necessário demonstrar seu poder ao entrar no Templo – mostrando que suas mãos não estavam atadas pela crença de outrem – mas, ao mesmo tempo, mostrou a disposição de respeitar a fé judaica e deixar seu lugar sagrado inviolado, se não o forçassem a fazer o contrário.

RESULTADO

A Judeia tornou-se uma possessão romana e exigências tributárias foram impostas. Várias cidades foram tornadas independentes ou transferidas para a província da Síria. Hircano foi nomeado "Etnarca" (Líder Nacional) da Judeia, enquanto Aristóbulo e seus filhos foram levados prisioneiros para Roma, onde foram forçados a participar na entrada triunfal de Pompeu na cidade. Entretanto, muitos dos prisioneiros tomados da Judeia foram, eventualmente, libertados e receberam casas em Roma. Marcos Emílio Escauro continuou sua campanha na região, lutando contra o xeique árabe Aretas, que apoiara Hircano. Ele se deixou subornar mediante outra enorme quantidade de prata e pôs fim às operações militares.

Enquanto isso, Pompeu retornou a Roma passando por uma campanha de pacificação em Creta. Ele tinha ido muito além de seus objetivos originais, tendo aumentado em muito os domínios de Roma. Os judeus nunca mais tiveram um reino independente. Agora eram apenas outro Estado vassalo de Roma, e assim permaneceriam por muitos anos.

À esquerda: Espártaco e seus companheiros escravos lutam contra o poderio das legiões romanas, 70 a.C. Em seguida à sua bem-sucedida campanha na Judeia, Pompeu teve um golpe de sorte ao chegar de volta à Itália em tempo de derrotar o que restava da revolta dos escravos de Espártaco e, assim, furtou de Crasso o crédito de ter vencido a Terceira Guerra Servil.

JERUSALÉM
70 d.C.

EMBORA TENHA COMEÇADO BEM PARA OS REBELDES, A REVOLTA JUDAICA QUE SE INICIOU EM 66 d.C. TERMINOU COM UMA CATASTRÓFICA DERROTA NAS MÃOS DE TITO FLÁVIO. OS JUDEUS SOFRERAM PESADAS BAIXAS E AS RETALIAÇÕES ROMANAS FORAM BRUTAIS.

> **POR QUE ACONTECEU?**
> **QUEM** Um exército romano somando uns 35.000 homens sob o comando de Tito Flávio – que logo se tornaria o Imperador Vespasiano (69-79 d.C.) – contra pelo menos 24.000 rebeldes judeus.
> **O QUE** Jerusalém foi cercada por um bom tempo nessa guerra e, finalmente, foi tomada de assalto.
> **ONDE** A cidade de Jerusalém na Judeia.
> **QUANDO** 70 d.C.
> **POR QUE** Ultrajados por práticas permitidas pelos romanos, os judeus se rebelaram contra seus conquistadores.
> **RESULTADO** Os judeus foram completamente derrotados.

A Judeia tinha sido uma província romana por muitos anos quando a rebelião estourou em 66 d.C. Como em qualquer território ocupado, algumas agitações tinham ocorrido no decorrer dos anos, porém os incidentes tendiam a ser localizados e facilmente tratados. Entretanto, os judeus eram um povo profundamente religioso e não estavam inclinados a tolerar afrontas à sua fé, e várias afrontas tinham acontecido através dos anos desde que Pompeu (106-48 a.C.) assumiu controle da região em nome de Roma.

A intrusão de Pompeu ao Santo dos Santos foi, talvez, a primeira de tais ofensas, e foi muito séria do ponto de vista dos judeus. Quando, por volta de 6 d.C., os romanos começaram insistir em apontar o sumo sacerdote, os judeus foram mais uma vez ofendidos. Entretanto, Roma

À direita: As ruínas do palácio de Herodes, dando uma ideia de sua grande extensão. A permissão dada aos judeus para manter o seu próprio rei era uma das várias medidas que visavam reduzir as tensões na província.

era um senhor experiente e tinha muitos modos para desencorajar ou suprimir oposição.

A tensão foi parcialmente aliviada pela prática romana de permitir que os judeus seguissem sua própria religião, em lugar de impor o culto oficial do Império sobre eles. Entretanto, os benefícios de tal pragmatismo foram parcialmente desfeitos em 39 d.C., quando o Imperador Calígula (12-41 d.C.) declarou ser ele um deus e insistiu que estátuas dele mesmo fossem erigidas em todos os templos dentro do Império. Profundamente ofendidos, os judeus decidiram resistir à ordem.

Entretanto, a província não vivia exatamente transbordando em rebelião aberta. O ato de pegar em armas contra Roma era sempre punido barbaramente e o temor das consequências ajudava a evitar que o desafeto virasse insurreição. Os romanos sabiam também neutralizar várias situações esporádicas. Por exemplo, um soldado romano, que fazia parte de uma força incumbida de punir aldeões locais por não ajudar as autoridades a lidar com bandoleiros, destruiu documentos religiosos enquanto pronunciava blasfêmias. A população local ficou indignada, o governador concordou com eles que o soldado tinha ido longe demais ao atacar o Deus deles. Ele foi decapitado publicamente em frente a uma multidão enfurecida, o que os pacificou por um tempo.

Em outras ocasiões, alguns incidentes foram tolerados, porém a ira entre os judeus cresceu gradualmente até que uma grande parte da população ficou a favor de uma revolta. A situação ficou ainda pior quando o Procurador (governador romano) da Judeia foi acusado, provavelmente com razão, de roubar dinheiro do tesouro do Templo de Jerusalém. À medida que o sentimento anti-romano aumentou, o movimento dos zelotes ganhou popularidade. Os zelotes eram radicais que acreditavam que qualquer meio era justificado para que a Judeia obtivesse independência de Roma – tanto espiritual quanto política.

Preparativos para uma insurreição foram feitos e alguns incidentes ocorreram, porém os romanos conseguiram manter a situação sob controle por algum tempo. Foi somente em 66 d.C. que a rebelião começou seriamente. Ela começou com uma recusa por parte do Sumo sacerdote de oferecer orações e sacrifícios ao Imperador Romano. Isso era um protesto por ver gregos sacrificando pássaros justamente em frente à sinagoga e a recusa da

> **LOCALIZAÇÃO**

A Judeia nunca sossegou realmente enquanto província do Império Romano. Agitações e rebeliões abertas explodiram muitas vezes, a despeito da conciliação romana e de medidas severas, aproximadamente nas mesmas proporções.

> **ARQUEIRO ROMANO**
> *Era a ação de impacto, desferida com o gladius e o pilum, que derrotava o inimigo, e o legionário pesadamente armado era a espinha dorsal do exército romano. Mas para tudo isso, o ataque ia melhor contra um inimigo enfraquecido por uma chuva de projéteis. Os romanos sabiam como obter a melhor vantagem do apoio dos projéteis, e usavam fundibulários e arqueiros bem como artilharia de cerco como um braço de suporte. Os arqueiros podiam ser extremamente efetivos, especialmente em um assalto contra uma posição de defesa. Este arqueiro auxiliar tem por armadura um colete comprido de escamas e um capacete de metal para protegê-lo tanto das flechas dos inimigos quanto no caso de ter de lutar corpo-a-corpo.*

guarnição romana de fazer alguma coisa a respeito disso. Logo em seguida, o incidente incrementou-se e uma guarnição romana foi atacada.

A REVOLTA

O rei judeu da Judeia à época era Agripa II, que era bastante pró-Roma. Temendo por sua segurança, fugiu para a Galileia e buscou refúgio com os romanos. A luta espalhou-se por toda a província e os judeus foram bem-sucedidos inicialmente. Os rebeldes destruíram os arquivos de dívida assim que possível, aumentando seu apoio entre as classes pobres que mais se beneficiaram dessa remoção um tanto dramática de suas dívidas. Os rebeldes têm usado medidas desse tipo em grande parte da história registrada pela simples razão de que elas funcionam.

A resposta romana padrão para uma rebelião era agir de modo rápido e decisivo, assim, Caio Céstio Galo (m.67 d.C.), o líder romano na Síria, marchou imediatamente para suprimir a rebelião. A tática tinha funcionado bem no passado, para César dentre outros, mas não dessa vez.

As forças de Galo foram construídas em torno da XII legião, com destacamentos de mais outras três tropas auxiliares regulares. A estas ele acrescentou um grande número de recrutas e partiu sem treinar devidamente as suas forças. Para sua surpresa, Galo encontrou forte resistência e sofreu alguns reveses menores antes de sitiar Jerusalém.

À direita: O Imperador Calígula reinou por menos de quatro anos, porém fez incontáveis estragos nesse período. Sua insistência em colocar sua estátua nas sinagogas e ser adorado como um deus enfureceu os judeus.

Jerusalém estava pesadamente fortificada e ocupada por um grande número de rebeldes bem-armados. Muitos deles tiveram acesso às armas tiradas da guarnição massacrada e, era óbvio, Galo não poderia tomar a cidade com as tropas que lhe estavam disponíveis. Ele começou a retirar-se e foi constantemente acossado até chegar ao desfiladeiro de Bete-Horom. Ali seu exército ficou sob pesado ataque. Quase 6.000 soldados romanos foram mortos e a XII legião perdeu sua águia.

Esse era um sério revés para Roma, prejudicando seu prestígio na região. A crença geral de que as tropas romanas eram invencíveis era uma das razões pelas quais um pequeno número de legionários e auxiliares conseguiam dominar grandes áreas. Agora que os judeus sabiam que seus inimigos podiam ser derrotados em batalha, e emboscados nas ruas ou atacados em suas guarnições, o moral entre os rebeldes consequentemente aumentou.

AS FORÇAS EM OPOSIÇÃO
ROMANOS (estimadas)
Na maior parte infantaria
Total: 30.000-40.000

ISRAELITAS (estimadas)
Infantaria irregular
Total: 23.000-24.000

RESPOSTAS ROMANAS

O Imperador Nero (37-68 d.C.) sabia que não podia permitir que a revolta ganhasse ímpeto. Se não fosse reprimida, poderia se espalhar para outras províncias. Ele então se escorou em outro princípio de governo romano – rebelar-se contra Roma significa lutar contra todo o Império. Os rebeldes podiam derrotar as forças de guarnições locais, porém isso desencadearia uma intervenção em larga escala que poderia ter apenas um final. Esse era outro modo de Roma desencorajar rebeliões: qualquer sucesso duraria pouco, e liderar uma insurreição era uma sentença de morte.

O comandante designado para reprimir a rebelião na Judeia foi Tito Flávio Vespasiano, que logo se tornaria o Imperador Vespasiano. Ele recebeu um exército de 60.000 homens, incluindo duas legiões e forças auxiliares de apoio, e partiu com grande vigor para lidar com o problema antes que a situação piorasse.

A rebelião esteve, naquela época, mais ou menos dividida em dois principais segmentos, no norte e no sul da província. No norte, ela foi rapidamente aniquilada. Em algumas áreas, a população lutou vigorosamente. Outras cidades se renderam sem oferecer resistência e, dentro de dois anos, a insurreição tinha sido reprimida na parte norte da província.

PROBLEMAS INTERNOS

As coisas em Roma não estavam nada bem na ocasião. O Imperador Nero tinha se envolvido em sérios problemas políticos e perdera o apoio do Senado e até de sua Guarda Pretoriana. Em desespero, ordenou que um escravo o matasse, deixando o Império sem um líder, pois ele não possuía qualquer herdeiro. O que aconteceu em seguida tornou-se conhecido como o Ano dos Quatro Imperadores, quando o primeiro pretendente e, logo, outro apareceram para apoderarem-se do trono, unicamente para serem depostos e substituídos.

Os primeiros dois sucessores, Galba (68-69 d.C.) e Oto (69 d.C.), usaram de suborno para chegar ao poder e permaneceram poucos meses. O próximo foi Vitélio (69 d.C.), Governador da Germânia Inferior. Ele usou a força das armas em sua tentativa para chegar ao trono. Vitélio veio à Itália com as legiões do Reno atrás de si e derrotou as forças de Oto, que acabou cometendo suicídio.

Vitélio reinou por oito meses até suas forças serem derrotadas por outro pretendente militar, Vespasiano, que chegara da Judeia para derrotar Vitélio e tomar Roma de assalto, estabelecendo-se, assim, como imperador. Pensa-se que um dos fatores que contribuiu para a vitória de Vespasiano tenha sido o rumor ouvido por seus legionários de que Vitélio pretendia transferi-los para a perigosa fronteira do Reno, enquanto enviaria seus partidários para os arredores (normalmente) mais amistosos do Império oriental.

À direita: Um relevo em pedra mostrando soldados da Guarda Pretoriana. Originalmente uma força de elite de combate, os pretorianos gradualmente tornaram-se corruptos e mais preocupados em obter riqueza por meio de subornos do que em treinamento para a guerra.

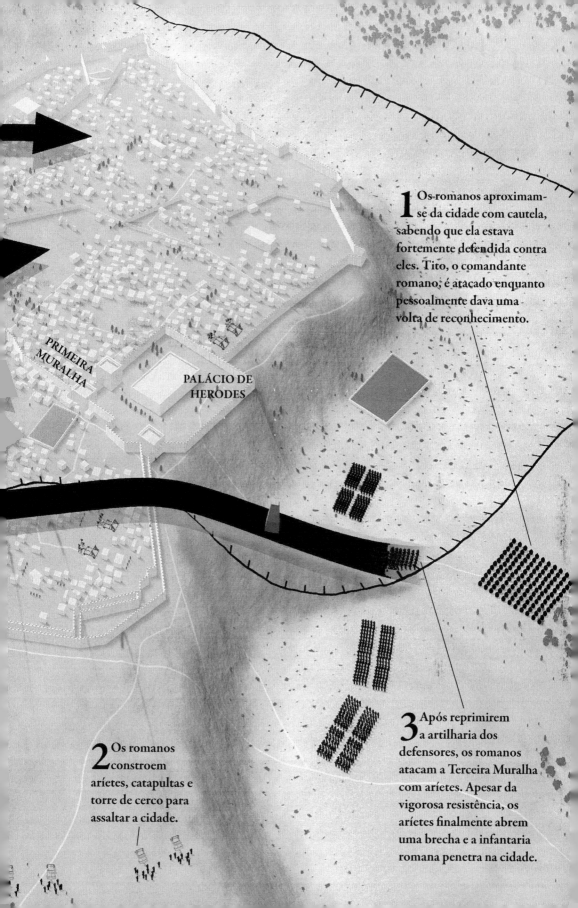

1 Os romanos aproximam-se da cidade com cautela, sabendo que ela estava fortemente defendida contra eles. Tito, o comandante romano, é atacado enquanto pessoalmente dava uma volta de reconhecimento.

2 Os romanos constroem aríetes, catapultas e torre de cerco para assaltar a cidade.

3 Após reprimirem a artilharia dos defensores, os romanos atacam a Terceira Muralha com aríetes. Apesar da vigorosa resistência, os aríetes finalmente abrem uma brecha e a infantaria romana penetra na cidade.

PRIMEIRA MURALHA

PALÁCIO DE HERODES

Vespasiano veio a ser um Imperador forte e bom, porém a agitação causada pela guerra civil de 68-69 d.C. permitiu que a revolta judaica sobrevivesse por mais tempo que, de outra forma, o poderia fazer.

Enquanto isso, os judeus tinham os seus próprios problemas internos. Os zelotes e outras facções radicais lutavam entre si e matavam qualquer pessoa por eles considerada insuficientemente extremista em sua aversão a Roma. Companheiros judeus mataram cada um dos líderes da insurreição no sul, juntamente com outras pessoas que pareciam estar considerando a rendição. Por vezes, os conflitos internos entre os rebeldes judeus correspondiam a uma guerra civil.

Acima: As tumbas de Absalão e Zacarias no vale do Cedrom, Jerusalém. Para os judeus, a ocupação era até um tanto suportável, desde que seus lugares sagrados não fossem ameaçados.

OS ROMANOS EM JERUSALÉM

Por volta de 70 d.C., havia três facções principais em Jerusalém. Duas eram grupos zelotes, a outra era leal ao líder rebelde Simão bar Giora. Suas brigas atrapalharam a campanha contra os romanos e resultaram na destruição de suprimentos. Uma medida de cooperação foi forçada quando o exército romano chegou a Jerusalém.

O comandante romano das operações era agora Tito Flávio, que aos 27 anos era um tanto jovem para os padrões de legados romanos. Ele devia essa sua posição em grande parte ao fato de Vespasiano ser seu pai, porém ele era tanto um habilidoso líder quanto um bom guerreiro no combate pessoal. Tito tinha servido com distinção no início da campanha, porém a tomada de Jerusalém era o maior desafio dentre os que tivera enfrentado anteriormente.

Tito tinha sob seu comando quatro legiões mais as forças de apoio – mais do que seu pai comandara nos primeiros estágios da campanha da Judeia. Entre estas estava a XII Legião, que tinha sido doloridamente derrotada no passado e estava ansiosa por redimir sua reputação.

As legiões de Tito estavam com força reduzida em virtude da campanha – as doenças, o combate e a necessidade de destacar soldados para os trabalhos de segurança, tudo contribuiu –, porém tiveram apoio na forma de destacamentos de duas legiões inexperientes estacionadas no Egito, bem como de tropas da Síria, em acréscimo aos auxiliares e às forças enviadas pelos governantes locais amistosos.

Tito comandou de 30.000 a 40.000 soldados, entretanto Jerusalém estava fortemente defendida e bem-fortificada. A batalha haveria de ser dura.

À direita: Soldados romanos movem uma paliçada para nova posição. Essencialmente uma parede móvel que dava cobertura contra flechas, a paliçada protegia arqueiros, operários ou máquinas de cerco.

A FORTALEZA

Jerusalém foi construída em um terreno elevado, com dois montes formando pontos fortes naturais. O próprio Templo em si, cercado por muralhas boas e fortes, era uma fortaleza formidável. Os defensores tinham trabalhado para fortificar as defesas da cidade – quando não estavam brigando entre si – e estavam prontos para defendê-la fanaticamente.

O historiador romano Tácito afirma que havia 600.000 pessoas na cidade. O escritor judeu Josefo declara cifras ainda maiores: por volta de um milhão de ocupantes. Essas estimativas parecem muito altas, entretanto Jerusalém era uma cidade grande e populosa, e uma parte significativa de sua população pegou em armas para repelir os romanos. Contudo, os seguidores de Simão bar Giora e os zelotes proviam as principais forças de combate: talvez algo como 23.000 ou 24.000 homens no total. Eles estavam bem-equipados, eram experientes e possuíam grande motivação.

A cidade crescera por muitos anos, e suas defesas cresceram com ela. Acima do vale do Cedrom situam-se as partes Alta e Baixa da cidade antiga. O palácio de Herodes e suas torres dominavam a área. Separando a cidade antiga da nova estava a Primeira Muralha, que se juntava ao Grande Templo, sendo este uma fortaleza dentro de outra fortaleza. A Segunda Muralha circundava parte da Nova Cidade e toda ela situava-se dentro da Primeira Muralha, que era a mais recente e a mais fraca das defesas da cidade.

OS PRIMEIROS CHOQUES

O exército de Tito aproximou-se cautelosamente de seu objetivo, com Tito empreendendo um reconhecimento pessoal que quase culminou em sua ruína quando seu destacamento sofreu o ataque dos defensores que investiram a partir da cidade. Tito não portava sua armadura de guerra e não se fazia acompanhar de grande parte de sua guarda pessoal. Tito respondeu com uma investida temerária por entre seus inimigos e conseguiu escapar da armadilha apesar da chuva de flechas atiradas em sua direção.

As forças romanas, então, puseram-se a firmar sua posição para um cerco e um eventual assalto. Havia muito trabalho a ser feito: um acampamento seguro era necessário antes que qualquer operação ofensiva pudesse ser empreendida. Entretanto, enquanto as legiões estavam assim atarefadas, uma grande força saiu pelo lado oriental da cidade e os atacou.

O ataque foi resoluto e muito agressivo, e apanhou os romanos de surpresa. Algumas unidades recuaram de forma desordenada e outras fugiram abertamente.

À direita: Fiéis na plataforma do Templo em Jerusalém, durante a Páscoa. Vista do interior do Templo, a torre conhecida como Castelo (ou Fortaleza) Antônia era uma poderosa fortificação que foi finalmente solapada e derrubada por aríetes.

Em meio ao caos, Tito conseguiu juntar alguns de seus soldados para formar uma fraca linha de combate antes de dirigir sua cavalaria ao flanco do inimigo. Isso rompeu o ataque e enviou os rebeldes de volta pelo vale do Cedrom, permitindo que os romanos se reorganizassem.

Quando a luta arrefeceu um pouco, Tito ordenou que parte de suas forças retornassem ao trabalho de construção do acampamento. Os judeus tinham estado esperando por isso e, assim, lançaram outro vigoroso ataque. Pela segunda vez, os romanos foram forçados a recuar desordenadamente. Tito juntou a si cada romano que pôde encontrar e conduziu uma série de contra-ataques nos quais ele lutou pessoalmente como um soldado comum. Finalmente, o ataque foi repelido e os romanos conseguiram controlar a situação.

Mesmo que o cerco estivesse estabelecido, os defensores não tinham a intenção de se deixar derrotar facilmente. Eles tentaram vários estratagemas, tendo, inclusive, atraído um grupo de soldados romanos para junto das muralhas, como se estivessem querendo se entregar. Muitos desses romanos foram mortos em uma chuva de projéteis. Tito ficou furioso com o incidente, porém foi dissuadido de executar os sobreviventes depois que seus companheiros apresentaram seus rogos.

O CERCO

Tito decidiu que entraria na cidade pela Terceira Muralha. Isso seria um longo processo, mas tal processo já era familiar aos veteranos entre as tropas romanas. Cobertos pela artilharia de projéteis, as tropas prepararam o terreno em volta da muralha e juntaram madeira, sob o constante "fogo" de máquinas leves de cerco – escorpiões e *ballistae* – que os rebeldes tinham capturado das guarnições romanas. Os romanos, é claro, respondiam com o "fogo" de bateria contrária de suas próprias máquinas.

Os romanos nem sempre conseguiam fazer tudo o que queriam, porém gradualmente foram ganhando o duelo de artilharia mesmo que os rebeldes tenham rapidamente adquirido habilidade com suas armas. Entretanto, não era possível romper as muralhas com artilharia, assim, o método costumeiro do emprego de aríetes foi empreendido.

O emprego de aríetes necessitava da criação de rampas de acesso às muralhas, um empreendimento comum em cercos da época. A construção de rampas era um empreendimento trabalhoso, contudo, uma vez completo, romper a muralha era uma questão simples. As regras de guerra adotadas pelos romanos estipulavam que, até o aríete dar o primeiro golpe contra a muralha de uma cidade, era possível a rendição em termos toleráveis, portanto a chegada das máquinas junto à muralha era um ponto decisivo no cerco.

À direita: Esta fotografia mostra parte do templo ampliado por Herodes, o Grande. As muralhas do monte do Templo eram ao extremo espessas e difíceis de romper. O cerco de Jerusalém requereu dos romanos o uso de toda a sua experiência e engenhosidade para capturar a cidade.

Protegidos pelo "fogo" da artilharia e dos arqueiros, os aríetes começaram o seu trabalho, para o pavor dos ocupantes da cidade. Os defensores fizeram o que puderam, atirando nos operários e saindo em ofensivas para tentar incendiar as máquinas. Um desses ataques teria dado certo não fosse a resistência firme dos inexperientes legionários egípcios.

A INVASÃO DE JERUSALÉM

Após 15 dias, uma brecha foi feita. Muitos defensores decidiram que a Terceira Muralha estava perdida e recuaram para a Segunda, porém vários deles permaneceram oferecendo certa resistência à medida que os destacamentos de assalto entravam pela brecha. Um breve combate terminou com a debandada dos defensores e os romanos puderam se estabelecer na cidade.

A Segunda Muralha foi defendida com a mesma determinação – e maior desespero – que a Terceira. Grupos saíam pela muralha para atacar os agressores e escaramuças pelas ruas da cidade nova tornaram-se comuns. Todavia, os aríetes foram levados adiante e, após cinco dias, uma brecha foi aberta.

Tito avançou pela brecha com uma força selecionada de 1.000 homens que, após uma resistência inicial leve, foi severamente atacada. Os romanos foram repelidos e forçados a lutar pelas ruas para conseguir escapar. A brecha foi defendida por mais três dias antes de ser invadida pela segunda vez. Tito ordenou que a brecha fosse ampliada e guarnecida, e concedeu aos soldados um período de descanso antes do assalto final. As tropas foram reunidas para revista e receberam o pagamento – o que sempre é bom para levantar o moral.

A PRIMEIRA MURALHA

A Primeira Muralha era uma sólida fortificação e estava sendo defendida com muita determinação. Assaltá-la seria um trabalho penoso, e Tito sabia disso. A chave para a posição era o Grande Templo e, em particular, uma torre construída em sua esquina, conhecida como a Fortaleza Antônia. Mais rampas de cerco foram construídas diante dessa torre e, apesar dos contra-ataques e do "fogo" de projéteis, elas ficaram prontas após 17 dias.

Entretanto, os judeus tinham estado ocupados durante esse período e tinham, de fato, cavado minas sob as rampas de cerco. Logo que estas ficaram prontas, foram demolidas pelo desmoronamento deliberado dos túneis das minas. Isso foi seguido por uma tentativa de assaltar o acampamento romano, sugerindo que os rebeldes ainda tinham muita disposição para lutar.

À direita: No cerco de Jotapata (67 d.C.), no norte de Israel, os romanos usaram um aríete similar ao ilustrado aqui. Os legionários balançavam o aríete usando cordas enquanto uma cobertura revestida de couro cru provia proteção. Arqueiros e catapultas proviam "fogo" de cobertura. Uma vez rompida a muralha, outros legionários entravam pela brecha para tomar de assalto a cidade.

Os romanos ficaram desanimados com esses acontecimentos inesperados – tanto que alguns, de fato, juntaram-se aos rebeldes dentro da Primeira Muralha. Tito considerou várias opções e decidiu continuar com o assalto. Seu pai precisava de uma vitória aqui para ajudá-lo a consolidar seu poder e Tito estava determinado a consegui-la. Entretanto, ele resolveu agir com cautela.

O trabalho do cerco foi retomado, porém agora as tropas romanas construíram sua própria fortificação, um muro de cincunvalação em volta de toda a cidade. Foi um enorme empreendimento, mas era do tipo que os romanos sabiam muito bem como completar. Em apenas três dias, rodearam a cidade com fortificações e a conclusão desse trabalho deu um senso de realização que ajudou a restaurar o moral.

Esse muro oferecia benefícios práticos também. A comida estava escasseando na cidade e essas defesas dificultaram ainda mais as fugas de destacamentos que saíam em busca de provisões. E então o trabalho começou em outra série de rampas de cerco. Isso levou 21 dias e foi completado não obstante uma tentativa de investida para destruição das obras. Ela foi repelida e, finalmente, os aríetes começaram seu trabalho. Os aríetes enfraqueceram a formidável torre da Fortaleza Antônia e, com suas fundações abaladas pelos próprios túneis dos zelotes, a seu tempo ela desabou.

Embora a brecha criada fosse larga, ela estava bloqueada por um muro improvisado que mostrou ser um forte obstáculo. Depois que uma tentativa inicial de invasão fracassou, um destacamento avançado conseguiu escalar o muro – aparentemente por sua própria iniciativa – durante a noite. Um soldado desse arrojado grupo era um trombeteiro e, assim que Tito ouviu seu chamado dentro da posição do inimigo, juntou uma improvisada força de assalto e atacou. Aconteceu, então, um combate bastante caótico no Pátio do Templo, porém os romanos não conseguiram avançar. Um segundo assalto foi um pouco melhor sucedido, e o entulho da torre foi retirado para facilitar o acesso.

Agora Tito formou uma força invasora de elite composta de 1.000 homens, que atacou durante a noite com sucesso inicial. Entretanto, a resistência rapidamente endureceu, levando a um combate de vida-ou-morte que durou o dia todo. Vários outros dias de combate foram necessários antes de se garantir o Pátio do Templo.

O TEMPLO CAI

Tito não queria destruir o Grande Templo, porém a defesa obstinada dos rebeldes tornou inevitável o estrago. Seguiu-se um período de intenso combate, no qual os judeus puderam fazer rápidos ataques contra o

À direita: Quando Pompeu tomou Jerusalém de assalto em 67 d.C., ele deixou o Templo intacto. Não foi assim dessa vez; os romanos saquearam e destruíram o templo, matando muitos civis que vieram a estar no caminho (de um detalhe de uma pintura de Francesco Hayez, 1867).

acampamento romano. Alguns deles foram muito bem-sucedidos, porém a maioria foi repelida. Enquanto isso, os romanos lentamente avançavam através do templo, e até a cavalaria lutou desmontada para apoiar a infantaria.

Finalmente, os rebeldes defendiam apenas o Pátio Interno, mas este também acabou invadido. Em algum ponto do renhido combate, o Templo começou a incendiar-se. Partes dele já tinham sido queimadas, mas, dessa vez, a conflagração foi geral. Alguns esforços foram feitos para combater o fogo, porém, logo que conseguiram expulsar os rebeldes, os vitoriosos estavam mais interessados em pilhagem que em defesa civil. Um grande número de civis também foi morto na invasão final do Templo.

O ASSALTO FINAL

Agora a única parte da cidade que ainda estava em mãos judaicas era a Cidade Antiga, à qual os romanos tinham acesso através do Templo consumido. Não admitindo negociar, Tito ordenou um assalto e começou construir rampas novamente. Quando estavam prontas, os defensores estavam morrendo de fome e desmoralizados.

O assalto final foi algo como um anticlímax, com grande parte dos defensores se dispersando antes que os romanos pudessem alcançá-los. Vários líderes judeus importantes foram capturados e a rebelião mais ou menos chegou ao fim.

Tito reuniu suas tropas e homenageou-as com honrarias. Em seguida, inspecionou a região, realizou várias cerimônias e colocou o selo da reconquista da Judeia. Finalmente, retornou à Itália. Haja vista a história recente, houve alguns que esperavam que ele pudesse tentar tomar o trono. Ao invés disso, Tito e seu pai, Vespasiano, conduziram juntos um desfile triunfal em comemoração à vitória deles na Judeia. O ponto alto do evento foi a execução formal, por estrangulamento, de Simão bar Giora.

À direita: As tropas romanas avançam para a plataforma do Templo sobre uma ampla rampa construída sobre uma parte da muralha externa. As ruínas da torre da Fortaleza Antônia podem ser vistas à esquerda da rampa.

MASSADA
74-74 d.C.

A HISTÓRIA DE MASSADA TEM INSPIRADO OS JUDEUS POR QUASE DOIS MIL ANOS. APESAR DE DERROTADOS NO CAMPO, OS ZELOTES PERMANECERAM DESAFIADORES ATÉ O FINAL. GRANDEMENTE EXCEDIDOS EM NÚMERO, BUSCARAM REFUGIAR-SE EM SUA FORTALEZA E A DEFENDERAM ATÉ QUE A DERROTA SE TORNOU INEVITÁVEL. MESMO ENTÃO, PREFERIRAM TIRAR A PRÓPRIA VIDA A SUJEITAREM-SE À ROMA.

POR QUE ACONTECEU?

QUEM Cerca de 1.000 judeus (incluindo não-combatentes) liderados por Eleazar ben Ya'ir, contra algo em torno de 7.000 soldados romanos da X legião e de forças anexadas, sob o comando de Lúcio Flávio Silva, Procurador da Judeia (73-81 d.C.).

O QUE Massada era virtualmente inexpugnável e bem-suprida, consequentemente, os romanos tiveram de realizar várias obras de engenharia de cerco para poderem entrar.

ONDE A fortaleza de Massada, na costa do Mar Morto em Israel.

QUANDO 73-74 d.C.

POR QUE Depois que a revolta judaica de 66-72 d.C. estava basicamente derrotada, os zelotes remanescentes foram gradualmente eliminados. Aqueles sitiados em Massada representavam sua última força significativa.

RESULTADO Depois de prolongados preparativos, os romanos estavam prontos para tomar de assalto a fortaleza.

Não obstante a revolta judaica de 66 a.C. ter sido bem-sucedida no início, ela acabou completamente subjugada no norte. As questões políticas de Roma e as lutas pelo trono do Império desviaram a atenção por pouco tempo, entretanto, por volta de 70 d.C., a insurreição estava efetivamente encerrada. Com a invasão de Jerusalém e a queda do Grande Templo, apenas uns poucos focos de resistência persistiam. Entretanto, estes estavam extremamente determinados.

Os mais notáveis entre os rebeldes eram os zelotes, que estavam decididos a usar todos e quaisquer meios para resistir à Roma e libertar o povo judeu da ocupação.

À direita: Primeiramente construída no século II a.C., a fortaleza de Macaeros foi reconstruída e restaurada pelo rei Herodes, o Grande. Ela caiu rapidamente frente aos romanos durante as operações de repressão, depois da captura de Jerusalém em 70 d.C.

Embora o coração espiritual da nação tenha sido tomado e muitos líderes estivessem mortos, os zelotes e outras facções hostis à Roma resistiam em alguns lugares.

Focos menores de resistência existiam aqui e ali, mas estes eram fáceis demais para as experientes tropas romanas limparem. Mesmo as fortalezas de Herodium e de Macaeros foram rapidamente subjugadas. Aqui e ali, pequenos bandos de zelotes ainda causavam contínuos transtornos, porém a ocupação foi restabelecida e a província mais uma vez estava firmemente sob controle.

Contudo, mesmo enquanto os burocratas estavam calculando os tributos devidos que não tinham sido coletados durante a rebelião, uma fortaleza ainda resistia contra os romanos. Era Massada, a fortificação construída sobre um formidável obstáculo natural próximo à costa do Mar Morto. Massada tinha sido capturada pelos zelotes no início da rebelião e era agora o seu refúgio final. Quase mil pessoas estavam dentro das fortificações, embora muitos deles fossem mulheres e crianças.

Alguns relatos sugerem que os defensores de Massada fossem sicários, um grupo dissidente dos zelotes que mesmo outros zelotes consideravam extremista. O fanatismo dos defensores parece apoiar essa opinião. Com certeza, aqueles que defendiam a fortaleza não se submeteriam, mesmo que sua causa estivesse completamente perdida. A rebelião tinha sido esmagada e o resto da Judeia estava sob o controle romano mais uma vez, contudo o punhado de fanáticos baseado em Massada continuou a praticar ataques relâmpagos no território circunvizinho.

Embora Roma tivesse obtido vitória quase total e tivesse, em todos os sentidos, suprimido a rebelião, isso não era suficiente para o Imperador. Era preciso uma vitória total, talvez como indicativo a outros rebeldes em potencial de que a oposição a Roma seria inteiramente esmagada. Portanto, Massada deveria ser retirada das mãos dos zelotes.

A tarefa recaiu para Lúcio Flávio Silva, recém-designado Procurador da Judeia. Embora as forças reunidas contra ele não fossem grandes, a fortaleza em si era virtualmente impossível de ser tomada. Construída por Herodes, o Grande, um século antes, Massada (que significa simplesmente "fortaleza" em hebraico) fora planejada para ser uma fortaleza real. Herodes não era um rei popular, tendo sido designado pelos invasores romanos. Ele sentiu que poderia chegar a hora de precisar de um refúgio inexpugnável.

LOCALIZAÇÃO

A fortaleza de Massada resistiu, mesmo após a rebelião ter sido debelada em outras partes. Como um refúgio final, ela era tão inexpugnável quanto as convicções dos fanáticos que a ocupavam.

LEGIONÁRIOS ROMANOS

A arma primária do legionário era a sua espada mortal, usada por detrás da proteção de seu escudo. Os inimigos eram enfraquecidos antes de um ataque, ou seus ataques eram repelidos, mediante uma concentrada salva de pila, ou dardos. O pilum era um projétil usado para enfraquecer o inimigo, para que o efeito de "choque" do assalto dos legionários pudesse mais facilmente despedaçar suas formações e tirá-lo do campo. A combinação de fogo e choque tem sido um conceito fundamental nas táticas bem-sucedidas por séculos, e os romanos a utilizaram como uma arte.

Acima: Esta vista aérea dá uma ideia de como era formidável o sítio de Massada, mesmo antes de a fortaleza ter sido construída no seu topo. Com seu próprio suprimento de água, Massada podia resistir por um longo tempo.

A FORTALEZA DE MASSADA

Massada ficava no alto de um afloramento rochoso natural localizado cerca de 50m acima do nível do mar. Isso a colocava a 450m acima do Mar Morto, a região mais baixa da Terra, do lado leste. A oeste, o desnível era de 100m e não havia, de qualquer direção, algum acesso fácil. Apenas três trilhas levam ao topo do platô, e todas eram difíceis de subir mesmo para quem não enfrenta oposição.

Essa impressionante fortaleza natural foi aumentada mediante a construção de um muro ao redor da beira do platô, com quase 1500m de comprimento e 4m de largura. Um portão solidamente fortificado guardava o topo de cada uma das trilhas e havia torres por toda parte.

Dentro dos muros havia casas para a população e um palácio construído por Herodes, o Grande. Todos os edifícios tinham paredes espessas, construídas com blocos de pedra revestidas com reboco, principalmente para afugentar o calor. E mais importante, a fortaleza tinha seu próprio suprimento de água. Cisternas na rocha foram cavadas no alto da montanha e enchidas durante as chuvas de inverno. Eram grandes o suficiente para durar por muito tempo, e os depósitos continham provisões por um tempo correspondente.

Os zelotes tomaram Massada no início da revolta, provavelmente de forma furtiva e inesperada; de outra forma eles não poderiam se apoderar de fortaleza tão poderosa. Como última fortaleza contra Roma, era um símbolo de que a rebelião não estava totalmente derrotada. Para tomá-la, os romanos não poderiam contar com a vantagem da surpresa e, assim, enfrentaram uma tarefa desencorajadora.

OS ROMANOS RETORNAM

Flávio Silva tinha sob seu comando a X Legião mais suas unidades auxiliares agregadas – um total de aproximadamente 7.000 soldados. Estes eram experimentados, visto que tinham lutado durante toda a longa revolta judaica. Durante o cerco de Jerusalém, a legião tornou-se notável pelo hábil uso de suas máquinas de cerco. E uma vez invadida essa cidade, a X Legião prosseguiu capturando Herodium e Macaeros.

Ao chegar à base do platô de Massada, Lúcio Flávio Silva exigiu que os defensores se rendessem. Eles recusaram-se a atender, o que significava que a fortaleza haveria de ser tomada. Nem engano ou ação furtiva era possível, e um assalto inesperado era impraticável.

Abaixo: Uma vista espetacular do Palácio do Norte, em Massada. A fortaleza foi construída pelo rei Herodes, o Grande, que tinha a preocupação de que seu povo pudesse voltar-se contra ele, e não poupou recursos na preparação de seu esconderijo.

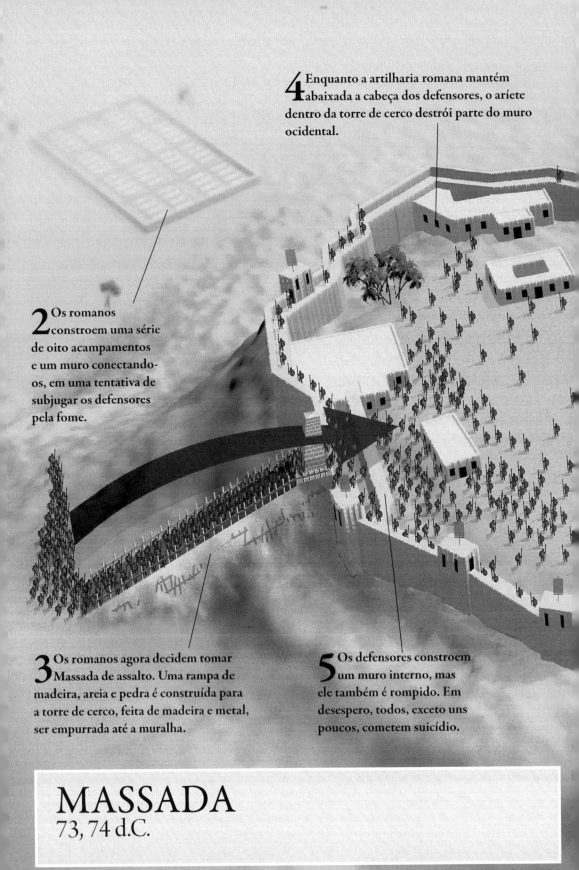

4 Enquanto a artilharia romana mantém abaixada a cabeça dos defensores, o aríete dentro da torre de cerco destrói parte do muro ocidental.

2 Os romanos constroem uma série de oito acampamentos e um muro conectando-os, em uma tentativa de subjugar os defensores pela fome.

3 Os romanos agora decidem tomar Massada de assalto. Uma rampa de madeira, areia e pedra é construída para a torre de cerco, feita de madeira e metal, ser empurrada até a muralha.

5 Os defensores constroem um muro interno, mas ele também é rompido. Em desespero, todos, exceto uns poucos, cometem suicídio.

MASSADA
73, 74 d.C.

1 Esta fortaleza tinha sido capturada por uma ação secreta dos judeus em 66 d.C. Sua localização e suas fortificações fizeram-na parecer inexpugnável.

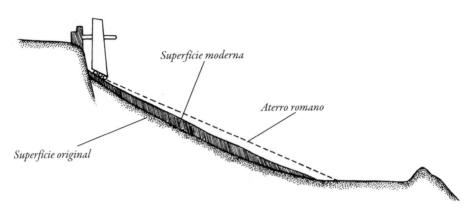

Acima: Os romanos construíram seu aterro de cerco sobre um espigão geológico que subia inclinado até a fortaleza. Os peritos têm sugerido que até 20m teriam sido adicionados para criar uma superfície suficientemente elevada e plana, para que os romanos pudessem mover suas torres de cerco até as muralhas da fortaleza.

Isso era aceitável aos romanos. Eles tinham experiência com esse tipo de coisa e, embora Massada fosse ainda mais formidável que Jerusalém, eles não tinham qualquer dúvida de que poderiam conseguir.

Com o resto do país mais ou menos pacificado, não havia ameaças para as linhas de suprimento romanas ou qualquer chance de libertação para os defensores. A rendição não era tanto uma opção, visto que os romanos certamente iriam crucificá-los como uma advertência para os demais, nem ainda eles poderiam escapar. Tudo que restava era uma soberba rebeldia.

PREPARAÇÕES ROMANAS

Os romanos tinham o tempo ao seu lado e podiam dar-se ao luxo de fazer tudo do modo apropriado. A primeira tarefa era cuidar da própria segurança. Para isso, o costumeiro acampamento fortificado foi aumentado pela construção de um muro de circunvalação. Essa era uma empreitada demorada, e algumas fontes afirmam que grandes números de escravos judeus foram usados para ajudar no serviço. Por fim, foi acabado e, nesse ponto, qualquer tentativa pelos defensores para escapar ou para sair e atacar o exército ao redor seria apenas um exercício de futilidade.

Em seguida, os romanos enfrentaram outro desafio. Massada ficava às margens do deserto da Judeia, como, então, obteriam supri-

À direita: Armas móveis de cerco, tais como esta catapulta, foram usadas como poderosas armas de matar. Elas podiam ser colocadas para cobrir uma seção das defesas a uma distância maior do que os arcos, e destroçariam a maior parte das proteções.

AS FORÇAS EM OPOSIÇÃO	
ROMANOS (estimadas)	
1 Legião mais forças de apoio	
Total:	**7.000**
ISRAELITAS (estimadas)	
Total:	**1.000**

mentos para enfrentar um longo cerco? Escravos em profusão e uma pacificação bem-sucedida do território mostraram ser a resposta, sobrando apenas aos romanos o desafio de descobrir um jeito de invadir a fortaleza localizada a 100m acima de suas cabeças. Eles começaram essa tarefa da mesma forma que tinham feito em Jerusalém, se bem que em uma escala bem maior.

AS OBRAS DO CERCO

A chave para a tomada de Massada foi a construção de uma gigantesca rampa de cerco. Ela foi construída sobre uma fundação de pedras quebradas com terra compactada por cima. Ela possuía 100m de altura no seu ponto mais alto e representava um empreendimento estupendo. A rampa foi iniciada no outono de 73 d.C. e foi terminada na primavera seguinte.

Algumas fontes afirmam que os escravos judeus foram usados na construção da rampa e que os defensores ficaram relutantes em matá-los. Entretanto, é mais provável que os próprios legionários a tenham construído. Eles eram usados nas obras de cerco e talvez não desejassem arriscar suas vidas em uma rampa construída por aqueles que os odiavam. Com certeza, o soldado romano mediano estava preparado para o trabalho com a pá, e isso não lhe era estranho. A construção seria mais rápida e mais eficiente com tais homens fazendo o trabalho.

A rampa permitiu que uma torre de cerco fosse arrastada até os muros. Essa máquina era pequena em comparação à gigantesca rampa, mas em si mesma era um feito de engenharia não desprezível. A 30m de altura, continha um sólido aríete bem como posições de combate para que tropas a defendessem. Assim que atingiu o muro, não demorou muito para abrir uma brecha.

Enquanto o aríete fazia o seu trabalho, era coberto pela artilharia de projéteis das máquinas de cerco da legião. Essas máquinas não eram pesadas o suficiente para romper o muro, mas tinham capacidade suficiente para afastar os defensores que ficavam no alto dele, permitindo, assim, que o aríete fizesse seu trabalho sem ser molestado.

A ÚLTIMA DEFESA

Os zelotes fizeram o que puderam para evitar que os romanos conseguissem entrar na fortaleza. Com bastante tem-

À direita: Blocos de uma coluna de pedras destruída em Massada. Não apenas as muralhas externas constituíam-se em um formidável obstáculo, mas também a maior parte da arquitetura interna era muito solidamente construída.

po para ver qual muro seria atacado, trataram de construir uma segunda linha de defesa no interior da fortaleza. Esta consistia em um muro improvisado de pesadas vigas de madeira sobre as quais amontoaram terra.

Quando, por fim, os romanos conseguiram entrar pela brecha que fizeram, confrontaram-se com esse obstáculo final, que era defendido por homens que, absolutamente, nada tinham a perder nem tinham para onde correr. O único relato escrito da ação não menciona luta alguma dentro da fortaleza, todavia, é óbvio, pelas medidas tomadas para removê-la, que o muro interno improvisado foi um obstáculo considerável.

Flávio decidiu que, se pretendiam tomar Massada, o muro deveria ser removido, e ordenou que seus homens o queimassem. Essa empreitada era muito arriscada, porque o fogo poderia facilmente se espalhar e atingir as máquinas de cerco romanas, embora nessa ocasião o trabalho delas estivesse encerrado.

As pesadas vigas de madeira não devem ter se queimado com facilidade e é muito improvável que os defensores não tivessem procurado interferir na operação, mas, por fim, a tarefa foi completada e o muro provisório se incendiou. Por um tempo, parecia que o fogo poderia, de fato, consumir as máquinas de cerco, porém, o vento mudou e, em vez disso, foi a obra dos defensores que se consumiu. Os legionários afastaram-se para permitir que as chamas fizessem o seu trabalho.

O ATO FINAL DE DESAFIO

Eleazar ben Ya'ir dirigiu-se pela última vez aos seus seguidores. Era óbvio que estavam condenados. Em breve a fortaleza seria invadida e todos que estava ali seriam mortos à espada. Alternativamente, no caso de serem capturados, seriam crucificados ou seriam executados de forma cruel para demonstrarem a futilidade de se desafiar Roma. Os zelotes não estavam preparados para ceder vitória aos romanos desta maneira, nem para permi-

À direita: As ruínas de um acampamento romano em Massada. A segurança dos suprimentos e da guarnição de descanso era de suprema importância, especialmente durante uma operação de cerco.

tir tal destino sobre suas esposas e filhos, que também se refugiaram na fortaleza.

Havia somente uma alternativa: um pacto suicida. Tirando sortes, selecionaram dez dentre eles para matar os demais, e um dos dez para matar os outros. Com isso feito, o último homem vivo em Massada se mataria, em vez de sujeitar-se a Roma. Eles escolheram esse método porque sua religião desaprovava o suicídio; deste modo, só um dos zelotes, de fato, cometeu suicídio.

Antes de realizarem o suicídio em massa, Eleazar ben Ya'ir também deu ordens para incendiarem a fortaleza o máximo possível, com exceção dos depósitos. Ele queria que os romanos vissem que o lugar ainda estava bem abastecido e que não fora a fome que derrotara os defensores. Feito isso, o ato final de desafio foi consumado.

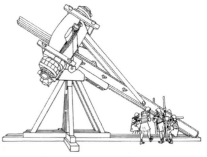

Acima: Sabe-se que os romanos construíram ballistae *grandes o suficiente para atirar pedras com 26 kg. Segundo o historiador Josefo, este tipo de máquina foi usado no cerco de Jotapata em 67 d.C. Armas de cerco semelhantes podem ter sido usadas em Massada.*

Quando os primeiros soldados abriram caminho pelas sobras do muro interno, foram confrontados com os resultados. Exceto duas mulheres e cinco crianças que tinham se escondido, nenhum sobrevivente foi deixado em Massada. Não houve um assalto final, uma rendição e nem mesmo uma vitória. De fato, os últimos rebeldes tinham sido destruídos e de Massada não poderia haver mais qualquer ataque contra as forças de ocupação, mas também não havia grande glória a ser conquistada ali.

RESULTADO

A queda de Massada foi o ponto final da revolta judaica, embora o sentimento de revolta tenha ainda persistido entre os judeus. A província da Judeia estava suficientemente inquieta, pelo que o Imperador fez uma referência à "interminável tendência dos judeus para a revolução". Medidas severas, por vezes, foram tomadas para prevenir novas insurreições.

Essas medidas nem sempre foram bem-sucedidas. A província da Judeia revoltou-se novamente em 132-135 d.C., e mais uma vez a X Legião romana esteve envolvida na supressão da rebelião. Jerusalém foi invadida uma segunda vez, e novamente uma última fortaleza resistiu (desta vez foi Betar) após a rebelião estar mais ou menos esmagada. Uma segunda legião foi designada para a província para ajudar na manutenção da ordem. Essa incomum concentração maciça de tropas indica justamente quão difícil os romanos acharam a tarefa de manter sob controle seus subordinados judeus.

Massada foi e permanece um símbolo do espírito judaico de desafio. Na verdade, cerca de dois mil anos depois, os soldados israelenses prestam o juramento de que "Massada nunca cairá novamente". O Império Romano há muito deixou de existir, mas o espírito daqueles que se opuseram a ele até a morte continua vivo.

BIBLIOGRAFIA

Ben-Sasson, Hayim. *A History of the Jewish People*. Cambridge, Massachusetts: Harvard University Press, 1985.

Bright, John. *A History of Israel*. London: SCM Press Ltd, 1960.

Carey, Brian Todd. *Warfare in the Ancient World*. Barnsley, UK: Pen and Sword, 2006.

Carmen, John. *Ancient Warfare*. Londres: Sutton Publishing, 2004

Carson, David C. *Maccabee*. Parker, Colorado: Outskirts Press, 2007.

Edersheim, Alfred. *Bible History: Old Testament*. Peabody, Massachusetts: Hendrickson Publishers, 1995.

Free, Joseph P. e Howard F. Vos. *Archaeology and Bible History*. Grand Rapids, Michigan: Zondervan, 1992.

Fuller, J.F.C. *The Generalship of Alexander the Great*. Nova York: Da Capo Press, 1960.

Gabriel, Richard A. *The Military History of Ancient Israel*. Westport, Connecticut: Praeger, 2003.

Gichon, Mordechai e Chaim Herzog. *Battles of the Bible*. Nova York: Barnes & Noble, 2006.

Gilbert, Martin. *Atlas of the Arab-Israeli Conflict*. Oxford: Oxford University Press, 1993.

Goldsworthy, Adrian. *In the Name of Rome*. Londres: Wiedenfield & Nicholson, 2003.

Goodman, Martin. *Rome and Jerusalém*. Londres: Penguin Books Ltd, 2007.

Graetz, Heinrich. *History of the Jews* (Volume I). Filadélfia: The Jewish Publication Society of America, 1891.

Grant, Michael. *The History of Ancient Israel*. Nova York: Scribner, 1984.

Hackett, John, ed. *Warfare of Ancient Israel*. Nova York: Facts on File, 1989.

Healy, Mark. *The Ancient Assyrians*. Oxford: Osprey, 1991.

Keller, Werner. *The Bible as History*. Nova York: William Morrow and Company, Inc., 1981.

Kern, Paul. *Ancient Siege Warfare*. Bloomington: Indiana University Press, 1999.

Kossoff, David. *The Voices of Masada*. Londres: Valentine Mitchell & Co Ltd, 1973.

Longstreth, Edward. *Decisive Battles of the Bible*. Filadélfia: Lippincott, 1962.

Price, Jonathan J. *Jerusalem under Siege*. Leiden: Brill, 1992.

Price, Randall. *The Stones Cry Out: How Archaelogy Reveals the Truth of the Bible*. Eugene, Oregon: Harvest House Publishers, 1997.

Saggs, H.W.F. *The Might that was Assyria*. Londres: Sidgwick and Jackson, 1984.

Schomp, Virginia. *Ancient Mesopotamia: the Sumerians, Babylonians, and Assyrians*. Londres: Franklin Watts, 2005.

Shaw, Ian. *Oxford History of Ancient Egypt*. Nova York: Oxford University Press, 2004.

Ussishkin, David. *The Conquest of Lachish by Sennacherib*. Tel Aviv: Tel Aviv University Press, 1982.

Yadin, Yigael. *The Art of Warfare in Biblical Lands* (dois volumes). Nova York: McGraw Hill, 1963.

ÍNDICE

Os números de página em *itálico* referem-se a ilustrações; aqueles em **negrito** referem-se a legendas informativas em mapas, ilustrações e texto. As abreviações são as seguintes: (B) – batalha; (S) – sítio.

A

Abimeleque *46,* 53
Abraão *46*
Acã, ben (filho de) Carmi 24, 25
Acabe, rei de Israel *87, 91*
   casamento com Jezabel 13, 75
   colinas de Golã (B) 84-7, **88**, 91-3
   Morte 92, 97, 103
   Qarqar (B) 92
   Ramote-Gileade (B) 93
   reinado de 75, 93
   Samaria (S) 74, 75, 77, **78-9**, 80-3
Acaz, rei de Judá 114, 115
Acazias, rei de Israel 97, **110**
Aço **117, 137**
Acra 164, 165, 169, 170, 173, 175, 176, 183
Adad-nirari III, rei da Assíria 106, **111**
Afeca 65, 87, 88, 89, 90, 91, **116**, 135, **136**
Agripa II, rei da Judeia 196
Águas de Merom, batalha de 28-31, **32-3**, 34-7
Ai, Conquista de 18-21, **22-3**, 24-27
Alemanha 24
Alexandre, o Grande, rei da Macedônia 16, *151*, 164
   elefantes e 177
   Granico (B) 142, 143
   rio Hidaspes (B) 177
   sistema militar 170, 171
   Tiro (S) 16, 142-5, **146-7**, 148-51
Alexandrium 187
Amalequitas 47, 48
Amazias, rei de Judá 104, 106, 107, 110, 111
Amonitas
   Assíria e 118
   Babilônia e 133
   Israel e 55
   Jabes-Gileade (S) 56-7
   Moabe, guerra contra 97
Amorreus 19, 29, 30, 35, 36, 40, 64, 94, 95, 97
Anatólia 8, 118, 143
Antíoco III, o Grande 164, 165, 170, 171, 183
Antíoco IV Epífanes *172, 173*
   agitação na Judeia 155, 165
   Bete-Zur (B) 172-3
   elefantes 175, 176
   Emaús (B) 152
   Jerusalém, saque de 17, 152-3, *161*, 165
   morte de 174, 175
   Roma e 17, 164
Antíoco V Eupator 175, 182, 183

Antioquia 152, 168, 173, 175, 178, 183
Antônia, Fortaleza 198, *201,* 203, 204, 205
Apolônio 155, 158, *161,* 166
Apriés (Hofra), faraó 135, 139
Arade 136
Arameus 39, *85, 87, 90, 93,* 97
   ver também Síria
Arca da Aliança 65, *73*
arcos
   assírios *13, 90,* 110, *113,* 128
   hititas *19*
   compostos 7, 10, *13,* 15, 19, 28, 113, 128
Aretas, xeique 193
Aríetes *83*, 111, 119, *125,* **126-7**, 128, 129, 130, 134, *138,* 140
   montados em navios 148, 149
   Romanos 203, 204, **210**, 213
Aristóbulo, príncipe 184, 186, 187, 190-1, 193
armadura
   assíria 112, 113, 123
   de elefantes *175*, 180
   de escamas 10
   filisteia 10
   israelita 9
   judaica *95*
   lamelar 112, 123
   romana *17*, 195
Armênia 186
Arnom, rio 100
Aroer, Israel 102
arqueiros
   a cavalo *110*
   assírios 13, 14, 15, *110,* 120, 123, *124, 125,* **126-7**, 128-9
   babilônios *133*
   cananeus 44
   egípcios 28
   filisteus 55
   hititas *19*
   israelitas 72
   judeus *105,* 110
   romanos *195,* 203
   selêucidas 180
artilharia
   judaica 175, 202
   romana *186,* 190, 195, 202, **210**, 213, 215
   selêucida 171, 176
Asdode 72, **76, 116, 136**
Aser, tribo de 49
Aserá 49, 75
Asquelom 72, 112, 114, 115, **116**, 123, 131

Assíria
   arqueiros 13, 14, 15, *110,* 120, 123, *124, 125,* **126-7**, 128-9
   campanha na Palestina e Síria 15, 112-5, **116-7**, 118-21, 135
   carros de guerra 13, 29, 82, 112, 113
   cavalaria *90,* 112, 113, 123, 125
   Crônica Eponímica 115, 118
   demônios *118*
   engenheiros 14, 112, 119, 123
   fundibulários 120, 123
   ideologia de guerra 13
   infantaria 13, 112, *113,* 115, 123, *124,* 125
   Israel e 14, 112-4, 118, 120, 121, 122
   Judá e 106, 113, 118, 121, 122-4, 132-3
   Laquis (S) 15, 122-5, **126-7**, 128-31
   Mercenários 112, 123
   Qarqar (Karkar) (B) 92, 113
   Religião 118
   ruína da 12, 132
   Samaria (S) 15
   Samaria *83*, 93
   Síria e 105
   Tiro (S) 143
Atenas 143
Azarias (Uzias), rei de Judá 111
Azeca **136**

B

Baal 31, *34,* 40, 49, 75, 76, *82,* 87, 100
Baal-Peor 47
Babilônia 114, 131
   arqueiros *133*
   carros de guerra *133*
   Egito e 132-3, 138
   engenheiros 138
   jardins suspensos *135*
   Jerusalém (S) 15-6, 132, 133, *134,* 135, **136**, 138, 139-41
   Judá, conquista de 15, 132-5, **136-7**, 138-41
   Tiro (S) 143
baixas
   Ai, conquista de 26
   Bete-Horom (B) 159
   Bete-Zacarias (B) 183
   Bete-Zur (B) 173
   colinas de Golã (B) 86, 90
   Edom, campanha de 110, 111
   fonte de Harode, campanha de 53
   Jerusalém (S) 193, 196
   Laquis (S) 130
   Tiro (S) 151
Balistas 154, **188**, 202, *215*

Baraque, general 8, 38, **42**, 44, 45, 54
Bar-Kochba, revolta de 17
Benei Quedem (filhos do Oriente) 47
Ben-Hadade II, rei da Síria 84
    colinas de Golã (B) 84-7, **89**, 91-3
    Morte 93
    Qarqar (B) 92
    Ramote-Gileade (B) 93
    Samaria (S) 74-7, **78**, 80-2, *84*
Benjamim, tribo de 55, 56, 57
Berseba **136**
Betar 215
Bete-Haquerém **136**
Bete-Horom 61, 196
    batalha de 158, 159, *161,* 166
Betel, Israel 19, 20, 24-5, 27, 57
Bete-Semes **136**
    batalha de 104, 110-1
Bete-Zacarias, batalha de 174-7, **178-9**, 180-3
Bete-Zur
    batalha de 152, 161, 162, 164-7, **168-9**, 170-3
Bíblia
    águas de Merom (B) 35, 37
    Ai, conquista de 19, 24-5, 26, 27
    assírios 124, 131, 135
    colinas de Golã (B) 84-7, **88**, 91-3
    Edom, campanha de 105, 110, 111
    fonte de Harode, campanha de 47
    Geba, ataque em 60
    Gideão, escolhido por Deus 47-8
    história e 11
    Israelitas, punição divina de 20, 24, 39, 40, 47, 48, 55, 56, 57, 60, 75, 95
    Jabes-Gileade (S) 56-7
    Jerusalém (S) 138, 140
    Micmás (B) 60, 61
    Moabe 96-7
    monte Tabor (B) 44-5
    rei Acabe 75
    rei Roboão 12
    revolta judaica 152, 153, 154, 160, 162
    Samaria (S) 75, 81, 83
Biblos, Fenícia 115
Brandywine, batalha de 174

C
Cades 29, **117**, 119, 134
    batalha de 7
Caio Mário 185
calçados
    assírios *113*, 123
    romanos *185*
Calígula, Imperador 195, *196*
camelos
    arameus 85
    midianitas 47
Cana 119
Canaã
    águas de Merom (B) 28-31, **32-3**, 34-7, 54
    Ai, conquista de 18-21, **22-3**, 24-7

aliança do norte 35
arqueiros 44
carros de guerra 28, *29*, **32**, 35, **43**, 44, 45
Egito e 6, 18, 28-9, 30, 39, 54-5, *66*
infantaria 24, 26, 27, 35, 39, 44
Megido (B) 8, 29
monte Tabor (B) 38-41, **42-3**, 44-5, 54
povos de 6, 29
povos do mar e 8
religiões de 30-1, 95
capacetes
    assírios *113*, *118*, 123
    hititas 19
    israelitas 10, *75*
    macedônicos 17
    romanos *185*, *195*
    selêucidas 153
Carmelo, monte 75, *82*
carros de guerra
    assírios 13, 29, 82, 112, 113
    babilônicos *133*
    canaanitas 28, *29*, **32**, 35, **43**, 44, 45
    egípcios *6*, 28, 29
    filisteus 60, 65
    hititas 35
    israelitas 10, *65*, 76, 106, 110, 111
    judaicos 105, 106
    rodas de *30*
    selêucidas 153
    sírios 76
Cartago 151
catapulta de torção 145, 148, *149*, 177
catapultas 128, 143, 145, *149*, *212*
cavalaria
    assíria *90*, 112, 113, 123, 125
    edomita 106, 110
    judaica 106, 110, 167, 172, 173, 176
    selêucida *170*, *181*
        Bete-Zacarias (B) 176, 181
        Bete-Zur (B) 164, 165, 166
        Elasa (B) *163*
        Emaús (B) 154, 159, 160, 162
cavalos 29, 36, 37, *65*, 105, *112*, 133, 180
Cedrom, vale do, Jerusalém *200*, 201
cerco
    amonita 56
    assírio *83*, 114, 119, 125, 128, 130
    babilônico *134*, 138, 140
    circunvalação 138, 204, 212-3
    escalada de 114, 151
    israelita 101, 103, 111
    judaico 125, 128, **188**, 190, 202, 203, **210**, 213
    macedônico 143-4, **146-7**, 148-9, 151
    romano 186, **188**, 190-1, 201-2, 203, 204, **210**
    selêucida 175-6, 183
    sírio 77
    tírio 143, 144-5, **146-7**, 148-9
cerco, rampas de 119, 125, **127**, 138, 186, **188**, 190, 203, 204, **210**, 213

cerco, técnicas de 119, *121*, 128, 138, 204, *212*
cerco, torres de
    assírias *83*, 119, 125, **127**, 128
    babilônicas 140
    gregas *149*
    macedônicas 144, **146**, 149
    romanas 186, 190, *191*, **210**, 13
Cheiroballistra 186
Chipre 142
Cilícia 186
Circuncisão 24
Ciro, o Grande, rei da Pérsia 15
clavas *28*, 154
cota de malhas de ferro
    romana *185*, *195*
    selêucida 153
Crasso, Marcos Licínio 185, *193*
Creta 193
Cusã de Dupla Perversidade 41

D
Damasco 77
    campanha assíria 112, 113, **117**, 118-21
    Israel e 103, 110-1
Dario III, rei da Pérsia 16, 143
Davi, rei de Israel
    campanhas 10
    edomitas e 104
    filisteus e 70-1, 95
    Jerusalém, conquista de 10, 64, 71-3
    matando Golias 9, *10*, 63, 70
    registro de 11
    Saul e 9, 10, 67, 70, 71
Débora, a Grande Juíza 38, 41, **42-3**, 44, 45, 54
    Contexto 41
    monte Tabor (B) 38, 39, *41*, 44
demônios 118
deserto da Judeia 54, 60, 61, 212
Dez Mandamentos 40, *94*
Dibom 99, **116**
Diodoro Sículo 148
dique, cerco 144-5, **146-7**, 148-9, 151
Dor 137

E
Ecrom 124, 131
Edom
    Assíria e 118
    Babilônia e 133
    campanha de Judá contra 12, 104-7, **108-9**, 110-11
    cavalaria 106, 110
    Cusã de Dupla Perversidade 41
    guerrilha 110
    infantaria 106
    Moabe, guerra contra 97, 100, 103
Egito
    arqueiros 28
    Babilônia 132-3, 138
    Cades (B) 7

Í N D I C E

Canaã 6, 18, 28-9, 30, 39, 54-5, *66*
carros de guerra *6*, 28, 29
declínio 39, 55
infantaria 28
Judá 122, 123, 124, 132, 134, 135, 138
Megido (B) 29, 34
Palestina 7, 112, 113
povos do mar e 7, 39
Eglom, rei de Moabe 95
El 31
Elasa, batalha de 162, *163*
Eleazar ben Ya'ir 206, 214
Eleazar Macabeu 182-3
elefantes 17, 154, 171, 174, 176, 177, **178**, 180-2
Elias 75-7, *82*, *84*, *87*, *91*, 92, *93*, 97, **99**, 101, *103*
Eliseu **98**, 101, *103*
Emaús, batalha de 152-5, **156-7**, 158-163
empalação *125*, 130
En-Gedi **136**
Engenheiros
 assírios 14, 112, 119, 123
 babilônios 138
 macedônios 143
Esbaal (Isbosete), filho de Saul 71
escadas de escalada 83, **126**
escorpiões (máquina de guerra) 202
escravos, comércio de 160, 162
escudos
 assírios 14, *113*, *123*
 babilônios *133*
 escudos de cerco 119, 124, *143*
 filisteus *61*
 israelitas 10, *39*, 72, *75*
 judeus 95
 macedônios *17*
 romanos *185*, 191-2, *207*
 selêucidas *153*, *165*, 170, 180
Esdraelom, planície de 34, *38*, 39, 41, 45, 47
espadas
 espadas em forma de foice
 filisteus 8
 hicsos 7
 israelitas 10
 judeus 95
 romanos *185*, *192*, *207*
 selêucidas *153*
Espártaco 185, *193*
Eúde, o Grande Juiz 41, 95
Eufrates, rio 14, 28, 29, 166
Êxodo 18, 31, 54, 94
Ezequias, rei de Judá 14, 122, 123, 130, 138

F

fariseus 186
fenícios 6
 Assíria e 112, 114, 120, 123
 Babilônia e 134
 Israel e 74, 75
 Macedônia e

navios
 Tiro
ferezeus 19, 35
Filipe II, rei da Macedônia 144, *145*
Filisteus 56
 arqueiros 55
 avanço em Israel 55, 64-5, 95
 carros de guerra 60, 65
 Davi e 70-1
 Gilboa (B) 9, 72
 infantaria 56, 60, *61*
 mercenários 72
 Micmás (B) 54-7, **58-9**, 60-2
 surgimento dos 7, 39, 54-5
Filístia 104, 110, 112, 115, 118, 123
Flávio Silva, Lúcio 206, 207, 209
fonte de Harode, campanha de
fortificações
 canaanitas 8, 19
 israelitas 12, *100*
 jebusitas 64, 71-2
 judaicas 111, 122-4, 128, *133*, 135, 175, 183, 186, 201, *202*, 208
 moabitas 101, *102*, 103
 romanas 190, 204
 selêucidas 164, 165, 173, 175, 183
 tírias 143, **146**
França 24
fundibulários
 assírios 120, 123
 israelitas 9, 10, *47*, 67, 72, 101, 103
 judeus 110, 153
 romanos 195

G

"Guerras Sírias" 16
Galba, Imperador 197
Galileia, Mar da 86, **88**, 90
Galo, Caio Céstio 196
Gaza 16, 72, 112, 114, 115, **116**, **136**, 139
Geba 58, 60
Germantown, batalha de 174
Gibeá 56, 57
Gibeão, Israel 18, 19
Gichon, Mordechai 11, 90, 91, 153
Gideão, Juiz 46-9, **50-1**, 52-3
Gilboa, batalha de 9, 63, 71
Gileade 55
Gilgal 57, 60, 61
Gofna 155, 159, *161*, 183
Golã, batalha das colinas de 76, 84-7, **88-9**, 90-3, 106
Golias 9, *10*, 63, 70
Górgias, general 152, **156-7**, *158*, 159-62
Grã-Bretanha 20
Grande Revolta 17
Granico, batalha de 142, 143
Grécia
 Infantaria 144, *174*
 Navios 142
 Palestina 151
 Tiro (S) 142

guerra de guerrilha
 Edom 110
 Israel 65-6
 Judeia 17, 153-4, 160, *162*, 165

H

Hadara 120
Hanucá 162
Hanum, rei de Gaza 114, 115
Hazael, rei da Síria 93
Hazor **32**, 35, 37, 41, **117**
Héber, o queneu 45
Hebrom 72, **99**, **136**
Hermom, monte 6
Herodes, o Grande, rei 17, *194*, **199**, 201, *202*, *206*, 207-8, *209*
Herodium 207, 209
Herzog, Chaim 90-2, 153, 160
Hesbom **116**, 118
Heveus 19, 35
hicsos 7, 28
Hidaspes, rio, batalha do 177
Hirão, rei de Tiro 114, 115
Hircano, príncipe 184, 186, 187, 193
Hispânia 185
Hititas
 Ai, conquista de 18, 19
 aliança do norte 35
 arqueiros *19*
 Cades (B) 7
 carros de guerra 35
 povos do mar e 7
 ressurgimento dos 29
Hurritas 64

I

infantaria
 assíria 13, 112, *113*, 115, 123, *124*, 125
 canaanita 24, 26, 27, 35, 39, 44
 edomita 106
 egípcia *28*
 grega 144, *174*
 hoplitas *17*, *153*, *165*
 israelita 10, 12 *39*, *75*
  águas de Merom (B) 35
  Ai, conquista de 18-9, *25*, 26-7
  Edom, campanha de 106, 111
  fonte de Harode, campanha da 48, 49, 52
  Golã (B), colinas de 90-1, 106
  Jerusalém, conquista de 72
  Micmás (B) 56, 57, 61
  Moabe, guerra contra 101
  monte Tabor (B) 40, 44, 45
  Samaria (S) 76, 77, 83
 judaica 95
  Bete-Zacarias (B) 176
  Bete-Zur (B) 164, 166, 173
  Edom, campanha de 104, 105, 106, 110
  Elasa (B) *163*
  Emaús (B) 154, 159, 160

Jerusalém (S) 196, 201
Macedônica *17*, 144, 151
Midianita 52
Moabita 100, 101, 103
Filisteia 56, 60, *61*
Romana *185*, 186, **188**, 190-1, 196, *197*, 201, *207*, 208
Selêucida *155*, *180*
    Bete-Zacarias (B) 176, 181-2
    Bete-Zur (B) 164, 165, 166, 170
    Elasa (B) *163*
    Emaús (B) 153, 154, 159, 160-1
Síria 76, 77, 83, 90-1
Israel
  "terra prometida" 18, 19, 27, 31, 54
  águas de Merom (B) 28-31, **32-3**, 34-7, 54
  Ai, conquista de 18-21, **22-3**, 24-7
  avanço filisteu em 55, 64, 65, 95
  Babilônia e 134
  Bete-Semes (B) 104, 111
  campanha assíria em 13, 112, 113, 119, 121, 122
  campanha de Edom 104, 106, 110-1
  colinas de Golã (B) 76, 84-7, **88-9**, 90-3, 106
  conquista de 15, 31, 34, 38, 41, 121, 122
  Damasco 103, 110-1
  Deus de 24, 95
  fenícios e 75
  fonte de Harode, campanha de 46-9, **50-1**, 52-3, 54
  Gilboa (B) 9, 72
  guerra de guerrilha 65-6
  Guerra dos Seis Dias 86
  Jabes-Gileade (S) 56-7
  Jerusalém, conquista de 10, 64-7, **68-9**, 70-3, 111, 113
  Jotapata (S) 203
  leis de 40
  mapa *76*
  Micmás (B) 54-7, **58-9**, 60-3
  Moabe, guerra contra 94-7, **98-9**, 100-3
  monte Tabor (B) 38-41, 42-3, 44-5
  Qarqar (B) 92
  Ramote-Gileade (B) 93
  Samaria (S) 15, 74-7, **78-9**, 80-3, **84**, 93
  surgimento de 9-10, 11, 38-9, 73
Israelitas
  arqueiros 72
  carros de guerra 10, *65*, 76, 106, 110, 111
  Êxodo 30, 31, 54, 94
  punição divina de 20, 24, 39-40, 47, 48, 55, 57, 60, 75, 95
  infantaria 10, 12, *39*, *75*
    águas de Merom (B) 35
    Ai, conquista de 18-9, 25, 26-7
    campanha de Edom 106, 111
    colinas de Golã (B) 90-1, 106
    deserto 18

fonte de Harode, campanha da 48-9, 52
fundibulários 9, 10, *47*, 67, 72, 101, 103
Jerusalém, conquista de 72
lealdade a líderes 25, 49
mercenários 10, 105, 106
Micmás (B) 56, 57, 61
Moabe, guerra contra 101
monte Tabor (B) 40, 44, 45
Samaria (S) 76, 77, 83
Itália 24

J

Jabes-Gileade, cerco de 56-7
Jabim, rei de Hazor 35, 41, 44
Jael, a quenéia 45
Jafa (Jopa, Jope) 136
Janoa 118
Jarmuque 86
Jebus 64, 72-3
Jebuseus 19, 35, 64, 66-7, **68**, 73
Jeoás, rei de Israel 104, 110-1
Jeorão, rei de Judá
  Edom, campanha de 104-5, 106, 110, 111
  Moabe, guerra contra 94, 96, 97, 100
Jeremias 139, 140
Jericó **136**, 187
  queda de 8, 9, 18, 19, 20, *21*
Jeroboão, rei 12
Jerusalém
  abastecimento de água 13, 135, *140*
  ataque selêucida a 17, 152-3, *161*, 165, 183
  capital de Judá 74
  cerco babilônico de 15-6, 132, 133, *134*, 135, **136**, 138
  cercos romanos de 17, 184-7, **188-9**, 190-3, 194-7, **198-9**, 200-5
  conquista de 10, 64-7, **68-9**, 70-3, 111, 113
  fortificada 13, 122, 131, 133, 135, 196, 201
  Judas Macabeu e 152, 162, 164
  rei Salomão e 73
  ver também Templo de Jerusalém
Jezabel 13, 75, 76, 83, *87*, *91*, *92*, 93, 96, 97, *100*
Joaquim, rei de Judá 133
Jobabe, rei de Madom 35,
Jônatas, filho de Saul 9, 54, 57, **59**, 60, 61-3, 70
Jope (Jopa, Jafa) 124
Jordânia 37, 101, 104, 110
Jordão, rio 48, 55, 86, 99, 105, 115, **136-7**
Josefo, Flávio 152, 159, 180
Josué
  Águas de Merom (B) **32**, 34-6, 37, 54
  Ai, conquista de 18, 19-20, 25-7
  conquista de Israel 31, 34
  Jericó 8

lealdade das tropas a 25
livro de 7, 36
morte de 39
poderes sobrenaturais 36
satisfação da ira de Deus 20
Jotão, rei de Judá 114
Jotapata, cerco de *203*, *215*
Judá
  arqueiros *105*, 110
  Assíria e 105, 113, 118, 121, 123-4, 131, 135
  Bete-Semes (B) 104, 111
  carros de guerra 105, 106
  cavalaria 106, 110
  conquista babilônica de 15, 132-5, **136-7**, 138, 140-1
  criado 12, 74
  Edom, campanha de 12, 104-7, **108-9**, 110-1
  Egito e 122, 123, 124, 132, 134, 135, 138
  filisteus e 55, 66, 70
  fundibulários 107
  Infantaria 104, 105-6, 110
  Jerusalém, perda de 111, 132, 134, 135, 138
  Laquis (S) 15, 122-5, **126-7**, 128-31
  Micmás (B) 57
  Moabe, guerra contra 97
Judas Macabeu *159*, *163*, *172*
  Bete-Horom (B) 155, 158, *161*
  Bete-Zacarias (B) 174, *175*, 182, 183
  Bete-Zur (B) 152, *161*, 162, 164, 166, 171, 172-4
  Elasa (B) 162, *163*
  Emaús (B) 152, *158*, 160-1, 172
  guerra de guerrilha 17, 153-4, 160, 162, 165
  morte de 17, 162, 180-1
  Nahal el-Haramiah (B) 155, 158, 159
Judeia 55, *62*, *74*
  artilharia 175, 202
  Bete-Horom (B) 155, 158, *161*, 165
  Bete-Zacarias (B) 174-7, **178-9**, 180-3
  Bete-Zur (B) 152, 162, 164-7, **168-9**, 170-3, 174
  cavalaria 167, 172, 173, 176
  Elasa (B) 162, *163*
  Emaús (B) 152-5, **156-7**, 158-62, 165, 171
  fundibulários 154
  guerra de guerrilha 17, 153-4, 160, 162, 165
  infantaria 95
    Bete-Zacarias (B) 176
    Bete-Zur (B) 164, 166, 173
    Elasa (B) *163*
    Emaús (B) 154, 159, 160
    Jerusalém (S) 196, 201
  Jerusalém (S) 17, 184-7, **188-9**, 190-3, 194-6, **198-9**, 200-5
  Massada (S) 206-8, *209*, **210-1**, 212-3, *214*, 215

Nahal el-Haramiah (B) 154-5, 165
possessão romana 193, 194-5
Juízes
  livro de 41
  surgimento dos 39, 40-1
  tropas leais a 25, 49

K
Kitos, guerra de 17

L
lanças
  assírias 90, *113*, *123*
  filisteias *61*
  israelitas 10, *39*, 72, 75
  judaicas *95*
  macedônicas *17*
Lanças/dardos 10, 17, 27, *29*, *175*, 190,
Laquis 13
  Babilônia e 135, **136**
  cerco de 15, 122-5, **126-7**, 128, 130-1
Líbano, vale do 37
Líbia 39
Lísias, general
  Bete-Zacarias (B) 174, *176*, 181-2, 183
  Bete-Zur (B) 162, 164, 165-6, 170-1, 173, 174
  elefantes 176, 180
  Emaús (B) 158-9
  morte de 183

M
Macaeros *206*, 207, 209
Macedônia
  engenheiros 144
  Granico, batalha de 143, 144
  Hidaspes, rio (B) 176, 177
  infantaria *17*, 144, 151
  Tiro (S) 16, 142-5, **146-7**, 148-9, 151
Machados 7, 61
Magnésia, batalha de 164, 170, 177
Manassés, tribo de 49
Mar Cáspio 186
Mar Morto 6, 94, 104, 105, 107, **116**, **136**, 206, 207
Marcos Emílio Escauro 187, 193
Margem Ocidental (Cisjordânia), Israel *14*
Marisa *161*, 167, **168**, *178*
Massada, sítio de 206-9, **210-1**, 212-5
Matatias 16, 153, *154*, *164*, 165, *166*
Megido **42**, **50**, **117**, 135, **137**
  batalha de 8, 29, 34
Menaém, rei de Israel 113
Mercenários
  assírios 112, 123
  filisteus 72
  israelitas 10, 105, 106
  selêucidas 166, 170
  Merom **117**
Mesa, rei de Moabe 94, 97, **98-9**, 100-3
Mesopotâmia 6, 29, *105*, 124, 133, 139, **143**

Micmás, batalha de 54-7, **58-9**, 60-3
midianitas
  camelos 46
  fonte de Harode, campanha de 46-9, 50-1, 52, 54
  infantaria 52
Migrom **58**, 61
Mispa, Judeia **156-7**, 160, **161**
Mitani, reino de 7, 29
Mitinti, rei de Asquelom 114-5
Moabe
  Assíria e 118
  Babilônia e 133
  guerra de Israel contra 41, 94-7, **98-9**, 100-3
  infantaria 100, 101, 103
Moisés 18, 19, *24*, *26*, 28, 31, 37, 40, 48, 54, *94*, 95
Monte Cassino, Itália 24
Monte Tabor, batalha do 38, *39*, *41*, 44-5

N
Naás, rei de Amom 56
nabateias, tribos 187
Nabote *91*, *92*, *93*
Nabucodonosor II, rei da Babilônia 132-3, *135*
Naftali, tribo de 49, 119
Nahal el-Haramiah, batalha de 155, 158, 159
navios
  cipriotas 143, 144, 145
  fenícios 143, 144, 145, 148
  gregos 143
  incendiários 145, **147**
  quadrirremes 148
  quinquirremes 148
  tírios 143, 144-5, **146-7**, 148
  trirremes 143, 144, 145, 148
ne'arim 75, **78-9**, 81-2
Neguebe, deserto do *9*, *107*
Nero, Imperador 196-7
Nicanor, general 152, 159
Nínive *122*, 128-30
Norte da África 184
Nova York, batalha 174

O
Ofra 61
Onri, rei de Israel 12-3, 74-5, 77, 85, 96
Orebe, general 48
Oséias, rei de Israel **116**, 120
Otniel, Juiz 41
Oto, Imperador 197

P
Palácio de Onri e Acabe, Samaria 77
Palestina
  Babilônia e 133
  campanha assíria na 13, 112-4, **116-7**, 118-9, *120*, 121, 122, 123
  história primitiva 6

Macedônia e 151
  ocupação romana 17
  política da 6, 111
paliçadas 145, *200*
Peca, rei de Israel 113-4, **116**, 118, 120, 121
Pecaías, rei de Israel 113
Pedra Memorial pelos Mortos, colinas de Gola 86
Pérsia 142, 143, 151, 159, 175, 177
Petra 186, 187
piqueiros *165*, 166, 170, 180
Pompeu (Gnaeus Pompeius Magnus) *184*, *187*
  antecedentes 184
  Espártaco e 185, *193*
  Hispânia 184-5
  Jerusalém (S) 17, 184, 186, **188-9**, 192-3
  sucessão judaica 185-6
Ponto 186
Porus, Rajah 177
povos do mar
  Canaã e 8
  Egito e 7, 39
  filisteus e 54
Psamético II, faraó 134
Ptolomeu, general 16, 152, 159

Q
Qarqar (Karkar), batalha de 92, 113
Qarqar, batalha de 92, 113
Quemos 97, 103
Quir-Haresete 94, **98**, 101-3

R
Ráfia **136**
Ramote-Gileade, batalha de 93
Ramsés III, faraó 55
Reno, rio 197
Revolução americana 174
Rezim, rei de Damasco 114-5, 120-1
Ribla 141
Roboão, rei 12-3
Roma
  arqueiros *195*, 203
  artilharia *186*, 190, 195, 202, **210**, 213, 215
  fundibulários *195*
  Guarda Pretoriana 196, *197*, 205
  infantaria *185*, 186, **188**, *191*, 196, *197*, 201, *207*, 208
  Jerusalém (S) 17, 184-7, **188-9**, 190-3, 194-6, **198-9**, 200-5
  Jotapata (S) 203
  Judeia 17, *193*, 194-5
  Magnésia (B) 164, 170
  Massada (S) 206-8, *209*, **210-1**, 212-3, *214*, 215
  Síria anexada 185
  surgimento de 152, 170-1
Rorke's Drift 20

S

Saduceus 186, 187, 191
Sal, vale do 104, 107, 110
Salmaneser III, rei da Assíria 14, 92, 113, *114*
   Qarqar (B) 92
Salmaneser V, rei da Assíria 15
Salmuna, rei dos midianitas 48
Salomão, rei 10-2, 73, 74, *76*, 77, 85, 95, 96
Salomé Alexandra, rainha 186
Samaria *14*, 77, 86, *100*
   Assíria e 83, 93, **116**
   Babilônia e **137**
   cerco de 12, 15, 74-7, **78-9**, 80-3, *84*, 93
Samuel 54, 55-7, 60, 61, 66-7, 70, 95
Sansão, cegamento de *71*
Sara *46*
Sargão II, rei da Assíria 15
Sarissas *165*, 170
Saul, rei *54*, *57*, *67*
   Davi e 9, 10, 67, 70, 71
   filisteus e 65-6
   Gilboa (B) 9, 72
   Jabes Gileade (S) 56-7
   Micmás (B) 54, 60-2
   morte de 71
   torna-se rei 9, 55-6
Sefelá 104, 110
Seis Dias, Guerra dos 86
Sela, Edom 104, 110, *111*
Selêucia Pieria 183
Selêucida, Império
   arqueiros 180
   artilharia 171, 176
   Bete-Horom (B) 155, 158, 1*61*, 165
   Bete-Zacarias (B) 174-7, **178-9**, 180-3
   Bete-Zur (B) 152, 162, 164-7, **168-9**, 170-3, 174
   cavalaria *170*, *181*
      Bete-Zacarias (B) 176, 181
      Bete-Zur (B) 164, 165, 166
      Elasa (B) *163*
      Emaús (B) 154, 159, 160, 162
   carros de guerra 153
   Elasa (B) *163*
   Elefantes 171, 174, *175*, 176-7, 180-2
   Emaús (B) 152-5, **156**-7, 158-62, 165, 172
   "Guerras Sírias" 16
   infantaria *155*, *180*
      Bete-Zacarias (B) 176, 181-2
      Bete-Zur (B) 164, 165, 166, 170
      Elasa (B) *163*
      Emaús (B) 153, 154, 159, 160-1

Jerusalém, saque de 17, 152-3, *161*, 165, 183
Magnésia (B) 164, 170
mercenários 170
Nahal el-Haramiah (B) 155, 158, 159
Selêuco I Nicator 183
Senaqueribe, rei da Assíria 15, 122-5, **126**-7, 128-31, 139
Seom, rei dos amorreus 48
Seron, general 158, 159, *161*
Sião, monte *64*
Sicários 207
Sicília 184
Sidom 112, **117**, *120*, 143, 145, 148
Simão bar Giora 200, 201, 205
Sinai, deserto 48
Sinai, monte 31, 40
Siquém, Israel 74, 82
Síria
   anexada por Roma 186
   campanha assíria na 105, 112-5, **116**-7, 118-9, *120*, 121
   carros de guerra 76
   colinas de Golã (B) 76, 84-7, **88-9**, 90-3
   infantaria 76, 77, 83, *90*, 91
   luta pela 29, 39
   Qarqar (B)
   Ramote-Gileade (B) 93
   Samaria (S) 12, 74-7, **78-9**, 80-3, *84*, 93
Sisaque, faraó 13
Sísera, general 8, 38, **42-3**, 44-5
suborno 114, 187, 197
Sulla, Fausto Cornélio 192
Sulla, Lúcio Cornélio 184

T

Tácito 201
tática
   carros de guerra
      canaanitas 29, 44, 45
      judaicos 104, 105
   cavalaria
      macedônia 166
   elefantes 177, 180-2
   infantaria
      canaanita 26
      emboscada 173, 174, *176*
      falanges *155*, 161, 166, 170, *174*
      grega *174*
      israelita 19-20, 25, 26-7, **32**, 35, 45, 49, 52, 57, 61, 72, 83
      judaica 153-4, 158, 160, 161, 165, 173, 174

moabita 100, 103
romanas 191-2, 207
selêucidas 155, 158, 160, 165-6,182
Testudo (tartaruga) *191*
Templo de Jerusalém *12*, *106*, *190*, *201*, *202*, *204*, *205*
   Assíria e 113, 130
   Babilônia e 132, 133, 140
   cercos romanos 17, 184, 185, 186, **188-9**, 190-1, 192-3, 201, 203, 204-5
   selêucidas e 17, 152, 162, 165, 173 ,183
   "terra prometida" 18, 19, 27, 31, 54
Tiglate-Pileser III, rei da Assíria 15, 112, 113, 114, 115, **116**-7, 118, 120-1
Tiro 112, 113, **117**, 118, **137**, 150
   cerco de 16, 142-5, **146**-7, 148-9, 151
   fortificações 143, **146**
   navios 143, 144-5, **146**-7, 148
Tirza, Israel 74, 82
Tito Flávio 200, 201, 202, 203, 204, 205
Tito Flávio Vespasiano 194, 197
Transjordânia 6, 119
Turquia 186
Tutmósis I, faraó 28
Tutmósis III, faraó 29, 34

U

Urartu 113, 118
Uzias, rei de Judá 14

V

Verdun, França 24
Vespasiano, Imperador 194, 197, 200, 205
Vikings 55
Vitélio, Imperador 197

W

Washington, George 174

Y

Yahweh 31, 36, 37, 40, 45, 47, 48, 66, 67, 96, 97

Z

Zeba, rei dos midianitas 48, 52
Zeboim, vale de 61
Zedequias, rei de Judá 132, 133, 134, 135, **136**, 138, 139, 141
Zeebe, general 48
zelotes 195, 200, 201, 204, 206, 207, 209, 213, 214, 215
Zidka, rei de Asquelom 122, 123
Zoar, Edom 104, 105, 107, 109

FIGURAS E ILUSTRAÇÕES – CRÉDITOS

Todos os mapas e as ilustrações em traço preto-e-branco por **JB Illustrations**.

AKG-Images: 7 (Erich Lessing), 9 (Erich Lessing), 18 (Erich Lessing), 28 (Herve Champollion), 31, 36, 48, 62 (Erich Lessing), 74 (Erich Lessing), 87, 100 (Erich Lessing), 102a (Erich Lessing), 102b (Erich Lessing), 107 (Erich Lessing), 111b (Erich Lessing), 118e (Erich Lessing), 120 (Gerard Degeorge), 132, 142 (Peter Connolly), 149d (Peter Connolly), 158, 164, 173 (Erich Lessing), 177, 183 (Erich Lessing), 190 (Erich Lessing), 194 (Erich Lessing), 201 (Peter Connolly), 202 (Erich Lessing), 204 (Cameraphoto) 205 (Peter Connolly), 209 (Robert O'Dea), 214 (Erich Lessing)

Amber Books: 6, 17b, 18

Ancient Art & Architecture Collection: 128a (Ronald Sheridan), 130 (Ronald Sheridan)

Bridgeman Art Library: 27 (Pierpont Morgan Library), 44b, 80 (Bible Society), 83 (Look and Learn), 125 (The British Museum)

Corbis: 10 (Fred de Noyelle), 13 (Ruggero Vanni), 14 (Richard T. Nowitz), 15 (Bettmann), 34 (Gianni Dagli Orti), 38 (William Holman Hunt), 41 (Richard T. Nowitz), 46 (Philip de Bay), 53 (Bettmann), 56 (Richard T. Nowitz), 63 (Ali Meyer), 64 (Felix Bonfils), 72 (Francis G. Mayer), 73 (Arte & Immagini srl), 77 (Richard T. Nowitz), 81 (Gianni Dagli Orti), 86 (David Rubinger) 93 (Philip de Bay), 101 (Charles & Josette Lenars), 104 (Charles & Josette Lenars), 111a (Charles & Josette Lenars), 114 (Gianni Dagli Orti) 122 (Vanni Archive), 129a (Bettmann), 129b (Ruggero Vanni), 131 (Christie's Images), 134 (Bettmann), 138a (Philip de Bay), 139 (Adam Woolfitt), 140 (Hanan Isachar), 145 (Krause, Johansen), 150a (Alfredo Dagli Orti), 166 (Michael Nicholson), 167 (Araldo de Luca), 172a (Bettmann), 172b (Philip de Bay), 187 (Bettmann), 196 (Burstein Collection), 206 (Harvey Lloyd), 208 (Richard T. Nowitz), 213 (Charles Lenars)

De Agostini: 150b, 151, 174

Getty Images: 12 (Hulton Archive), 45 (Imagno), 67 (Hulton Archive), 91 (Hulton Archive), 94 (Hulton Archive), 103 (Imagno), 121 (Hulton Archive), 200a (Alistair Duncan)

Heritage Image Partnership: 21 (The Print Collector), 35 (CM Dixon), 44a (The Print Collector), 92 (The Print Collector), 118d (The British Museum), 152 (The Print Collector), 163 (The Print Collector)

Mary Evans Picture Library: 24, 25, 26, 52, 57, 60a, 66, 82, 84, 106, 135, 141, 154, 159, 161, 176, 181, 182, 184, 192, 193

Photos12: 16 (Oronoz), 54 (Oronoz), 70 (Oronoz), 71 (Oronoz), 96 (Oronoz), 197 (ARJ)